숭산행원의 생애와 사상

프라즈냐 총서
31

숭산행원의
생애와 사상

| 한국 간화선의 대중화·세계화를 중심으로 |

최용운 著

운주사

책머리에

본서는 숭산행원(崇山行願, 1927~2004) 선사의 생애와 사상 및 업적에 대한 연구일 뿐 아니라, 그것을 대한불교조계종의 '한국 간화선 대중화·세계화' 과제와 연계하여 고찰한 결과물이다. 숭산선사는 한국불교사에서 타의 추종을 불허할 정도의 전 세계적인 전법활동을 펼쳤으며, 그 과정에서 간화선의 세계화 측면에서도 괄목할 만한 성과를 거두었던 인물이다. 따라서 그의 생애와 사상 및 업적에 대한 연구는 한국 간화선의 대중화·세계화 과제와 연관시켜 고찰될 수 있는 상당한 의미를 가진다고 할 수 있다.

대한불교조계종이 한국 간화선 대중화·세계화 과제를 안고 있는데 비해, 숭산선사는 조계종 승려로서 이미 1960년대 중반부터 독자적으로 전 세계적인 전법활동을 펼쳐 수십 년간 놀라운 업적을 달성했던 인물이다. 그는 경허성우(鏡虛惺牛, 1849~1912), 만공월면(滿空月面, 1871~1946), 고봉경욱(古峰景昱, 1890~1961) 선사로 이어지는 덕숭법맥의 계승자로서 조사선 전통을 중심으로 한 간화선 수행을 강조하였다. 특히 "오직 모를 뿐"이란 화두를 통해 인간의 본원심을 깨친 후 그것을 대비심으로 승화시켜 실천적 삶을 살 것을 역설함으로써, 선의 실천성을 강조했던 덕숭선풍의 특징을 계승하였다. 또한 '선의 대중화'를 강조했던 경허, 만공의 사상에서 비롯된 선풍을 확장시켜 '선의 세계화' 구현에 앞장섰다.

숭산선사가 덕숭문중의 전통을 계승하고, 또한 그것을 전 세계적 차원으로 발전시킨 공적을 세웠음에도 불구하고, 해외포교를 위한 수행체계를 창안함에 있어 일본 임제종의 수행체계를 상당 부분 도입했다는 한국불교계의 인식으로 인해 그가 설립한 관음선종의 가치가 지금까지 저평가되어 온 부분이 없지 않았다. 이에 필자는 본서를 통해 숭산선사가 집대성한 수행법과 일본 임제종 수행법 간의 유사점을 심도 있게 분석하였고, 이를 토대로 관음선종이 갖는 의미에 대한 새로운 차원의 해석을 시도하였다.

숭산선사는 또한 해외포교 과정 중 승단을 운영하는 데 있어 한국불교계의 시각에서 보았을 때 다소 파격적인 시도들을 추진하였다. 남녀의 차별이 없이 동일한 기준으로 직책을 부여한 점, 비구니가 지도법사로서 비구들 앞에서 법문을 할 수 있게 한 점, 조직을 편성함에 있어 출재가의 구분을 철폐한 점 등이 그것이다. 이 역시 한국불교계에서 비판의 대상이 되었던 것이다. 필자는 이러한 숭산선사의 행보가 한국불교계에 주는 의미와 과제에 대해 고구하고자 한다.

이와 함께 본서는 한국 간화선의 대중화를 위한 이론적 기반의 점검, 수행법의 변천사, 그리고 그것의 세계화를 위한 필자의 제언을 포괄하는 연구를 담고 있다. 오늘날 한국불교계가 간화선의 대중화를 위한 수행법의 정체성을 확립하는 데 있어서 이론적 기초가 모호한 상황에 처해 있다고 필자는 판단한다. 이럴 경우 한국 간화선의 세계화 과제 또한 그 추진력을 발휘하기 힘들게 된다. 따라서 한국 간화선에 대해 이 같은 이론적·수행법적 측면의 연구를 수행하고, 그 기반 위에 숭산선사의 선사상과 수행론에 천착함으로써, 그 결과를 한국 간화선 대중화·

세계화 과제에 적용시킨다면 보다 나은 이행 결과를 얻게 되리라 기대한다.

본서는 필자의 박사논문과 삼각산 화계사 제2차 학술 세미나에서 발표했던 논문의 결집으로 구성되었는데, 이것이 완성되기까지 여러 분들의 도움과 격려, 그리고 지원이 있었다. 우선 필자의 지도교수로서, 불교적 명상의 세계적 동향에 대한 이해의 지평을 넓혀 주신 서강대학교 서명원(Bernard Senécal) 교수님, 박사논문심사의 주심으로서, 논문 구성의 방향을 설정해나가는 데 친절한 안내자가 되어 주신 서강대학교 박영재 교수님, 본서가 출간될 수 있도록 아낌없는 재정적 후원을 해 주신 화계사 수암 주지스님과 화계사 문도 여러분, 본서의 출간을 위한 적극적인 지지자요 홍보자의 역할을 해 주신 탄허기념박물관 연구실장 문광스님, 서강대학교 종교학과 박사과정에서 학업을 수행하는 동안 여러 측면에서 격려와 도움을 주신 박종구, 김성례, 박병관, 김재영 교수님, 화계사 학술세미나를 통해 인연이 된 이후 학문적 선배로서 여러 가지로 도움을 주시는 동국대학교 고영섭 교수님, 그리고 논문심사위원으로서 논문이 개선되도록 다양한 조언을 해 주신 서울대학교 윤원철 교수님과 서강대학교 강영안, 최진석 교수님께도 심심한 감사의 마음을 전해드린다. 또한 본서의 출간을 맡아 주신 도서출판 운주사 김시열 대표님과 편집부 직원들께도 감사를 드리며, 끝으로 부모님과 장인·장모님께 감사드리며, 사랑하는 아내와 아이들에게도 늘 고마운 마음을 전한다.

서론

한국불교 역사상 다수의 위대한 선사禪師들이 있었지만, 한국불교를 전 세계에 널리 알리는 데 있어서 숭산행원 선사에 비견할 만한 인물을 찾기란 아마 쉬운 일이 아닐 것이다. 물론 숭산 선사(이하 '숭산'으로 약칭함)가 해외에서 전파한 것이 한국불교에 국한된 것만은 아니었지만, 그를 통해 불교를 배우고 참선수행을 한 해외의 제자들이 스승의 고국인 한국의 불교에 대해 관심을 갖게 되는 것은 자연스러운 일이므로 결과적으로 한국불교를 전 세계에 전파한 것이나 진배없다고 할 수 있다. 그는 특히 간화선 수행을 직접 지도·점검하며 다수의 외국인 제자들을 깨달음의 길로 인도했으며, 전 세계 곳곳에 많은 참선 센터를 설립하여 간화선의 대중화·세계화에도 크게 기여한 인물이다. 본서는 이러한 위업을 남긴 숭산의 생애와 사상 및 업적을 한국불교의 대표 종단인 대한불교조계종(이하 '조계종'으로 약칭함)에서 추진하고 있는 한국 간화선의 대중화·세계화 과제와 상호적 연관성 속에서 연구하는 것을 목적으로 한다.

2천년대로 접어들면서 조계종에서는 종단의 대표 수행법인 간화선의 위상을 더욱 확고히 정립하는 동시에, 한국사회 내 간화선 수행인구의 저변을 확대시키며(간화선의 대중화), 나아가 간화선을 전 세계적으로 선양하고자(간화선의 세계화) 눈에 띄는 노력을 기울이기 시작했다.[1]

이러한 시기에 숭산과 같은 세계적 포교활동의 행적을 남긴 선사의
사상과 그가 특별히 활성화시킨 간화선 수행법에 대한 연구를 바탕으로
한국 간화선의 대중화·세계화의 현안에 대해 연구하는 것은 의미가
크다고 여겨진다.

숭산에 대한 국내의 학술 연구는 그가 한국불교계에 끼친 기여도나
명성에 비해 거의 전무한 실정이라 해도 과언이 아니다. 일례로 국내에
서 발표된 숭산에 대한 학위논문은 한 편도 찾아볼 수 없었으며,[2]
학술지 논문 또한 학진등재지나 등재후보지에 실린 것 중 숭산을 가장
핵심적인 주제로 삼은 논문은 찾을 수 없었다.[3] 비록 기타 학술지에

---

1 2000년대에 들어서면서 조계종에서 종단의 대표 수행법으로서 간화선의 위상을
부각시키기 위해 다양한 시도와 노력을 하게 된 이유에 대해서 미산스님은 다음과
같이 그 이유를 분석하고 있다. "전 세계적으로 수행에 대한 관심이 고조되면서
대한불교조계종은 10여 년 전부터 종단 일각에서 한국불교 중심 수행체계인 간화선
이 흔들리고 있다는 문제제기에 따라 수행 방법을 재정립하는 작업에 나섰다.
특히 1998년 고불총림 백양사에서 현대의 선지식 서옹 대선사가 무차선회를 열어
세계의 선학자와 실참납자들에게 간화선 수행의 정립을 천명한 이래로, 2000년부
터 총무원·교육원·포교원을 중심으로 불교수행체계 전반에 대한 연구와 실질적인
대책을 강구하기 시작했다"(미산스님, 「간화선 국제화의 전망과 과제-간화선 국제화
위해 무엇을 어떻게 할 것인가?」, 『간화선 수행의 성찰과 과제』, 조계종출판사, 2007,
p.250).
2 숭산선사를 주제로 한 논문으로는 필자의 박사학위논문이 국내 최초의 학위논문이
었으며, 필자의 박사학위 취득 이후 본서를 출간한 시기 사이에 숭산에 대한
석사학위논문이 동국대학교에서 나왔다. 김범년, 「숭산행원의 선사상 연구」, 동국
대학교 불교학과 석사학위논문, 2014.
3 본서의 일부분을 형성하고 있는, 숭산선사에 관한 필자의 논문은 박사학위논문
발표 이전인 2012년 9월에 이미 발표되었다는 점은 밝혀두는 바이다(최용운, 「숭산

실린 논문 한 편[4]을 발견할 수 있었지만, 이는 학술적인 측면보다는 숭산의 생애와 사상에 대한 개괄적인 소개와 개인적 감회 등을 수록한 것이었다. 물론 숭산의 제자들이 집필한 단행본이 여러 권 출간되어 있기는 하지만, 학문 연구의 결과물들은 아니다. 따라서 현재의 연구 성과는 한국불교계가 배출한 세계적인 선사에 대한 학술적 연구의 분량으로 보기에 너무나 미약한 정도라고 판단할 수 있겠다.

만약 2004년에 입적한 숭산에 대한 학문적 연구가 이행되기에는 아직까지 시기상조가 아닌가 하는 의견이 존재한다면, 퇴옹성철(退翁 性徹, 1912~1993) 선사에 대한 연구와의 비교를 제안한다. 1993년에 입적한 퇴옹과 관련하여 그의 대표저서, 『선문정로禪門正路』를 근간으로 한 돈오돈수頓悟頓修 사상에 대해 연구한 박사논문이 퇴옹의 입적 바로 다음해인 1994년에 해외대학에서 한국인 학자에 의해 발표되었다.[5] 그 후 2004년에 와서 퇴옹의 생애와 그의 모든 저서들에 대해 연구한 박사논문이 서양인 학자에 의해 발표된 후,[6] 2005년부터는

행원의 선사상과 수행론」, 『불교학보』 제62집, 동국대학교 불교문화연구소, 2012). 또한 종호스님의 학술지 논문 가운데 '미국의 간화선 수행' 현황을 소개하면서 여러 가지 사례 가운데 하나로서 숭산의 간화선에 대해 연구한 것을 발견할 수 있었다(종호스님, 「미국의 간화선 수행」, 『보조사상』 제25집, 불일출판사, 2006, pp.245~281).

4 강경부, 「철학: 숭산선사의 법어집 산은 푸르고 물은 흘러간다 숭산행원 유불회(唯 不會, Only don't know)론」, 『문학/사학/철학』 제4호(한국불교사연구소, 2005).

5 Won-Cheol Yun, "On the Theory of Sudden Enlightenment and Sudden Practice in Korean Buddhism: Texts and Contexts of the Subitist/Gradualist Debates Regarding Sonmun chongno" Ph.D. dissertation, State University of New York at Stony Brook, 1994.

6 Bernard Senécal, "La vie et l'oeuvre du maître Sŏn T'oeong Sŏngch'ŏl (1912~1993)

국내 학자들을 통해서도 활발한 연구가 이행되어 오고 있다. 그러므로 현 시점에서 숭산에 대한 학문적 연구가 이행되는 것은 결코 시기상조는 아니라는 판단을 내릴 수 있다. 요컨대 현 시점에서 숭산에 대한 학문적 연구는 이루어질 필요성이 있으며, 필자가 본서를 통해 그 출발점의 역할을 감당하고자 한다.

본서를 통해 숭산의 생애와 업적, 사상적 특징과 그 수행법, 그리고 이러한 것들을 형성시킨 역사적·사상적 배경이 심도 있게 연구된다면 숭산에 대한 학술연구의 빈약함을 조금이나마 보완할 수 있게 될 것이며, 그가 한국불교계에 끼친 기여도에 걸맞은 학술적 평가를 받을 수 있는 하나의 기회가 생기게 되는 것이다. 또한 오늘날 조계종단 내에서 야심차게 추진되고 있는 한국 간화선의 대중화·세계화 현안과 관련하여 현대 한국 간화선의 발전을 위해 그의 사상으로부터 실질적인 도움을 받을 수 있는 계기를 마련할 수도 있을 것이다. 뿐만 아니라 한국 간화선의 대중화·세계화 현안을 두고 볼 때 숭산의 사상과 그가 고안한 간화선 수행법, 그리고 그의 포교 행적이 갖는 의의를 평가해 볼 수 있는 기회가 될 것이다.

본서의 연구를 추진하게 된 배경에는 다음과 같은 세 가지 차원의 문제의식이 근간을 형성하고 있다. 그 첫 번째는 숭산에 대한 국내 불교계의 평가가 적절한 것인가에 관한 것이다. 일본불교계와의 연관성 및 그들의 수행법을 수용한 이유로 관음선종의 가치를 지나치게 저평가하고 있지는 않은지에 대해 생각해 볼 필요가 있다. 두 번째는

(退翁性徹 禪師의 全書 및 生涯)" Ph.D. dissertation, Université Paris 7, 2004.

한국불교계에 간화선 대중화를 위한 이론적 토대가 형성되어 있는가에 대한 것이다. 간화선의 대중화를 천명하고 있지만, 정작 현실은 간화선이라는 수행법이 과연 대중화가 가능한가에 대한 논란이 분분하기 때문이다. 세 번째는 한국 간화선의 세계화를 위해 수행법의 개선이 필요하지는 않는가 하는 것이다. 한국 간화선을 전파할 대상인 세계인들이 자연스럽게 수용할 수 있는 수행체계를 갖추고 있는가에 대한 점검이 필요하다는 것이다.

이 세 가지 문제의식 가운데 첫 번째로 숭산의 선사상과 관련한 것은 다음과 같다. 숭산의 경우 그가 재일 홍법원을 통해 일본포교활동을 할 당시 자연스럽게 일본불교계, 그 가운데 특히 임제종 선사들과 폭넓은 교류를 하게 되었고, 그 과정에서 일본 임제종의 간화선 수행법을 다수 수용한 것으로 한국불교계에 알려져 있다. 이 때문에 심지어 "숭산의 선은 일본선이다"라는 평가가 불교계에 퍼지게 되었는데, 그 말 속에는 숭산의 선은 한국의 전통적 선풍과는 다른 것이므로 한국 간화선의 발전을 위해서는 연구할 가치가 별로 없다는 어감을 담고 있는 듯하다.

그렇다면 과연 숭산의 선이 일본선이라고 할 만큼 그렇게 일본 임제종의 선풍을 모방하여 한국의 전통적 선풍으로부터 크게 벗어난 것인가라는 점에 대해 재고해 볼 필요가 있다고 필자는 판단한다. 본론에서 상세히 서술되겠지만, 일본포교를 위한 숭산의 행보부터가 자의적 판단에 의해 결정되었다기보다는 국가와 종단, 그리고 재일 동포사회 모두의 요청에 의해 이루어진 것이었다. 숭산은 또한 일본포교활동 기간 동안 불교의 본질로부터 벗어나 있었던 당시 일본불교계의 풍조를

20

쇄신시키고자 오히려 부단히 노력을 했다. 그리고 무엇보다도 숭산은 본인이 잇고 있는 덕숭문중의 선풍을 계승·발전시키기 위해서도 많은 노력을 했다. 따라서 본서를 통해 숭산이 제창했던 선의 본질을 더 깊이 이해하게 된다면 그에 대한 보다 균형 잡힌 평가가 이루어질 수 있을 것이다. 하지만 그렇다고 해서 본서가 숭산에 대해 무조건적인 극찬 일변도의 논조를 취하지는 않을 것이다. 객관적이고도 논리적인 근거를 바탕으로 그의 사상을 분석하고 그 가치성을 평가할 것이다.

두 번째 문제의식은 국내에서 간화선의 대중화를 위한 이론적 토대 정립에 관한 것이다. 오늘날 조계종에서 대내외적으로 한국 간화선의 대중화를 천명하고 있지만, 그것의 이론적 토대가 제대로 정립되어 있는지 반문하지 않을 수 없다. 그 핵심인즉 간화선을 대중화하고자 노력은 하고 있지만, 이 간화선이 과연 대중화될 수 있는 수행법인지에 대한 이론적 근거와 그것에 대한 확신을 갖고 있느냐는 것이다. 물론 조계종에서 공식적으로 발간한 간화선 수행 지침서에는 출가자와 재가자, 남녀노소 및 빈부귀천에도 아무런 상관이 없이 간화선 수행을 할 수 있다고 명시되어 있다.[7] 하지만 현실이 과연 그런가에 대해서는 여전히 의문점을 갖게 한다.

이 점에 있어서는 학자들 사이에서뿐만 아니라 수행자들 사이에서조차 논란이 분분하다. 필자가 판단하건대, 이러한 현상의 기저에는 한국불교사에 지대한 영향을 끼친 보조지눌(普照知訥, 1158~1210) 선사가 견지한 간화선관의 영향이 적지 않았다. 보조지눌 선사(이하

---

7 조계종 교육원 불학연구소·전국선원수좌회 편, 『간화선, 조계종 수행의 길(개정판)』(조계종출판사, 2008), p.88.

'지눌'로 약칭함)는 한반도에 간화선을 도입한 주인공이기도 한데, 그의 주장에 따르면, 간화선은 극소수의 최상근기最上根器에 적합한 수행법이기 때문이다. 그 말인즉 간화선은 결코 대중화될 수 없는 수행법이라는 의미와도 일맥상통한다고 볼 수 있다.

그러나 지눌이 선수행 자체를 대중이 범접하기 힘든 것으로 규정한 것은 아니었다. 간화선을 지칭하는 경절문逕截門을 비롯하여 성적등지문惺寂等持門과 원돈신해문圓頓信解門으로 형성된, 소위 '삼문三門' 수행체계를 구축하여 수행자의 근기에 따른 세심한 배려를 했었다.[8] 또한 정혜결사定慧結社를 통해 선불교의 쇄신과 부흥을 도모함에 있어서도 다양한 계층의 사람들을 포용하며 대중과 함께 하는 면모를 보여주었다.

하지만 그럼에도 불구하고 간화선 수행 측면에서 조명했을 때 지눌에 의해 이 수행법이 일반 대중이 접근하기 힘든 것으로 인식되게 된 점이 적잖이 존재한다고 판단된다. 그렇다면 간화선에 대한 이러한 지눌의 인식관을 재고해야 할 필요성은 무엇인가? 그것은 바로 간화선 수행체계를 확립한 송대의 대혜종고(大慧宗杲, 1089~1163) 선사의 본래 의도는 그것이 아니었기 때문이며, 조계종의 간화선 대중화·세계화 현안을 위해서도 간화선은 누구나 접근 가능한 수행법이라는 인식이 확산되어야 하기 때문이다. 따라서 본서의 제3장을 통해서 지눌의 간화선관을 간화선 수행체계를 확립한 대혜종고 선사의 입장과 비교하며 간화선의 대중화 관점에서 재조명할 것이다.

---

8 심재룡, 『지눌연구: 보조선과 한국불교』(서울대학교출판부, 2004), p.231.

세 번째 문제의식은 한국 간화선 세계화를 위한 수행법 개선의 필요성에 관한 것이다. 오늘날 서구사회는 정치·경제·군사·문화 등의 측면에서 여전히 세계적인 영향력이 다른 문화권에 비해 우세할 뿐만 아니라, 불교 수행법에 대해서도 갈수록 지대한 관심을 보이고 있다. 본서에서 한국 간화선 세계화의 우선적인 대상으로 서구사회를 설정하고 있는 것도 이러한 이유에서다. 그렇다면 현재의 한국 간화선 선풍이 그들에게 접근할 수 있는 형태를 가지고 있는지에 대해 점검해 볼 필요성이 제기될 수 있다. 한국 간화선의 수행체계 속에 전통의 계승을 강조한 나머지 서구적 토양에 접목되기에 무리가 따르는 부분은 없는지에 대한 고찰이 필요하다. 또한 전통을 계승한다고 하면서 진정 제대로 그 전통을 계승하고 있는지에 대한 점검 또한 필요하다는 것이 필자의 입장이다.

굳이 불교의 연기사상을 거론하지 않더라도 삼라만상이 상호 영향을 주고받지 않는 것이 없겠지만, 위의 세 가지 문제의식은 특히 상호간에 깊은 연관성을 가진다. 먼저 한국 간화선 대중화의 이론적 정립이 선행되지 않고서는 세계화를 진행할 수가 없다. 혹여 진행이 된다손 치더라도 자칫 사상누각이 될 소지가 발생할 수 있다. 그리고 숭산은 이미 한국 간화선 대중화·세계화라는 과제를 상당한 수준에서 성취한 인물이다. 그의 사상적 가치와 의의를 연구하지 않고서 새롭게 한국 간화선의 대중화·세계화를 논한다는 것 또한 효과적인 방법이라고 보기 힘들다. 이것은 또한 한국불교계가 배출한 세계적인 인물과 그의 업적을 사장死藏하는 것과 진배없는 것이라 볼 수도 있다.

20세기 종교학의 거장 중 한 사람이었던 윌프레드 캔트웰 스미스

(Wilfred Cantwell Smith, 1916~2000)는 종교 연구에 있어서 "인격적 신앙의 관점"에서 접근할 것을 강조한 것으로 유명하다. 일찍이 그는 외부 관찰자 중심의 학문적 객관성에 치중한 종교 연구가 그 대상이 되는 종교를 비인격화시킬 수 있음을 지적하며, 각 종교 전통의 내면적 가치와 체험의 소중함을 일깨워줄 수 있는 종교 연구를 할 것을 강조하였다.[9]

본서의 연구 대상이 불교라는 거대한 종교전통에 속한 간화선이라는 하나의 작은 수행법에 지나지 않지만, 이 수행법이 불교사상 전체가 녹아 응집되어 있는 불교의 축소판이자 핵심이라 해도 지나침이 없다. 따라서 필자 또한 간화선이라는 수행법을 대하는 학문적 자세를 다시금 돌아보지 않을 수 없었다. 따라서 스미스가 제안한 "인격적 신앙의 관점"에서 접근하는 자세가 간화선이라는 수행 전통과 그것을 현장에서 체험해 가는 수행자의 입장을 존중한다는 측면에서 모범으로 삼을 만한 학문적 입장이라 판단한다.

그렇지만 스미스가 비판했던 사회과학적 연구경향에 대해서 필자는 그와 달리 다소 유연한 입장을 취하고자 한다. 그 이유는 비록 이러한 경향이 객관화된 사실규명에 치중한 나머지 인간의 내면적 가치를 고려하지 않는 편향된 환원주의로 치달을 가능성이 크다는 점은 분명하지만, 그럼에도 불구하고 그들의 연구결과에는 수용할 가치가 높은

---

9 이러한 스미스의 종교 연구 입장을 확인할 수 있는 저서로는 그의 역작 윌프레드 캔트웰 스미스, 『종교의 의미와 목적(The Meaning and End of Religion: A New Approach to the Religious Tradition of Mankind)』, 길희성 역(분도출판사, 1991)을 참조하기 바란다.

부분들이 존재하기 때문이다. 어느 종교전통을 막론하고 그 전통의 신앙인이 체험하는 내면적 가치를 존중하자는 스미스의 입장이 자칫 균형점을 상실하게 되면 신비주의적 경향으로 치달아 학문적 접근과는 더욱 멀어지게 되는 결과를 초래할 수 있다. 이때 사회과학적 연구가 그것을 미연에 방지할 수 있게 하는 역할을 해줄 수 있을 것이다.

이와 같은 거시적 차원의 학문적 입장은 필자가 본서의 연구를 수행함에 있어 수용하는 미시적 연구방법에도 영향을 미치게 되는데, 필자가 추구하는 바는 문헌 실증적 연구방법과 문헌 비평적 연구방법의 장점을 모두 수용하는 것을 골자로 한다. 즉 문헌 자료가 전달하고자 하는 요체를 밝히는 데 천착하면서도 동시에 그것만을 통해 다 파악하지 못하는 정치·사회·문화적 요소들을 동시에 고려하는 방법을 취하겠다는 것이다.

이와 더불어 본서가 다루는 주제 가운데 오늘날 서구사회에서 불교가 확산되는 과정이나 현황, 그리고 국내·외에서 간화선이 전파되는 과정이나 수행 현황 등에 대한 것이 있다. 이 부분에서는 타 학자들이 사회과학적 차원에서 조사한 연구 분석이나 통계자료, 그리고 언론을 통해 드러난, 사실에 근거한 보도자료 등도 함께 활용하게 될 것이다.

이제 보다 세부적인 논지의 전개 방법을 설명하고자 한다. 앞서 언급된 바와 같이, 본서에서는 숭산의 선사상 그 자체에 중점을 둘 뿐만 아니라, 그것과 한국 간화선의 대중화·세계화 현안에 관한 연구 사이의 상호 연관성에도 초점을 두고 연구를 수행하게 된다. 대중화 부분에서는 그것을 위한 이론적 기반의 정립에 초점을 맞출 것이며, 세계화 측면에서는 수행체계의 실질적인 개선을 도모하는 시도가 이루어질 것이다. 이에 대한 보다 구체적인 접근 방법을 서술하면 다음과 같다.

첫 번째로 한국 간화선의 대중화 현안과 관련한 부분에서는 한국불교사에 지대한 영향을 끼친 선사이자 고려 중기 간화선을 한반도에 도입한 주인공인 지눌이 견지한 간화선관看話禪觀을 재조명하게 된다. 간화선에 대한 보조지눌 선사의 입장을 중국 남송대南宋代에 간화선을 집대성한 대혜종고 선사의 입장과 비교를 통해 재조명함으로써 간화선 대중화의 이론적 기반을 모색하기 위한 시도를 할 것이다.

두 번째로 한국 간화선의 세계화 현안과 관련해서는 수행법에 있어서의 구체적인 개선안을 제시할 것이다. 여기서는 우선 18·19세기를 거치면서 유럽이 불교를 적극적으로 수용하게 된 역사적 맥락을 분석한다. 또한 그 맥락을 토대로 간화선의 장·단점을 분석한 후, 오늘날 한국 간화선의 수행법에 대한 개선 방안을 제시한다.

위의 두 가지 소주제 이외에 한국 간화선 수행법의 변천 과정을 천착하는 내용이 자리하게 된다. 그 이유는 한국 간화선의 수행법이 변천된 과정을 검토함으로써 오늘날 한국 간화선의 형태가 정립되게 된 경위를 이해하여 향후 수행법 변화의 필요성을 인식하는 데 도움이 될 수 있기 때문이다. 뿐만 아니라 이러한 연구는 향후 수행법의 개선방향을 가늠해 볼 수 있는 지침이 될 수도 있을 것이다.

마지막으로 한국 간화선의 대중화·세계화 측면에서 숭산의 간화선 수행법이 갖는 특징과 그 의의에 천착할 것이다. 이를 위해 제5장에서 필자가 수행법의 개선을 위해 제언하는 4가지 범주를 근간으로 하여 그가 창안한 공안수행체계인 '십문관十門關'의 특징과 그 의의를 고찰한다. 이와 함께 숭산의 해외포교 행적과 그가 포교현장에 적용했던 새로운 간화선 수행법이 오늘날 한국불교계에 주는 과제를 분석하게 될 것이다. 그 범위를 구체적으로 표현하자면 관음선종을 통한 숭산의 일본 임제종 공안선 수행법 수용 측면과 해외포교 현장에서 승단 내 남·여성 간 차별 철폐 측면에서 조명할 것이다.

본서는 서론 이외에 총 여섯 장章으로 구성된다. 제1장에서는 숭산의 선사상과 수행론에 천착한다. 본장의 전반부는 숭산에게 영향을 미친 시대 및 사상적 배경에 대한 것이다. 숭산의 경우 일제강점기와 해방 이후 좌우익 간의 사상투쟁, 그리고 일본과 관련된 국내외 상황에 특히 많은 영향을 받게 되었는데 이에 대해 고찰한다. 이와 함께 경허성우, 만공월면, 고봉경욱 선사로 이어지는 덕숭법맥德崇法脈의 계승자로서의 그의 사상적 기반에 대해 고찰한다.

1장의 후반부에서는 숭산의 선사상과 그 특징에 대해 연구한다. 필자는 그의 선사상적 특징을 네 가지로 분석하였는데, 조사선 중심, 유불회론唯不會論 역설, 선의 실천성 강조, 그리고 선의 세계화가 바로 그것이다. 끝으로 세 번째 부분에서는 숭산의 간화선 수행법에 천착한다. 먼저는 '십문관十門關'[10]으로 명명된, 그가 고안한 간화선 수행체계

---

10 숭산이 설립한 '관음선종觀音禪宗'에서는 오늘날 '십문관' 대신 '십이문관'을 표방하고 있는데, 그 이유는 숭산 당시에도 이미 '십문관' 속의 10개의 공안을 마치면 추가로 "세 남자가 걸어가고 있다"는 공안 하나를 더 부여받았으며 이것까지 통과할 경우 숭산으로부터 인가를 받게 되었다. 따라서 결국은 십문관 속의 10개의 공안과 추가적으로 부여받는 공안을 합쳐 11개의 공안을 투과해야 하는 것이었다. 오늘날은 여기에 "만공의 그물"이라는 공안 하나를 더 추가하여 '십이문관'의 공안 체계를 형성하게 된 것이다(숭산, 『선의 나침반(2)』, 현각 엮음, 허문명

에 대해 면밀히 고찰하게 되며, 다음으로 입실제도(혹은 입실참문入室參問)의 중요성을 극히 강조한 그의 입장에 대해 연구한다.

제2장에서는 숭산의 업적을 포교적 관점에서 재조명하게 된다. 세수 77세, 법랍 57세의 일생 동안 그가 이룩한 다양한 업적들이 포교적 측면에서 각각 고유한 영역을 형성하며 중요한 의미를 내포하고 있다는 점을 필자는 포착하였다. 종비생 제도와 동국대 석림회 창립에 기여했던 그의 행적, 화계사의 성장과 발전 및 〈불교신문〉의 창간과 발전에 있어서 그가 했던 역할, 그리고 관음선종을 창건하여 발전시키는 과정에서의 그의 업적, 이 모든 것들이 불교 포교라는 구심점을 두고 저마다의 고유한 영역을 이루며 중요성을 가지고 있다. 따라서 이들 각각의 업적들이 포교적 관점에서 어떠한 의의를 지니는가에 대한 연구가 이루어질 것이다.

제3장에서는 한국 간화선의 대중화를 위한 이론적 기반의 정립을 도모하기 위한 연구가 수행된다. 이 부분에서는 앞서 언급한 바와 같이 지눌이 견지한 간화선에 대한 입장을 재조명으로써 국내 불교계에서 혼선을 빚고 있는 간화선 대중화에 관한 이론적 토대를 정립할 것이다. 논지 전개의 방법은 우선 대혜 당시의 시대적 배경과 그가 간화선을 집대성하게 된 사상적 입장을 고찰하게 된다. 이러한 대혜에 관한 연구를 지눌의 그것과 비교·분석하게 되는데, 지눌의 구도 과정과 간화선을 국내에 도입하게 된 결정적인 원인이 되었던『대혜보각선사어록』을 접할 당시의 개인적 상황 및 이것을 통해 그의 간화선관이

옮김, 열림원, 2001, p.216; http://www.kwanumzen.org/2010/seung-sahns-twelve -gates 참조).

형성되게 된 경위를 분석한다.

제4장에서는 한국 간화선 수행법의 변천 과정에 대해 고구할 것이다. 조계종은 종단의 종지종풍宗旨宗風으로서 간화선의 실참 전통을 오롯이 계승하고 있는 점에 대단한 자부심을 가지고 있다. 이 때문에 다수의 불자들이 지눌에 의해 도입되고, 그의 제자 진각혜심(眞覺慧諶, 1178~1234)에 의해 그 기초가 확립된 간화선의 수행 전통이 중국으로부터 전래될 당시의 형태 그대로 오늘날까지 어떠한 변화도 없이 계승되어 오고 있는 것으로 생각하는 경향이 있다. 그렇지만 실상 간화선 수행법은 그 이후로 수차례에 걸쳐 다양한 변화의 과정을 겪게 된다. 따라서 본장을 통해 바로 이러한 '수행법적 측면에서 고찰한 한국 간화선의 역사적 변천 과정'에 천착할 것이다. 간화선이 국내에 도입된 이후 오늘날까지 그 수행법이 고착된 채로 유지되는 것이 아니라 정치·사회적 요인 등에 의해 수차례 변화하게 되는데, 그 자세한 과정과 구체적인 변화의 내용에 대해 연구하고자 한다. 또한 이러한 연구 결과는 오늘날 한국 간화선의 대중화·세계화의 현안을 대함에 있어 한국 간화선을 어떻게 변화·개선시켜 갈 것인가를 고민해 볼 수 있는 지침이 될 수도 있는데, 이 두 가지가 본장이 갖는 의미라고 하겠다.

다음으로 제5장에서는 한국 간화선의 세계화를 위한 구체적인 수행법의 개선안이 제시될 것인데, 이때 단순한 방안만을 열거하는 차원의 연구를 지향하지는 않을 것이다. 구체적 방법으로는 18·19세기를 거치며 유럽이 불교를 수용하게 된 역사적 배경을 분석함으로써, 그 맥락에서 간화선이 갖는 장점과 현행 수행법의 문제점을 분석하며, 각각의 문제점에 따른 수행법의 개선안을 제시할 것이다.

　마지막으로 제6장에서는 한국 간화선의 대중화·세계화 현안과 관련하여 숭산의 선사상과 수행법 및 포교행적이 갖는 의의에 천착할 것이다. 그 목적은 한국 간화선의 전통적 가치를 지키는 동시에 그것을 현대적으로 승화시켜 전 세계인들이 함께 수행할 수 있는 기틀을 수립한 그의 선사상과 그가 강조했던 수행법이 오늘날 한국불교계에 어떤 의미를 제공하는가에 대해 고찰하기 위함이다. 이와 더불어 숭산이 해외포교 과정에서 추진했던 새로운 시도와 그의 간화선 수행법이 한국불교계에 주는 과제에 대해서도 분석해 볼 것이다.

제1장 숭산행원의 선사상과 수행론[11]

1. 도입

본서의 서론에서도 기술하였듯이, 한국불교 역사상 세계적 차원의 포교성과를 낸 인물로서 숭산을 능가하는 이는 존재하지 않는다고 단정해도 과언이 아닐 것이다. 특히 그가 전 세계 수십 개 국가에 설립했던, 120여 개에 달하는 참선 센터는 간화선의 수행도량이 되었기에, 한국 간화선의 세계화 측면에서도 그의 선사상과 수행론에 천착하는 것은 상당한 의미가 있으리라 판단한다.

본장에서는 앞서 본서의 구성 부분에서도 서술하였던 바, 그에게 영향을 미쳤던 시대적·사상적 배경을 시작으로 그의 선사상적 특징을

---

11 본서의 제1장은 숭산행원 선사에 관한 필자의 논문인 「숭산행원의 선사상과 수행론」, 『불교학보』 제62집(동국대학교 불교문화연구소, 2012), pp.279~306을 본서의 전체적인 맥락에 맞도록 내용을 수정·보완한 것이다.

고구하게 된다. 또한 '십문관'으로 명명된, 그가 고안한 간화선 수행법의 특징을 면밀히 고찰하게 되는데, 일본 임제종의 공안선 수행법과의 비교적 관점에서 분석될 것이다. 그 이유는 이를 통해 일본 임제종 수행법 수용으로 평가절하된 측면이 있다고 할 수 있는 그의 수행론이 갖는 의미를 해석해 보는 기회를 갖기 위해서이다.

2. 시대적·사상적 배경

1) 시대적 배경과 그 영향

어느 인물을 막론하고 자신이 살았던 시대적 영향으로부터 자유로울 수 있는 이가 어디 있겠는가마는, 숭산이 살았던 시대, 그 가운데서도 일제강점기와 한국전쟁과 같은 극한적 상황 하에서는 누구든 깊은 영향을 받게 된다. 더욱이 한 분야에서 세계적인 두각을 나타낼 정도의 인물일 경우는 더욱 강한 영향을 받게 될 수 있다. 숭산의 경우 일제강점기와 해방 이후 좌우익 간의 사상투쟁, 그리고 일본과 관련된 국내외 상황에 특히 많은 영향을 받았다고 하겠다.

우선 숭산이 출가하게 된 계기는 일제강점기와 해방 이후 좌우익 간의 극심한 대립이 직접적인 영향을 주었다고 할 수 있다. 그는 일제강점기에 지하 독립운동단체에 소속되어 활동하다 옥고를 치른 이력의 소유자다.[12] 그런 애국청년이었던 숭산이 동국대학교에 입학하여 수학하던 중 좌우익 사상투쟁으로 동족 간의 살상이 자행되는 것을 보았을

---

12 숭산, 『부처님께 재를 털면: 숭산스님의 가르침』, 스티븐 미첼 엮음, 최윤정 옮김(여시아문, 1999), p.380.

때 느끼게 되는 환멸감이란 보통의 정도를 월등히 넘어서는 것일 수
있다. 이 때문에 결국 그는 1947년 인간 본연의 마음자리를 찾고자
발심하여 마곡사로 출가하게 된다.[13]

　한반도를 식민지 치하로 만들었던 역사적 만행蠻行을 통해 숭산의
인생에 크나큰 변화를 초래했던 일본이라는 국가는 한국이 해방된
이후인 1960년대 중반, 그에게 다시 한 번 큰 인연의 고리를 만들며
다가왔다. 당시 초동에는 동국대 기숙사로 사용되던 건물이 있었는데,
이것이 원래는 일본의 서본원사 별원이었다. 그것을 헐고 다른 건물을
짓고자 공사하던 중, 지하실에서 4천여 구에 달하는 일본군의 유골이
발견된 것이다.[14] 그 당시 숭산은 동국대학교 상무이사와 총무부장을
겸직하고 있었는데, 교내 담당자들의 의견이 유골을 없애는 방향으로
정해졌을 때 "아무리 적국의 유골이라 할지라도 그 유골을 다 버린다는
것은 나중에 그 후손들이 찾을 때 문제가 될 것이다"는 생각에 그가
그 방침을 만류하였고, 동국대 총장과의 협의를 거쳐 화계사 명부전으
로 그 모든 유골을 이전하게 되었다.[15]

　숭산의 이러한 선견지명은 오래지 않아 빛을 발하게 된다. 반년이
지난 후 한국과 일본 간의 국교 정상화가 성립되는데, 당시 방한했던
기시 수상을 수행했던 일본 기자들에게 그 사실을 알리자 〈아사히(朝
日)〉, 〈요미우리(讀賣)〉와 같은 일본 주요 일간지가 이것을 대서특필하

---

13 숭산행원선사문도회 엮음, 『世界一化(1)-가는 곳마다 큰스님의 웃음』(불교춘추사,
　 2000), p.50.

14 위의 책, p.54.

15 위의 책, pp.54~55.

였다.[16] 이윽고 일본은 공식적으로 정치인과 승려들을 방한시켜 유골을 인수해 갔고, 이것을 계기로 일본에 흩어져 있던 많은 한국동포들의 유해를 국내로 송환하게 되는 쾌거 또한 얻게 되었다.[17]

이 사건을 계기로 숭산은 한·일 간의 긴장을 완화시키고 화해를 촉진시키는 상징적인 존재가 되었다고도 볼 수 있다. 또한 재일동포들을 불교로써 교화시키고 정신적인 지주가 될 수 있는 적임자로서의 이미지도 얻게 되었다고 하겠다. 실제로 그는 오요다니 요시오라는 일본 국회의원으로부터 오사카에 있는 고려사라는 한국사찰에 와서 재일동포들을 위한 교화활동을 해 달라는 편지를 수차례 받았고, 조총련계에서는 도쿄 평화사라는 사찰에서 동포들을 세뇌시켜 북송시키는 데 앞장서고 있기 때문에 한국 사찰을 지어 그것을 막아야 한다는 조계종단의 권유도 있었다. 이 외에도 해외포교란 명목으로 2천만 원이라는, 당시로서는 거금을 주겠다고 약속하며 그에게 일본에 갈 것을 원했던 한국정부의 요청도 있었다.[18] 이와 같은 여러 시대적·정치적 상황 등은 숭산으로 하여금 일본포교를 하지 않을 수 없게끔 만들었다고 할 수 있으며, 일본포교활동의 시작은 결과적으로 훗날 세계포교활동으로까지 확대되는 계기가 된다.

2) 사상적 배경

주지하듯이 숭산은 1949년 수덕사에서 고봉선사(이하 '고봉'으로 약칭

---

16 위의 책, p.55.

17 위의 책.

18 위의 책, pp.55~56.

함)를 법사로 하여 비구계를 받았다. 고봉은 "덕숭산문의 확립자"[19]로 인정받고 있는 만공월면 선사(이하 '만공'으로 약칭함)의 법제자 가운데 한 사람이다.[20] 따라서 숭산이 고봉의 법제자가 됨으로써 덕숭법맥은 "근세 한국불교의 중흥조"[21]요, "덕숭산문의 개조"인 경허를 필두로 "덕숭산문의 확립자"인 만공, 그리고 고봉을 거쳐 숭산에게로 이어지게 된다.

전술한 바와 같이 숭산이 동국대학교에 입학하여 수학하던 중 좌우익 사상투쟁으로 동족 간의 살상이 자행되는 것에 환멸을 느끼게 되었고, 1947년 인간 본연의 마음자리를 찾고자 발심하여 마곡사로 출가한 후, 100일간의 용맹정진을 거친 끝에 첫 번째 깨달음을 체험하였다.[22] 이후 당시 명성이 자자했던 만공의 법제자 고봉이 마곡사를 찾게 되어 그와의 첫 대면이 성사되었다.[23] 비록 이 첫 만남에서 숭산이 고봉으로부터 바로 인가를 받지는 못하였으나, 그로부터 강한 자극을 받게 되고, 이후 숭산은 정혜사에서 당대의 여러 선지식을 만나며 식견을 넓히게

---

19 김종명, 「만공의 선사상: 특징과 역할」, 『宗敎硏究』第34號(한국종교학회, 2004), pp.203~204.

20 만공의 법제자로는 보월寶月, 용음龍吟, 고봉古峰, 금봉錦峰, 서경西畊, 혜암惠菴, 전강田岡, 금오金烏, 춘성春城, 벽초碧超, 원담圓潭이 있으며, 비구니는 법희法喜, 만성萬性, 일엽一葉 등이 있다(오경후, 「鏡虛·滿空의 法脈과 韓國佛敎에 미친 영향」, 『東學硏究』第26輯(韓國東學學會, 2009, p.44).

21 이덕진, 「일제시대 불교계 인물들에 대한 연구 성과와 동향 그리고 앞으로의 과제: 불교 사상에 대한 연구를 중심으로」, 『선문화연구』 창간호(한국불교선리연구원, 2006), p.67.

22 숭산행원선사문도회 엮음, 『世界一化(1)-가는 곳마다 큰스님의 웃음』, p.50.

23 위의 책, p.51.

36

된다.[24] 1949년 숭산은 미타사에서 고봉과 두 번째 만남을 갖게 되고 결국 그 만남에서 고봉의 인가를 얻게 되는데, 이때 그는 스승으로부터 "덕숭산을 크게 번창시키라"는 말과 함께 "너의 법이 세계에 크게 퍼질 것이다"라는 말을 들었다고 한다.[25] 이렇듯 숭산은 경허·만공·고봉으로 이어지는 덕숭법맥의 명실상부한 계승자였던 것이다.

이어지는 내용 속에 상세히 언급되겠지만, 숭산은 앞선 스승들이 전승시켜 준 덕숭산문의 선풍을 충실히 계승·발전시키는 역할을 하게 된다. 경허와 만공으로부터 직접적인 가르침을 전수받은 일은 없었지만, 고봉을 통해 전해진 이들의 영향뿐 아니라 고봉을 통해 모두 전수될 수 없었던 부분에 이르기까지 숭산의 선사상과 활약을 통해 전승되고 발전하게 된다. 하지만 이러한 의미가 숭산이 문중의 선풍을 그대로 계승하기에 급급했다는 것이 아니다. 자신이 처한 시대적 상황에 따라 전승된 선풍을 능동적으로 재해석하고, 그 위에 자신만의 고유한 학문적 성찰과 깨침의 과정을 결합시켜 구축한 선사상을 구현해 나갔다고 할 수 있다.

24 위의 책, p.52.
25 위의 책, pp.53~54.

3. 숭산의 선사상과 그 특징[26]

1) 조사선 중심

숭산은 선의 종류를 구분함에 있어 규봉종밀(圭峰宗密, 780~841)의
『선원제전집도서禪源諸詮集都序』를 기초로 삼아 다섯 가지로 분류하였
는데, 외도선外道禪, 범부선凡夫禪, 소승선小乘禪, 대승선大乘禪, 최상
승선最上乘禪이 그것이다.[27] 외도선이란 타종교에서 행해지는 수행을
말하며, 범부선이란 건강이나 집중력 향상 등의 기능적 목적을 위한
수행을 의미하고, 소승선이란 소승불교의 선으로서 위빠사나(Sk.
vipaśyanā) 수행을 지칭한다.[28] 또한 대승선이란 대승불교의 교학적
기반을 둔 수행으로 중도中道, 실상實相, 무애無礙 등을 관하는 선이며,
마지막으로 최상승선이란 여래청정선如來淸淨禪으로서 이것은 관하는
선이 아니라 마음의 본질을 그대로 깨닫는 선으로서 이는 다시 세
가지, 즉 의리선義理禪, 여래선, 그리고 조사선으로 세분화된다.[29] 여기

---

26 '숭산의 선사상과 그 특징'에 대해 분석하고 설명하는 제1장의 내용 속에는 숭산의
　법문, 서신 및 그의 제자들에 의해 집필된 저서 등을 통해 익히 알려진 내용을
　다수 포함하고 있다. 그럼에도 불구하고 본장에서 그 부분들을 다루고 있는
　이유는 학술적 연구를 통해 그의 선사상과 그 특징을 본격적으로 연구한 사례는
　본서를 통해 처음 시도되고 있기 때문에 간단하게나마 언급하고 넘어갈 필요가
　있다고 판단했기 때문이다. 뿐만 아니라 숭산 선사상의 특징을 '조사선 중심',
　'유불회론 역설', '선의 실천성 강조', '선의 세계화'로 필자가 처음으로 체계화했다
　는 것에도 그 의의가 있다.
27 숭산행원선사문도회 엮음, 『世界一化(3)-산은 푸르고 물은 흘러간다』(불교춘추사,
　2000), pp.152~153.
28 위의 책; 숭산, 『선의 나침반(2)』, pp.34~38.

서 의리선은 개념적이고 학문적 차원으로 접근하는 선이며, 여래선은
세상의 허망함, 마음과 우주의 본체에 대해 인식하는 선이고, 조사선은
현상세계 그대로가 진리라는 것을 깨닫는 것을 의미함인데, 숭산은
이 조사선을 최상의 단계로 인정하였다.[30]

위와 같은 선에 대한 분류 과정을 거쳐 결과적으로 조사선을 최상의
단계로 두는 숭산의 입장은 경허·만공·고봉으로 이어져 오는 덕숭문중
법맥의 기본적 특징을 잘 나타내주는 것이라 하겠다. 물론 경허와
만공, 그리고 고봉 이들 세 선사의 선사상적 특징이 모두 동일한 것은
아니다. 가령 경허 법맥의 특징이 임제종 태고계太古系 속에서 선,
교학, 정토설, 그리고 밀교가 병행되는 가풍을 매우 조화롭게 고수해온
점에 있는 반면,[31] 만공의 사상 속에는 교학과 밀교적 요소가 나타나지
않는 차이가 있다.[32]

이 가운데 숭산은 경허 법맥의 특징을 다분히 포함하고 있는 경우라고
평가할 수 있다. 그는 선불교의 핵심 종지 중에서도 참선수행을 통해
직지인심直指人心과 견성성불見性成佛 하는 것에 방점을 두면서도,[33]
교학적 접근, 염불 및 진언 모두를 포용하는 방식을 취하고 있다.[34]
실제로 그가 미국의 젠 센터에서 현지인 제자들을 지도할 때에도 절,

---

29 숭산행원선사문도회 엮음, 『世界─化(3)-산은 푸르고 물은 흘러간다』, p.153:
   숭산, 위의 책, p.39.
30 숭산행원선사문도회 엮음, 위의 책, pp.153~156: 숭산, 위의 책, p.39.
31 태진스님, 『鏡虛와 滿空의 禪思想』(민족사, 2007), p.180.
32 김종명, 「만공의 선사상: 특징과 역할」, p.216.
33 숭산, 『선의 나침반(1)』, p.35.
34 종호스님, 「미국의 간화선 수행」, p.269.

염불 및 참선을 적절히 병용하는 방식을 택하였다.[35]

하지만 그럼에도 불구하고 덕숭문중의 법맥 속에는 면면히 계승되어 오는 몇 가지 유사한 점들이 있는데, 그 중 하나가 바로 간화선의 강조에 있다. 일례로 만공은 그가 23세 때인 1893년, 우연히 만난 한 소년이 던진 질문이었던 "만법귀일萬法歸一 일귀하처一歸何處" 화두에 의단이 발현하여 참구한 끝에 2년 후인 1895년 "응관법계성應觀法界性 일체유심조一切唯心造"를 암송하던 중 법계의 성품을 깨닫고 확철대오하게 되었다.[36] 또한 34세 때인 1904년에는 경허의 지시로 '무자無字' 화두를 참구한 끝에 전법을 부촉 받았으며, 평상시 교육의 중요성을 강조했던 그는 교육 가운데서도 특히 참선교육이 조속히 시행되어야 할 항목으로 보았다.[37] 고봉의 경우도 역시 동일하게 공안 참구를 중요시했는데, 그의 유일한 제자였던 숭산에게 인가를 내리기 전에 1,700 공안을 바탕으로 공부한 수준을 점검했다고 한다.[38]

이렇듯 간화선을 강조해온 덕숭문중 법맥의 특징을 이어받은 숭산은 그 전통을 더욱 부각시켰는데, 앞서 언급한 바와 같이 조사선을 최상승선으로 분류했으며, 공안 실참을 기반으로 전 세계적 규모의 포교활동을 한 것은 이미 모두冒頭에서 서술한 바 있다. 다만 그가 해외포교 과정에서 제시했던 수행법이 국내에서 전통적으로 행해지는 것과는

---

35 무량, 『왜 사는가 (1)』(열림원, 2004), p.94.

36 김경집, 「滿空月面의 사상과 활동」, 『불교학연구』 第12號(불교학연구회, 2005), pp.279~280.

37 김종명, 「만공의 선사상: 특징과 역할」, p.208.

38 숭산행원선사문도회 엮음, 『世界一化(1)-가는 곳마다 큰스님의 웃음』, pp.53~54.

사뭇 다른 형태였던 점에 대해서는 본장의 후반부에서 심도 있게 고찰할 것이다.

2) 유불회론 역설

앞서 숭산 선사상의 특징 중 하나로서 조사선을 강조했다는 점에 대해 고찰하였다. 그러나 이 점이 숭산 선사상의 특징 가운데 한 요소임은 분명하지만, 이것은 덕숭문중의 선사상적 특징임과 동시에 선불교 중심의 당시 한국불교계의 전반적인 특징이라고도 볼 수 있다. 따라서 숭산만의 보다 고유한 선사상적 특징에 대한 요청이 발생하게 되는데, '유불회론唯不會論' 역설力說이 바로 그 점을 만족시킬 수 있는 것이다.

　유불회론, 즉 "오직 모를 뿐"이라는 주장은 숭산이 해외포교 과정 중에 일관되게 강조한 개념이다. 숭산이 이 언구를 어느 정도 강조했는 가 하면, 본인이 제자들에게 전했던 가르침이 소승, 대승, 또는 참선 등에 대한 것이 아니며, 심지어 불교조차 가르치지 않았고, "오직 모를 뿐"임을 가르칠 뿐이라고 말하기도 했을 정도이다.[39] 숭산과 그의 제자들 간에 주고받았던 서한들을 모아 출간된 저서[40]에 나타난 그의 답장에는 "오직 모를 뿐"이라는 마음으로 참구해 들어가라는 당부가 거의 빠짐없이 나타난다. 물론 숭산이 이처럼 "오직 모를 뿐"이라는 언구를 강조했던 이유가 그것 자체가 불법佛法의 모든 가치를 뛰어넘는 다는 것을 의미하는 것은 아니었을 것이다. 그가 강조하고자 했던

---

39 숭산, 『선의 나침반(2)』, pp.186~187.

40 숭산, 『오직 모를 뿐: 숭산선사의 서한 가르침』, 현각 편집, 은석준 옮김(물병자리, 1999).

것은 선의 핵심이 무엇인가 하는 것과 연관되어 있다고 볼 수 있다.

불자들이 참선수행을 하는 것은 참선 그 자체에 목적이 있는 것이 아니다. 숭산에 따르면, 참선의 목적은 인간의 본성을 깨닫는 데 있는데, "오직 모를 뿐"이라는 마음을 바탕으로 인간의 생각을 초월하여 생각 이전의 생각 단계로 진입해야 한다는 것이다.[41] 그렇게 함으로써 우리 인간은 우주와 하나가 되는데, 이것을 '무심無心' 또는 '근본 마음자리(本源心)'라고 칭한다.[42]

숭산은 또한 이렇게 터득한 무심의 단계를 실제 삶 속에서 사용할 것을 강조한다. 그 구체적 방안은 무심을 대비심大悲心으로 승화시켜야 한다는 것인데, '무'라는 것이 그 어떤 이기적인 생각조차 존재하지 않는 것을 의미하기에 무심이 바탕이 될 때 중생을 위해 실천하는 삶으로 승화될 수 있다는 것이다.[43] 그리고 이 점이 바로 다음에 이어지는 또 하나의 숭산 선사상의 특징인 '선의 실천성 강조'로 연결되는 통로가 된다.

3) 선의 실천성 강조

숭산 선사상의 또 하나의 특징은 '선의 실천성 강조'에 있다고 할 수 있다. 전술한 바와 같이 유불회의 마음을 토대로 무심의 단계를 터득할 것을 강조한 숭산은 그것이 또한 실제 생활 가운데 대비심으로 승화되어야 함을 역설하였다. 환언하자면 깨달음의 체體인 무심이 대비심이라

---

[41] 위의 책, p.16.
[42] 위의 책.
[43] 위의 책, pp.16~17.

는 용用이 되어 삶 속에 구체적으로 실현되어야 한다는 것인데, 무심과
대비심이 상호 별개의 개념이 아니라 체용의 관계 속에 상호 불가분의
연관성을 가지고 있다는 것이다. 따라서 삶 속에 구체적으로 실현됨이
없는 선이란 이미 온전한 선이 아니라는 입장으로도 해석할 수 있겠다.

　이처럼 선을 기반으로 한 인간의 정신적 지향점이 삶 속에 구현되어야
함을 강조했던 숭산의 자세는 그가 출가하기 이전부터 이미 견지하고
있었던 것이라고도 할 수 있다. 앞서 언급한 바와 같이 그가 출가하게
된 계기가 해방 이후 좌우익 사상투쟁으로 동족 간의 살상이 자행되는
것에 환멸을 느낀 것인데, 좌우익을 막론하고 그들이 염원했던 바가
인간의 권리가 존중되는 평화적 공동체를 이룩하자는 것이었음에도
불구하고 그 사상이 오히려 동족을 살육하는 동력으로 작용했던 현상은
숭산과 같이 지행합일을 강조하는 실천적 사상가에게는 참으로 모순된
점이 아닐 수 없었을 것이다.

　선의 실천성을 강조했던 이러한 숭산의 자세는 덕숭법맥의 선풍을
잘 드러내는 것이라고 하겠다. "덕숭산문의 개조"인 경허를 필두로
"덕숭산문의 확립자"인 만공, 그리고 고봉을 거쳐 숭산에게로 이어지는
덕숭법맥은 선의 실천성을 특히 강조했던 선풍을 견지했던 것으로
유명하다. 산중불교의 탈피를 주창했던 경허의 정혜결사,[44] 일제의
불교탄압정책에 반대하며 전통적 선풍을 진작시키기 위해 설립된 선학
원의 창설과 운영에 주도적 역할을 했던 만공,[45] 1919년 대구 서문西門

---

[44] 대한불교조계종 포교원, 『한국불교사-조계종사를 중심으로』(조계종출판사, 2011),
　　p.252.

[45] 김경집, 앞의 논문, pp.291~292.

장날을 기해 전개된 독립만세운동 때 학생의거를 주도했다는 이유로 1년 6개월간 투옥되어 고문을 당했던 고봉[46]에 이르기까지 덕숭법맥의 계승자들은 출세간적 선이 세간 속에서 온전히 기능하도록 하는 데 누구보다도 앞장섰던 인물들이었다.

4) 선의 세계화

'선의 대중화'를 강조했던 덕숭문중의 선풍이 숭산을 통해 더욱 확대된 형태로 표출된 것이 '선의 세계화'라 할 수 있다. 일찍이 경허는 침체된 한국불교의 선풍을 진작시키기 위해 수선사를 창설하여 남녀노소와 빈부귀천에 상관없이 동참시켰다.[47] 그의 법을 이은 만공 또한 참선의 대중화·생활화를 지극히 강조했는데,[48] 이렇듯 덕숭문중의 법맥 속에 면면히 전수되어 온 중요한 특징 중 하나가 바로 선의 대중화 정신이라 하겠다. 그런데 이것이 숭산대에 와서는 선의 세계화로 확장되었다고 볼 수 있다. 전술한 바, 숭산이 고봉으로부터 인가를 받을 당시 들었던, "너의 법이 세계에 크게 퍼질 것이다"라는 말이 마치 정확한 예언이기라도 하듯이, 그의 전법활동은 국가의 영역을 넘어 전 세계적 차원으로 확산되기에 이른다.

숭산은 1966년 재일 홍법원 설립을 시작으로 35년여의 기간 동안 전 세계 32개국에 120여 개의 홍법원을 개설함으로써 5만여 명이 넘는 해외 제자들을 길러내는 놀라운 성과를 거두게 된다.[49] 1962년

---

46 오경후, 앞의 논문, p.45.

47 위의 논문, p.39.

48 태진스님, 앞의 책, p.159.

44

조계종이 통합종단으로 출범한 지 2012년 올해로 50주년을 맞이하게 되는데, 종단이 출범한 이래로 오늘날까지 표방해 오고 있는 3대 지표 가운데 첫 번째가 바로 '포교'이다.[50] 수천 년의 역사를 통해 불교를 전 세계 주요 종교 가운데 하나로 성장하게 한 주요 원동력 중 하나가 바로 이 포교라 할 수 있는데, 숭산은 그의 삶 자체가 포교였다고 표현되기에 부족함이 없는 행적을 우리에게 보여주었다.

숭산에 의해 홍법원이란 명칭으로 설립된 이 세계적 조직체는 1983년 부터 '관음선종(觀音禪宗, Kwan Um School of Zen)'이라는 대외적 명칭을 표방하고 있다.[51] 그의 외국인 제자들 가운데 한국불교를 배우거나 한국에서 참선수행을 체험하기 위해 한국을 방문하거나 한국에서 거주 하는 사례가 상당수에 이른다. 2004년 11월 30일 숭산이 천화遷化한 이후, 동년 12월 4일 예산 수덕사에서 열린 그의 다비식에 참석했던 해외의 제자들은 오백여 명에 이르렀다.[52] 숭산은 생존 당시에 이미 티베트의 달라이 라마, 태국의 틱낫한, 캄보디아의 마하 거사난다와 함께 "세계 4대 생불生佛"로 영국 캠브리지 대학 종교학과 교수팀이 출간한 저서인 『부처의 비전(The Vision of the Buddha)』에 소개될 정도로 전 세계적인 추앙을 받은 인물이었다는 사실은 세간에 익히

---

49 정대스님, 「축사: 세계에 한국 선을 전한 숭산 큰스님의 35년간의 자취」, 『世界—化 (1)-가는 곳마다 큰스님의 웃음』, p.25.

50 3대 지표는 포교, 역경, 도제양성(조동섭 "조계종 통합 종단 50년, 내일을 위한 핵심과제 7: (1)포교" 〈현대불교〉(2012년 4월 18일자, 9면).

51 http://www.kwanumzen.org/about-us/

52 허문명, "큰스님 가르침 온 누리에: 숭산스님 다비식 … 500여 외국인 수행자 등 1만 명 참석" 〈동아일보〉(2004년 12월 6일자) A26면.

알려진 바이다.[53]

이러한 숭산의 행보는 한국불교 역사상 타의 추종을 불허할 수준의 범세계적 차원의 것이다. 흔히 한국불교를 대표하는 고승으로 원효(元曉, 617~686)나 보조지눌, 그리고 청허휴정(淸虛休靜, 1520~1604) 등이 거론되고, 이들이 한국불교사에 끼친 영향력이나 그 업적의 가치는 실로 절대적이라고까지 할 수 있을 것이다. 이러한 역사적 흐름 위에 앞서 언급되었던 바, "근세 한국불교의 중흥조"라 칭해지는 경허가 있었고, 일제치하에서 민족불교의 자존심을 보여준 용성진종(龍城辰鍾, 1864~1940)과 만해(萬海, 1879~1944) 등이 있었다. 그렇다면, 20세기 후반 선의 세계화라는 기치를 앞세운 숭산의 족적은 앞선 고승들의 위업을 잇기에 부족함이 없다고 평가해도 지나침이 없을 듯하다.

4. 숭산의 간화선 수행법과 그 의미

주지하는 바, 한국불교를 대표하는 조계종은 종단의 중심수행체계로서 간화선을 표방하고 있다. 또한 최근 수년 동안 간화선의 대중화·세계화를 위해 조계종에서는 다양한 시도와 노력들을 해오고 있다. 이러한 시기에 전술한 바와 같이 선불교를 표방하는 한국불교를 전 세계에 널리 알리는 데 평생을 바쳤을 뿐 아니라, 괄목할 만한 성과를 낸 숭산의 간화선 수행법을 연구하고 그것의 의미를 조명해 보며, 또한 이를 바탕으로 한국 간화선의 대중화와 세계화를 위한 새로운 활로를

---

53 현각, 『만행·하버드에서 화계사까지』 2권(열림원, 1999), p.216.

모색해 보는 것은 큰 의미가 있으리라 생각한다.

　그러나 앞서 서론에서도 언급하였듯이 "숭산의 선은 일본 임제종 선풍을 많이 수용했다"거나 심지어 "숭산의 선은 일본선"이라는 인식이 한국불교계에 적잖이 확산되어 있는 것이 현실이다. 이러한 인식은 숭산의 선은 한국적 전통에서 벗어난 이질적인 것이므로 한국 선불교의 발전을 위해서는 연구할 의미가 그다지 높지 않다는 평가로 이어지기 쉽다. 이 때문에 숭산이 설립한 관음선종이 전 세계적 참선수행 조직으로 확산되어 있고, 그의 국내외 제자들이 그의 사상과 행적에 관한 다수의 저서들을 출간해 오고 있는 오늘날까지도 숭산의 선사상과 수행론에 대한 학문적 연구가 지금처럼 거의 전무한 수준인지도 모른다.

　임진왜란이나 일제의 국권침탈과 같이 한국인이라면 망각하기 힘든 뼈아픈 역사적 기억들로 인해 오랜 세월이 지난 오늘날까지도 일본에 대한 부정적 감정이 온 국민의 뇌리에 뿌리 깊게 존재하고 있는 것은 어쩌면 자연스럽고도 당연한 결과일 것이다. 이 때문에 경제·문화·학계 등을 막론하고 일본과의 방대한 교류가 행해지고 있고, 최근 아시아권을 넘어 전 세계로 그 활동영역을 확대시켜가고 있는 한류 스타들에게 심지어 국내 팬들보다 더 열광적인 애정과 성원을 보내는 일본인들이 부지기수인 상황 속에서도 일본 것을 수용한다는 것에는 아주 민감한 반응을 보이는 것이 현실이다. 물론 이러한 현상 이면에는 일본의 독도영유권 주장, 2차 세계대전 당시 일본군 종군 위안부(Comfort women) 혹은 '강요된 성노예'(Enforced sex slaves)[54] 문제에 대한 일본정부의 공식적인 사과와 보상 거부 문제 등 일본정부가 보여주고 있는 작금의 행태들이 국민적 반일감정을 더욱 부추기는 부분도 분명히 존재한다.

불교계만을 놓고 보더라도 일본과 관련하여 역사적으로 참담한 기억들을 다수 간직하고 있다. 임진왜란 중 수많은 조선의 승려들이 승군이 되어 왜적과 대항하던 중 목숨을 잃었을 뿐 아니라, 일제 강점기 동안 일본은 한국불교계를 식민통치하에 두기 위해 1911년 사찰령을 제정·반포하여 통제하였고, 정책적으로 왜색불교를 주입시키기 위해 대처식육을 강요하는 등 한국불교계의 근간을 뒤흔드는 피해를 주었었다. 이로 인해 한국불교계에는 다른 어떤 종교계보다 더욱 뿌리 깊게 반일감정이 자리하고 있는 것으로 보인다. 불교계와 관련한 이러한 역사적 배경이 일본 임제종 선풍을 다분히 수용한 것으로 알려져 있는 숭산의 선을 더욱 도외시하게 만드는지도 모른다.

---

54 그동안 국내 매스컴에서 흔히 사용되어 왔던 '위안부'(Comfort women)라는 명칭에 대해 최근 일각에서 '강요된 성노예'(Enforced sex slaves)라고 지칭해야 마땅하다는 의견이 더욱 지지를 받고 있다. 이러한 움직임은 미국 국무장관 Hillary Clinton이 2012년 3월 한미외교장관회담에서 위안부가 아닌, 강요된 성노예로 표현되는 것이 적절하며 이것을 공식화하겠다는 의견을 개진하였고, 이후 7월에 개최된 한미외교장관회담에서는 이러한 입장을 더욱 강력히 천명함에 따라 보다 강한 지지를 받게 되었다. 비록 미국 정부가 지난 8월 16일 위안부와 성노예 표현을 모두 사용하겠다는 입장을 표명하며 한 발 물러서는 듯한 인상을 주고 있지만, 이전보다 문제의 심각성을 더 깊이 인식해 가는 과정으로 볼 수 있기에 개인적으로 고무적인 현상이라고 판단한다. 따라서 필자는 이러한 인식의 변화가 더욱 강하게 진척되기를 바라는 입장에서 그동안 보편적으로 사용되어 왔던 위안부라는 표현에 덧붙여 강요된 성노예라는 표현을 추가로 사용하였음을 밝히는 바이다(김상연, 美 "위안부-성노예 모두 사용" 〈서울신문〉, 2012. 8. 18, 6면).

그렇다면 현 시점에서 필자는 과연 숭산의 선이 일본의 선풍을 모방함으로써 한국의 전통적 선풍으로부터 과도하게 벗어난 것인가에 대한 진지한 논의가 수반되어야 한다고 판단한다. 한국불교가 배출한 세계적인 선사에 대한 심도 깊은 연구가 없이 막연한 비판이나 외면이 행해지는 것은 그 선사에 대한 도리가 아니기 때문이다. 그리고 만약 한국의 전통적 선풍에서 과도하게 벗어난 부분이 존재한다면 그것에 대한 적절한 평가를 해야 할 것이다. 뿐만 아니라 만약 숭산의 선사상에 대한 판단이 잘못된 근거에서 행해진 것이라면 그것을 바로잡아야 할 것이다.

이제 우선적으로 숭산의 '관음선종'에서 표방하는 간화선 수행체계인 '십문관十門關'에 대해 고찰함으로써 이 수행체계가 창안된 사상적 배경과 일본 임제종 선풍과의 연관성에 대해서 천착하고자 한다. 이어서 숭산의 간화선 수행법에서 지극히 강조되고 있는 '입실점검'과 일본 임제종 선풍과의 관련성에 대해서도 고구할 것이다. 그리고 이러한 결과들을 바탕으로 일본 임제종과 관련하여 숭산의 관음선종이 갖는 의미에 대한 해석을 시도해 볼 것이다.

1) 십문관(혹은 십이문관)

십문관의 창안 배경을 이해하기 위해 중국 조사선의 대표적 공안집들이 형성된 배경을 잠시 살펴볼 필요가 있다. 중국 조사선 전통에서 전래되어 오는 소위 1,700개 공안 가운데 임제종의 설두중현(雪竇重顯, 980~1052)의 송고백칙頌古百則에 원오극근(圓悟克勤, 1063~1135)이 평석하여 만든 공안집이 『벽암록碧巖錄』이며, 조동종에서도 또한 간화선을

집대성한 대혜종고와 쌍벽을 이루었던 굉지정각(宏智正覺, 1091~
1157)의 송고백칙에 만송행수(萬松行秀, 1165~1246)가 평창하여 제작
한 공안집이 『종용록從容錄』이다. 그 후 임제종에서는 무문혜개(無門慧
開, 1183~1260)가 『벽암록』과 『경덕전등록景德傳燈錄』 속의 공안을
비롯한 동시대 선사들의 최신 공안까지 포함하여 48개를 또다시 선별함
으로써 『무문관無門關』을 펴냈다.[55] 이러한 배경 위에 숭산의 관음선종
에서는 1,700개 공안 가운데 10개의 공안을 선별하여 '십문관'이라
명명하였고, 이 공안들을 통과하면 주요 공안들을 모두 거치는 것과
다름없는 것으로 보고 있다.[56]

그런데 여기서 10개의 공안을 통과하도록 하는 방식은 한국의 전통적
간화선 수행법과는 상치되는 것으로서, 오히려 일본의 임제종에서
행해지는 수행법에 가깝다고 볼 수 있다. 이 점이 바로 숭산의 선이
일본 임제종 선풍의 영향을 크게 받은 것으로 보는 핵심적 이유 가운데
하나이다. 주지하다시피 한국 간화선 전통에서는 철저히 한 개의 화두
만 참구할 것을 강조해 왔다.

화두 참구는 오직 한 화두만을 들고 지속적으로 공부해 나가야 한다.
화두는 함부로 바꾸지 말아야 한다. 화두를 바꾸는 것은 선지식에
대한 신심이 부족한 데서 나오는 것이다. …… 어떤 화두이든 그 화두만
타파하면 천칠백 개의 화두가 모두 타파되는 것이다. 따라서 여러
화두를 바꾸어 가며 참구할 필요가 없다.[57]

55 장휘옥·김사업, 『무문관 참구』(민족사, 2012), p.21.
56 숭산, 『선의 나침반(2)』, p.188.

조계종단 차원에서 간화선 수행에 대한 이론적 체계를 정립하여 출간한 간화선 수행지침서에서 위와 같이 명료하게 제시되어 있듯이, 증득證得을 달성하기 위해 한 개의 화두 참구만으로 충분하다는 입장은 한국 간화선 전통에서 몹시 강조되어 왔다. 그리고 이 입장은 간화선을 집대성한 대혜종고의 사상에도 부합하는 것이다.

천 가지 의심과 만 가지 의심이 단지 하나의 의심입니다. 화두 위에서 의심을 타파하면, 천 가지 의심과 만 가지 의심을 일시에 타파할 것입니다.[58]

위와 같은 대혜의 언구를 통해서도 확인할 수 있듯이 대혜를 통해 전수된 간화선 전통에서는 한 개의 화두를 타파하는 것이 다른 모든 화두를 타파하는 것이나 진배없다는 관점을 철저히 고수해 왔다. 그런데 이러한 대혜의 전통이 일본으로 전래된 이후 그곳에서는 아주 다른 형태로 변화되어 갔으며, 그 변화의 중심에는 "일본 임제선의 중흥조"로 추앙받는 백은혜학(白隱慧鶴, 1685~1768)이 있다.

조동종의 묵조선의 경우 희현도원(希玄道元, 1200~1253)에 의해 일본에 전래된 이후 수행법의 측면에서 일본적인 변용이 첨가되지 않았지만, 임제종이 경우는 그것과는 전혀 다른 양상을 나타내게 된

57 조계종 교육원 불학연구소·전국선원수좌회 편, 『간화선, 조계종 수행의 길(개정판)』(조계종출판사, 2008), pp.176~177.
58 『大慧普覺禪師語錄』, 「答呂舍人(居仁)」(『大正藏』 권47, p.930상). "千疑萬疑, 只是一疑. 話頭上疑破, 則千疑萬疑一時破."

다.[59] 일본 임제종은 그 개조인 명암영서(明庵榮西, 1141~1215)가 송나라에 가서 법을 이어온 이후 가마쿠라시대와 도쿠가와시대 초기에 이르기까지 크게 위세를 떨쳤지만, 막부의 외호를 받은 것이 오히려 선풍의 쇠퇴를 초래하며 점차 세력이 약화되어 오직 대응파大應派만이 선풍을 전승하게 된다.[60] 하지만 도쿠가와시대 중기에 나타난 백은혜학에 의해 새로운 중흥의 기회를 맞게 되고, 이 백은이 공안 참구에 관한 새로운 형태의 수행법을 정립하였는데, 그 수행법이란 바로 공안을 체계화하여 참선수행 과정을 일종의 커리큘럼 형태로 만든 것이다.[61]

일본에는 간화선이 도입되었을 때부터 실참에 사용되는 공안이 세 개의 범주로 나누어져 있었고, 백은은 이것을 더욱 세분화하였다. 오늘날 일본 임제선 도량에서 사용되는 공안의 범주가 8가지 단계, 즉 법신法身, 기관機關, 언전言詮, 난투難透, 향상向上, 동상오위洞上五位, 십중금계十重禁械, 말후末後의 뇌관牢關으로 분류되어 있으니,[62] 그 원류가 바로 백은인 것이다.[63] 그런데 이 백은이 행한 공안의 단계별 분류가 관음선종의 십문관과 유사한 체계를 가지고 있다는 점이 문제의 핵심이다. 제1문 "조주구자趙州狗子"에서부터 제10문 "고양이 밥그릇이 깨졌다"에 이르는 여러 가지 화두를 상호보완적으로 참구해 가는 관음선종의 방식은 공안의 범주를 8단계로 분류하여 단계별로 참구해 가는

59 니시무라 에신(西村惠信), 「일본 간화선의 전통과 변용」, 『보조사상』 제25집(보조사상연구원, 2006), p.108.
60 위의 논문, p.109.
61 위의 논문, p.113.
62 각 단계에 대한 설명은 위의 논문 pp.116~117 참조.
63 위의 논문, pp.116~117.

일본 임제종의 방식과 유사하기 때문이다. 이들 두 공안 체계의 비교를
용이하게 하기 위해 도표를 작성해 보면 다음과 같다.

	십문관		일본 임제선
제1문	조주구자趙州狗子	제1단계	법신法身
제2문	조주세발趙州洗鉢	제2단계	기관機關
제3문	암환주인巖喚主人	제3단계	언전言詮
제4문	달마대사의 수염	제4단계	난투難透
제5문	향엄상수香嚴上樹	제5단계	향상向上
제6문	부처님 손 위에 담뱃재를 떨어뜨림	제6단계	동상오위洞上五位
제7문	고봉삼관高捧三關	제7단계	십중금계十重禁械
제8문	덕산 큰스님의 발우	제8단계	말후末後의 뇌관牢關
제9문	남전참묘南泉斬猫		
제10문	고양이 밥그릇이 깨졌다		

이뿐만 아니라 십문관과 공안집 『무문관』과의 연관성 측면에서도
고려될 부분이 존재하는데, 그 이유는 바로 『무문관』이 "간화선 수행의
교과서"로까지 불리며, 한국불교계에서보다 일본 임제종에서 훨씬
더 널리 유포되고 활용되어 왔기 때문이다. 그도 그럴 것이 무문혜개의
전법제자였던 무본각심無本覺心은 일본인 유학승으로서 무문으로부터
인가를 받고 고국에 귀국한 이후 이 『무문관』을 일본 전역에 널리
유포시켰던 것이다.[64] 그런데 숭산의 십문관 속의 10개 공안 중 7개,
즉 조주구자, 조주세발趙州洗鉢, 암환주인巖喚主人, 호자무수胡子無鬚,

---

64 무문혜개, 『무문관』, 박영재 엮음(본북, 2011), p.186.

향엄상수香嚴上樹, 덕산탁발德山托鉢, 남전참묘南泉斬猫가 『무문관』 속의 공안과 일치한다. 물론 조사선 전통의 1,700개 공안 중 어떤 것이든 자유롭게 임의대로 사용할 수 있겠으나, 그 많은 공안 가운데 10가지를 선택함에 있어 7가지가 『무문관』 속의 공안과 일치한다는 사실은 숭산의 관음선종이 일본 임제종의 영향을 크게 받았음을 확인시켜주는 또 다른 증거로 볼 수 있겠다.

2) 입실점검의 강조

대혜가 깨달음을 향한 도상에서 스승 원오선사로부터 지도를 받는 과정 중에 하루에도 서너 번씩 입실참문入室參問하기를 반 년 동안 지속하며 본인의 수행 정도를 지속적으로 점검받았을 정도로[65] 간화선의 수행 전통이 형성되는 데 있어서 입실제도의 중요성은 큰 비중을 차지하였다. 간화선 수행에 있어서 입실을 통해 깨침을 위한 과정을 꾸준히 점검받는 행위는 학인의 수행이 올바른 방향으로 진전되고 있는지, 어떤 병통에 시달리고 있지나 않은지, 혹은 화두를 더 철저하게 들기 위하여 또 다른 어떤 방법이 필요한지 등등 여러 가지 측면에서 중요한 역할을 하는 요소라고 조계종의 간화선 수행지침서에서도 그 중요성을 강조하고 있다.[66]

---

[65] 『大慧普覺禪師語錄』, 「禮侍者斷七請普說」(『大正藏』 권47, p.881하) "老和尙却令我 在擇木寮作不釐務, 侍者每日同士大夫, 須得三四回入室, 只擧有句無句如藤倚 樹, 纔開口便道, 不是, 如是半年間, 只管參."

[66] 조계종 교육원 불학연구소·전국선원수좌회 편, 『간화선, 조계종 수행의 길(개정판)』, p.364.

간화선 수행에 있어서 이처럼 중요한 요소라고 할 수 있는 입실점검이기에 숭산 또한 이것의 중요성을 몹시 강조하며 제자들의 수행을 지도함에 있어서도 적극적으로 활용한 것으로 잘 알려져 있다. 그런데 문제는 참선 과정 중에 지속적으로 행해져야 할 이러한 입실참문의 전통에 대한 고수固守가 한국불교계와 일본 임제종의 실참 현장에서 다르게 나타난다는 것이다. 일본 임제종의 경우 대혜 당시의 입실참문 전통을 오늘날까지도 엄격하게 견지하고 있다. 행각승의 경우 1일 2회, 섭심攝心[67] 기간에는 1일 5회 반드시 노사老師와 독대의 시간을 가져야 한다.[68] 이에 반해 오늘날 한국 간화선에서는 입실참문의 전통이 거의 사라지고 오직 스승으로부터 인가認可를 받을 때의 독참獨參 정도만이 남아 있는 상황이다.

양국의 공안선 실참 현황이 이렇다 보니 간화선 수행법의 핵심 요소 가운데 하나인 입실참문을 철저히 행한 숭산의 수행법이 일본 임제종의 수행법과 동일하게 된 결과를 초래하게 된 것이다. 관음선종에서 입실참문의 전통을 철저히 준수하게 된 이유가 일본 임제종의 영향으로 인한 것인가의 여부에 대한 판명은 현재로서는 추측할 수 있을 뿐이다. 그러나 이유가 어떠하든 간화선 수행체계 가운데 지극히 중요한 요소 중 하나를 고수한다는 이유가 일본 임제종 선풍을 도입했다는 평가를 얻게 되는 결과가 발생된 것이다.

---

67 일정한 기간 동안 오로지 좌선만 하는 수행을 의미한다(이철교, 일지, 신규탁 편찬, 『선학사전』, 월운 감수, 불지사, 1995, p.385).

68 니시무라 에신, 앞의 논문, p.127.

3) 숭산의 간화선 수행법이 갖는 의미

앞서 고찰한 바와 같이 관음선종의 십문관은 일본 임제종 수행법의 단계별 공안 참구와 유사한 형태를 가지고 있으며, 일본 임제종에서 널리 유포되고 활용되었던『무문관』속의 공안을 상당 비율로 포함하고 있다. 또한 오늘날 한국 간화선 수행법에서는 거의 소멸한 입실참문의 전통을 관음선종에서는 철저히 견지해 오고 있다. 그리고 이러한 입장은 역시 일본 임제종에서 입실참문의 전통을 철저히 고수해 오고 있는 점과 동일하다.

이러한 사실들만을 근거로 판단하더라도 관음선종은 일본선이라는 비판에 대해 어쩌면 자유로울 수 없을 지도 모른다. 따라서 본서 서론의 문제제기를 통해 언급되었던 근거 없는 막연한 판단이 아니라, 자세한 비교·분석의 결과를 통해서도 역시 그 사실이 분명히 입증되었다고도 볼 수 있다. 그러나 이 시점에서 필자는 두 가지 차원에서 그 의미에 대한 해석을 시도하고자 한다.

첫째, 숭산이 일본 임제종으로부터 수행법과 관련하여 도입한 것이 있다 하더라도 그것은 방편적인 것에 불과했으며, 숭산이 진정으로 강조한 것은 한국의 정통 선풍에서 강조하는 것과 동일하다는 해석이다. 십문관 체계를 통한 공안 참구만 놓고 보더라도 이것은 하나의 방편에 불과했으며, 숭산이 가장 강조한 것은 "오직 모를 뿐"이라는 화두였다. 실제로 그는 각각의 공안에 대한 답의 옳고 그름보다 수행자가 "오직 모를 뿐"과 자신의 일상을 어떻게 연결시키느냐가 더 중요하다고 가르친다.[69] 즉 외적으로는 공안의 단계별 참구 형태를 취하고 있지만, 내적으로는 오직 한 개의 화두만 붙잡고 견성에 도달할 것을 강조했으며, 이것은 실제로 일본 임제종 선풍보다 한국 간화선 전통에 더 가깝다고도 볼 수 있다.

다만 '무자'화두와 같은 화두 하나만을 부여잡은 채 소위 '간화삼요看話三要', 즉 '대신근大信根', '대분지大憤志', '대의정大疑情'를 바탕으로 은산철벽銀山鐵壁을 타파할 때까지 용맹정진하는 행위는 초심자들, 특히 해외의 초심자들에게는 너무나 부담스러운 과정일 것이다. 여기서 숭산은 공안을 단계적으로 참구하는 체계를 갖춘 일본 임제종의 방식을 방편적으로 활용했다고 볼 수 있다.

이 세계는 매우 빨리 변하고 있다. 그리하여 옛날처럼 '화두'만 잡고 있거나 시적인 주석에만 몰두하기 힘들다. '무'자 화두를 들고 길을 걸을 때나 잠잘 때 24시간 내내 한 생각만 하고 있다면 아마 차에 치일지도 모른다. 그래서 공안수행이 필요하다. 옛 스승들의 지혜를 묻고 답하는 방식으로 수행함으로써 순간순간 변화하는 삶 속에서의 올바른 실천을 위해 공안을 사용하는 것이다.[70]

위와 같은 숭산의 입장을 통해서도 알 수 있듯이 그는 현대사회라는 시대적 상황과 해외포교라는 환경적 여건에 걸맞게 방편적 차원에서 공안수행의 방향을 전면에 내세웠으나, 내적으로는 "오직 모를 뿐"의 마음으로 정진하게 했던 것으로 해석할 수 있다. 간화선은 그것을 한반도에 도입한 지눌선사가 최상근기에 적합한 수행법이라고 규정했

69 숭산, 『선의 나침반(2)』, p.189.
70 위의 책, pp.189~190.

을 만큼 초심자들이 접근하기 힘든 요소들을 담고 있다. 물론 본서 3장에서 필자는 이러한 지눌의 간화선관을 비판적으로 조명함으로써 개인적으로 상반된 입장을 견지하고 있음을 표명하겠으나, 간화선 수행 자체가 어렵다는 점에 대해서는 지눌의 입장과 궤를 같이 한다.

니시무라 에신은 일본 임제종 역사에서 오직 백은선만이 세계적으로 융성하고 있는 이유를 설명함에 있어 단연코 백은이 창안한 공안 시스템의 합리성 때문이라고 확신했으며,[71] 이것은 결국 대혜로부터 비롯된 기존 수행법에서 벗어난 "일본적 변용"을 가했기에 가능했던 것이다. 이러한 임제종의 사례를 근거로 판단해 볼 때 숭산의 경우 또한 같은 근거에서 긍정적인 평가를 얻게 된다. 즉 아무리 전통적으로 계승되어 오는 수행법이라 하더라도 현지 포교에 적합하지 않을 경우 그것을 절대화시키지 않고 적절한 방안을 마련함으로써 현지인들이 접근하기에 용이하게 만들고, 궁극적으로는 기존의 전통에서 강조하는 핵심을 달성한 사례라고 볼 수 있는 것이다. 또한 이러한 수행법의 변용은 오늘날 한국 간화선 세계화의 과제를 안고 있는 조계종에서도 보다 심도 있는 연구를 해볼 가치를 갖는 것이라 할 수 있다.

관음선종에서 입실참문을 철저히 견지하는 부분에 있어서도 위와 동일한 각도에서 해석할 수 있을 것이다. 그리고 여기에는 또한 한국 간화선 수행풍토에서는 거의 소멸되었지만, 간화선을 태동시킨 조사선 전통에서부터 강조되어 온 입실참문의 전통을 오히려 일본 임제종의 사례를 통해 제대로 회복시켰던 공로로서도 인정해야 하는 부분도

---

71 니시무라 에신, 앞의 논문, pp.129~130.

58

있다. 이에 덧붙여 위와 같이 여러 요소들을 일본 임제종으로부터 수용했던 숭산에 대해 일본 임제종 선풍을 맹목적으로 추종하는 경향이 강하다는 평가를 내릴 수 있다는 견해가 있다면 이미 언급된 다음의 사실들을 상기할 필요가 있다. 숭산이 이미 철저한 민족주의자라는 것은 앞서 언급된 그의 행적을 통해서도 잘 파악할 수 있었다. 지하 독립운동단체에 가담하여 활동하다가 투옥된 사실이나 일본에서 홍법 원을 개설할 당시 불교의 본질로부터 벗어나 있었던 일본불교계의 폐단으로부터 재일동포 불자들을 올바로 교화시키고자 많은 노력을 기울였다.

　　다음으로 두 번째는 숭산이 일본 임제종의 수행법을 도입한 취지는 중국 조사선 전통의 영향권에 있는 동아시아 선불교를 국가적 경계에 국한시키는 것이 아니라, 종파적 관점에서 통합하는 시각에서 접근했 던 것으로 볼 수 있다는 해석이다. 이것은 동아시아 불교전통의 역사에 서 한국불교가 갖는 영향력에 관한 Buswell의 연구를 근거로 한다.[72] 앞서 첫 번째 것은 숭산이 일본 임제종 선풍을 도입함에 있어 그것을 방편적 수단으로 활용하였을 뿐 오히려 한국적 선풍의 가치를 부각시켰 다고 보는, 민족적 기반을 강조한 해석이었다. 이에 비해 두 번째 것은 관음선종이 일본 임제종 선풍을 상당 부분 도입했음과 그 선풍의 가치를 적극적으로 긍정함과 동시에 동아시아 불교전통이라는 큰 틀에 서 일본불교를 "공동 협력자"[73]로 인식했을 수 있음을 부각시킨 해석

72 Robert E. Buswell, Jr. "Patterns of Influence in East Asian Buddhism-The Korean Case" in Robert E. Buswell, Jr. ed. *Currents and Countercurrents*, (Honolulu: University of Hawaii, 2005), pp.1~14.

이다.

Buswell의 주장에 의하면, 삼국시대와 통일신라시대에 이르기까지 한국불교계와 승려들의 활약상은 마치 "동아시아의 페니키아 (Phoenicia of East Asia)"로 별칭하기에 부족함이 없을 정도로 지극히 역동적이었다.[74] 육로와 해로 모두를 적극 활용하며 중국 본토의 불교계와 활발하게 교류하였을 뿐 아니라, 중국을 비롯하여 일본, 중앙아시아와 티베트에 이르기까지 한국의 토착적 불교사상을 전파하며 상당한 영향력을 끼치기도 하였다.[75] 한국불교의 특성에 대한 이와 같은 역사적 분석을 토대로 Buswell은 당시의 한국 승려들의 자아의식을 다음과 같이 분석한다. 즉 그들은 "한국불교", "중국불교", 또는 "일본불교" 등의 민족적 차원의 한계에 얽매이지 않았으며, 오히려 그것을 초월하여 조사선 전통에서 유래한 법맥이나 종파 등의 차원에서 자신들의 정체성을 규정했음을 강조한다.[76]

이 부분에서 숭산의 관음선종과 일본 임제종의 관계를 정립해 나갈 단초가 존재한다. 관음선종이 일본 임제종의 영향을 받았다 하더라도 불교가 꽃을 피웠던 중세 한국불교계의 승려들이 그랬던 것처럼 국가나 민족적 경계를 초월하여 임제종이란 큰 틀에서 항시 상호간 영향을 주고받을 수 있는 하나의 불교 공동체로 본다면, 이러한 숭산의 태도는

---

73 Robert E. Buswell, Jr., 「동아시아의 맥락에서 본 한국의 불교사상」, 『불교학보』 제60집(동국대학교 불교문화연구원, 2011), p.217.

74 Robert E. Buswell, Jr. "Patterns of Influence in East Asian Buddhism-The Korean Case." pp.4~5.

75 위의 논문, p.5.

76 위의 논문, pp.8~9.

한국불교계에서 자연스럽게 용인될 수 있게 된다.

5. 소결

주지하는 바와 같이 깨달음을 얻은 후 고타마 붓다가 이전에 고행을 함께 했던 5명의 고행자들을 대상으로 소위 '초전법륜初轉法輪'을 펼치게 되는데, 이 후 전법傳法활동이 확대됨에 따라 그의 가르침에 감화를 받은 제자들의 수가 증가하면서 결국 상가(saṃgha, 僧伽) 공동체, 즉 불교교단을 이루게 된다. 환언하면 붓다의 전법활동이 없었다면 오늘날의 불교는 존재하지 않았다 해도 과언이 아닐 것이다. 요컨대 전법이란 불교를 존재하게 하는 가장 큰 원동력 가운데 하나인 것인데, 한국불교사에서 국경을 넘은 전법활동의 상징적인 존재가 바로 숭산이라 하겠다.

일찍이 그는 덕숭문중의 법맥을 이어 조사선 전통의 중요성을 역설하는 토대 위에 공안 참구를 통해 후진들을 양성하였으며, 이와 동시에 "오직 모를 뿐"이란 화두를 바탕으로 인간의 본원심을 깨닫고 또한 그것을 대비심으로 승화시켜 실천하는 삶을 살도록 가르쳤다. 또한 '선의 대중화'를 강조했던 경허, 만공의 가르침에서 비롯된 덕숭문중의 선풍을 확장시켜 '선의 세계화'를 구현하는 데 앞장섰다.

그러나 일본 임제종 선풍을 상당 부분 도입한 참선수행체계를 기반으로 해외포교를 해왔다는 사실로 인해 그의 업적의 가치가 저평가되거나 그에 대한 연구가 지지부진한 바가 없지 않아 보인다. 이에 필자는 본장을 통해 그가 창안한 수행체계가 일본 임제선풍과 얼마나 유사한가에 대해 심도 있는 분석을 하였고, 실제 상당한 유사성이 존재함을 증명하였다. 일본 임제종의 단계별 공안 참구와 유사한 체계를 갖는 동시에 일본 임제종 공안수행의 교과서와 같은『무문관』에서 상당 부분의 공안을 도입한 관음선종의 십문관 체계, 일본 임제종에서는 철저히 고수해 오고 있지만 한국 간화선 전통에서는 거의 유명무실해진 입실참문의 전통을 철저히 견지하고 있는 점 등이 그 내용이다.

그러나 필자는 일본 임제종과 관련하여 이러한 특징을 가지는 관음선종의 의미에 대해 두 가지 차원의 해석을 시도하였다. 첫째는 관음선종이 일본 임제종의 수행체계를 상당 부분 도입했다고 하더라도 그것은 방편적인 것에 불과했으며, 숭산이 진정으로 강조한 것은 한국의 정통 선풍에서 강조하는 것과 동일하다는 해석이다. 둘째는 관음선종이 일본 임제종 선풍을 상당 부분 수용한 태도는 중세 한국불교의 전성기에 한국 승려들이 그랬던 것처럼 중국 조사선 전통의 영향권에 있는 동아시아 선불교를 국가적 차원을 넘어서 종파적 차원의 통합적 시각에서 접근했던 것으로 볼 수 있다는 해석이다.

오늘날 조계종에서는 한국 간화선 세계화 과제와 관련하여 다양한 연구와 시도를 해오고 있다. 이 과제의 보다 성공적인 추진과 발전을 위해 조계종이 배출한 세계적인 선사, 숭산의 관음선종이 걸었던 행적에 대한 보다 심도 있는 연구를 해볼 의미가 크다고 판단하며, 본 연구를 시작으로 향후 보다 다양한 연구가 이어지기를 기대한다.

제2장 숭산행원의 업적에 대한 포교적 관점의 연구[77]

1. 서언

한국불교사에서 국경을 초월한 전법활동의 상징적인 존재로서 숭산행원 선사를 지명함에 대해 반론을 제기하기는 아마 힘들 것이다. 전 세계를 아우르는 포교활동과 평생을 바쳐 세계 곳곳에 선禪 센터를 설립하여 선 문화를 확산시키고, 후진을 양성하는 등의 활동으로 말미암아 그가 생전에 이미 세계 4대 생불 가운데 한 사람으로 전 세계적 인정을 받았다는 것은 주지의 사실이다.[78] 그럼에도 불구하고 필자는

---

77 본서의 제2장은 필자의 논문인 「숭산행원의 업적에 대한 포교적 관점의 연구」,
『한국불교사연구』 제4호(한국불교사연구소, 2014), pp.334~359를 본서의 전체적
인 맥락에 맞도록 내용을 수정·보완한 것이다.

78 숭산선사는 생존 당시에 이미 티베트의 달라이 라마, 태국의 틱낫한, 캄보디아의
마하 거사난다와 함께 "세계 4대 생불生佛"로 영국 캠브리지 대학 종교학과 교수팀
이 출간한 저서, 『부처의 비전(The Vision of the Buddha)』에 소개될 정도로 전

숭산이 국내 불교학계에서 왠지 홀대받고 있다는 인상을 지울 수가
없었고, 이에 대한 문제의식이 결국 필자로 하여금 국내에서 최초로
숭산을 주제로 한 박사논문[79]을 쓰게끔 하는 원동력으로 작용하였다.

　본장에서는 그 제목이 분명히 의미하고 있듯이 숭산의 업적을 포교적
관점에서 연구하는 것을 시도하고자 한다. 숭산은 국내외를 넘나들며
다양한 업적을 남겼다. 석림회의 창설, 불교신문사 설립, 관음선종
창건 등 한국불교계의 중요한 기관이나 단체의 설립에 있어 결정적인
역할을 하였다. 그런데 필자가 이 업적들을 두고 깊이 숙고하던 과정
중, 그 모든 것들이 포교적 관점에서 깊은 상관관계를 형성하고 있음을
발견할 수 있었다.

　첫 번째로 숭산은 동국대학교 석림회가 창립되고 발전하는 과정에
주도적인 지원자 역할을 함으로써 승가공동체가 더욱 활성화될 수
있는 기반을 구축하는 데 힘썼는데, 승가공동체란 주지하다시피 삼보三
寶 가운데 하나로서 이것은 불교 자체를 형성하는 핵심 기반일 뿐
아니라 포교를 삶의 현장에서 구체적으로 실천하는 중심축이 되는
것이다. 두 번째로 숭산은 그가 주석했던 사찰인 화계사를 더욱 포교가
활성화될 수 있는 방향으로 개선시켰을 뿐 아니라, 〈불교신문〉 창간
및 그것의 발전을 위한 토대를 형성하는 데 결정적인 역할을 함으로써
대중매체를 활용한 보다 광범위한 영역으로 포교의 범위를 확장시켰

세계적인 추앙을 받은 인물이었다(현각, 『만행·하버드에서 화계사까지』 2권 열림원,
　1999, p.216).

79 최용운, 「崇山行願과 韓國 看話禪의 大衆化·世界化」, 서강대학교 종교학과 박사
　학위논문, 2012.

다. 세 번째로 관음선종을 창건하여 과감한 해외포교활동을 추진함으
로써 한국불교의 포교 범위를 전 세계적인 차원으로 확대시켰다. 이제
본장을 통해 위와 같은 세 가지 영역을 토대로 숭산의 업적을 포교적
관점에서 재조명하고자 한다.

2. 승가공동체 활성화를 위한 기반 구축: 동국대 석림회의 창립 지원

주지하다시피 '동국대 석림회'(이하 '석림회'로 약칭함)는 조계종의 종비
생 제도 설립과 맥락을 함께 한다. 1962년 통합종단의 출범과 함께
지정된 종단의 3대 과제[80] 가운데 하나인 도제양성의 일환으로 종비생
제도가 제정되었고, 이것에 의해 선발된 스님들이 학술활동을 기반으
로 종비생 상호간의 유대 강화, 동국대의 발전 및 불교 중흥 등의
목적을 위해 1965년 마침내 석림회를 결성하게 된다.[81]

석림이라는 명칭은 "서로 탁마하고 의지하는, 부처의 후예들이 숲을
이룬다"는 뜻으로, 제2기 종비생이자 석림회의 창립회원이었던 호진스
님이 제의했던 것으로 전해진다.[82] 석림회는 그것이 설립된 이후 오늘에
이르기까지 단체의 설립 목적에 부합하는 여러 가지 활동들을 함으로써

---

80 역경·포교·도제양성.
81 석림회 회칙에는 그 설립 목적이 다음과 같이 명시되어 있다. "동국대학교 건학이념
에 입각한 불교사상 활동을 통해 회원 상호간의 유대를 공고히 하여 평등 화합하는
공동체를 실현하고, 학교발전과 나아가 불교중흥에 기여함을 목적으로 한다."(해
주스님, 「석림 40년의 회고와 기대」, 『釋林』 第40輯, 동국대학교 석림회, 2006, p.62).
82 안동일, 「釋林 30년을 앞두고: 釋林 30年 略史」, 『釋林』 第27輯(동국대학교 석림회,
1993), p.126.

종단에 다양한 기여를 해오고 있다. 그리고 이 석림회가 어느덧 50여

년의 세월을 이어오며 많은 스님들을 배출하였고, 이들은 종단 내에서

중추적인 역할을 하는 인재들로서 활약하고 있다.

그런데 석림회가 결성됨에 있어서 숭산이 상당히 중요한 역할을

했다는 것은 불교계 많은 사람들이 공감하는 바이다. 첫째로 숭산은

석림회가 발족하게 된 원인이 되었던 종비생 제도가 지속적으로 유지되

고 정착할 수 있도록 종단차원에서 적극적으로 지원해야 함을 강조하는

데 앞장섰다. 가령 1965년 제8회 종회에서 숭산은 1기 종비생의 부식비

를 화계사에서 직접 부담하고 있으며, 향후 예산을 확보하여 종비생들

이 학업에 전념할 수 있기 위한 보다 나은 여건을 조성하기 위해 더욱

노력할 것이라는 의견을 피력하였다.[83] 비록 이 회의에서 2기 종비생

숫자를 결정하기 위해 표결한 결과 15명이었던 1기 종비생 숫자에

비해 급격히 감소한 5명 선발로 결정 나기는 했으나,[84] 종비생 제도의

중요성과 그것을 위해 지원을 아끼지 말아야 함을 강조했던 숭산의

의지를 엿볼 수 있는 부분이다.

석림회의 발전을 위해 숭산이 특히 기여했던 것이 기숙사에 관한

것이었다. 석림회가 결성된 것이 화계사 큰방에서 모여 살던 승려들에

의해서였고, 그 방을 석림회 기숙사로 내주는 데 앞장서기까지 한

장본인이 숭산이었으니,[85] 그는 석림회 창립에 결정적인 역할을 한

---

83 박부영, "기획연재: 종비생 제도(下)-전개 과정" 〈불교신문〉 제2624호(2010.
    5. 19)
84 위의 신문.
85 안동일, 앞의 논문, p.127.

셈이라고 할 수 있다. 이와 함께 석림회가 창립된 이후 회원들의 거처를 화계사 아래 백상원으로 옮기게 되었는데, 이 과정에도 숭산의 도움이 지대하였다.[86]

숭산의 열반 당시 동국대 재학생으로서 석림회 회원이었던 문광스님에 따르면, 석림회 학인스님들은 선사의 열반 소식을 듣고 가장 먼저 화계사 대적광전으로 올라가 금강경을 독송하였고, 비가 내리던 선사의 영결식 날 수덕사에서 만장을 들고 다비의 마지막 장면을 함께 지켰다고 한다.[87] 석림회 출신 학인스님들에게 있어서 숭산은 "영원한 후견인이었으며, 수호신과도 같은 존재"였다고 문광스님은 회고한다.[88] 이것은 석림회가 창립되고 발전함에 있어 숭산의 역할이 얼마나 막중하였던가를 역력히 보여주는 사례라고 하겠다.

당시 종단에서 학비를 지원하기로 했던 종비생이었으니, 그들에게 그 다음으로 절실히 필요했던 것은 기숙사와 부식이었을 것이고, 그것을 제공했다는 것은 그들의 생활터전을 확보해 준 참으로 중요한 지원이었음을 부인할 수 없을 것이다. 화계사 큰방에서 집단으로 거주하던 생활을 거쳐 백상원에서 보다 조직적이고 체계적인 단체생활을 하는 동안 석림회 회원들은 구도의 열정을 공유하고 종단이 처해 있던 문제점들을 함께 고민하고 대책을 논의하는 등 종단을 발전시킬 미래의 주역으

---

86 승진, 「백상원, 혜광사의 현실」, 『釋林』 第40輯(동국대학교 석림회, 2006), p.259.
87 문광, 「'숭산행원의 업적에 대한 포교적 관점의 연구'에 대한 논평문」, 『삼각산 화계사 역사의 안팎과 인물의 앞뒤』, 삼각산 화계사 제2차 학술세미나 및 한국불교사연구소 제6차 집중세미나 자료집, 2013년 12월 7일, pp.108~109.
88 위의 글, p.109.

로 꾸준한 성장을 거듭해 갔던 것이다.

3. 대중포교의 기틀 확립

1) 화계사를 대중포교와 국제포교의 중심지로

화계사는 역사적으로 그것이 창건된 조선 중기부터 조선 말기까지 중요한 시기마다 조선 왕실과 깊은 인연을 맺어 온 사찰이라는 특징을 지니고 있다. 먼저 사찰의 창건은 조선왕조 11대 임금, 중종 즉위 17년이던 1522년에 신월信月선사가 서평군西平君 이공李公의 도움을 받아 이루어졌다.[89] 이후 1618년 화재로 말미암아 사찰이 전소되었을 때도 덕흥대원군德興大院君 가문의 시주를 받아 도월道月이 재건하였다.[90] 조선 말기에 이르러서 화계사는 "흥선대원군의 원찰"이라고 불릴 정도로 그와 깊은 인연을 맺게 되는데,[91] 1866년 용선龍船선사와 범운梵雲선사가 불전과 승방들을 중수할 당시 시주한 사람이 바로 흥선대원군이었다.[92] 이후 1878년(고종 15년)에는 초암草庵선사가 조대비의 시주를 받아 명부전을 건립하였다.[93]

이와 같이 사찰의 창건부터 재건, 중수에 이르기까지 조선왕실과 깊은 연관성을 가져온 화계사이지만, 오늘날 도시 중심의 현대사회-그

---

89 대한불교조계종 화계사, 『삼각산 화계사』(문예마당, 2009), p.2.
90 위의 책, pp.3~4.
91 http://www.hwagyesa.org/maha/introduce/introduce_01_2.html.
92 대한불교조계종 화계사, 앞의 책, p.4.
93 위의 책, p.16.

것도 세계 최대의 인구와 경제규모를 가진 도시들 중 하나인 서울－에서 화계사는 대중포교의 중심지 역할을 하기에 적합한 천혜의 요소를 갖추고 있기도 하다. 먼저 소위 꽃과 계곡, 그리고 사찰 건축물 자체에 이르기까지, 세 가지의 아름다움을 간직하고 있는 것으로 이미 정평이 나 있는 화계사는 그 명성답게 사찰이 삼각산의 울창한 숲과 계곡이 조화를 이루는 산기슭에 위치하고 있어 산사의 정취를 물씬 풍긴다. 이뿐 아니라 일주문 바로 근처까지 일반 주택들이 들어서 있어 도심 사찰로서의 기능 또한 함께 할 수 있는 특성을 지니고 있다. 따라서 복잡·다변화하는 도시생활에서 벗어나 정신적 위안을 얻고자 하는 사람들이 화계사에 쉽게 접근하여 산사에서 누릴 수 있는 정신적 평안을 경험할 수 있게 된다.

그러나 화계사가 이처럼 대중포교의 중심지가 될 수 있는 천혜의 아름다움과 위치적 장점을 가지고 있음에도 불구하고 현대인들의 대중적 관심을 끌기에는 무언가 강렬한 구심점이 필요했는데, 바로 그 역할을 숭산이 하였다고 필자는 분석한다. 1960년대 중반부터 일본을 시작으로 30여 년의 세월을 전 세계를 돌며 해외포교를 위해 헌신해 온 숭산이 1991년 화계사 내에 국제선원을 개원한 이래로[94] 전 세계 수십 개 국으로부터 많은 외국인 제자들이 화계사로 찾아와 한국불교를 배우고 참선수행을 하며, 때로는 출가하여 승려가 되기도 하였는데,

---

94 국제선원은 현재 화계사 대적광전 4층에 들어서 있고 최초 개원은 1984년이었다. 개원 당시는 요사의 방 하나를 사용하였으나 수행자들의 수가 증가함에 따라 확장의 필요성이 재기되었고, 결국 1991년에 대적광전이 건립되자 4층에 재개원한 것이다(위의 책, p.65 참조).

이 모든 것들이 국내 대중들의 큰 관심을 받기에 충분한 기폭제가
된 것이다. 바야흐로 화계사는 숭산으로 인해 한국불교계에서 대중포
교와 국제포교의 중심지가 되게 된 것이다.

2) 〈불교신문〉의 토대 확립

국내 불교계 언론은 "근대불교의 여명기"라고도 불리는 1900년대 들어
태동하였다.[95] 1902년에 창간된 〈동양교보〉라는 월간지가 국내 불교
언론의 시초라 할 수 있지만, 일본 정토종파가 일본불교의 국내 확산을
위해 발행한 것이라는 한계를 가지고 있었다.[96] 따라서 한국불교계에서
창간한 진정한 의미의 국내 불교계 언론의 효시는 원종圓宗 총무원에서
발간한 〈원종〉이라는 잡지라 하겠다.[97] 이후 〈해동불보〉, 〈불교진흥원
보〉, 〈조선불교계〉, 〈유심〉 등의 잡지가 발간되었으나, 영세한 자본력
과 일제의 극심한 단속과 압박 등의 이유로 1년을 채 넘기지 못하고
폐간되기 일수였다.[98] 그러나 1919년 3·1운동 이후에는 조선을 통치할
일제의 또 다른 고도의 통치전략인 문화정치 도입으로 언론과 출판활동
이 어느 정도 허용됨에 따라 〈불교〉, 〈불교시보〉 등이 불교계 언론으로
서의 중요한 역할을 담당할 수 있었다.[99] 이 가운데 1935년 8월 3일
창간된 〈불교시보〉는 본지 기자로도 활동했던 역사학자 이이화 선생이

95 불교신문 편, 『불교신문 50년사: 한 장의 불교신문, 한 사람의 포교사』(불교신문,
   2010), p.128.
96 위의 책.
97 위의 책.
98 위의 책.
99 위의 책, pp.129~30.

불교신문의 전신으로 평가하기도 했으나, 태평양전쟁 발발 이후 일제
의 황도黃道 선전을 표방하는 친일활동을 벌이기도 하였다.[100]

해방과 6·25 전쟁을 겪으며 20세기 중반 한국사회는 국내 거의
모든 분야에서 혼란과 혼돈의 상황을 겪게 되었고, 그 중 불교계 역시도
정화운동에 따른 비구와 대처 간의 대립으로 인해 심각한 분쟁과 혼란의
상황에 처하게 되었다. 1959년 대처측에서 자신들의 기관지 〈현대불
교〉를 창간하여 대처측을 옹호하고 비구측을 비난하는 기사를 다수
게재함에 따라 정화운동을 이끌던 당시 총무원장 청담스님은 정화운동
의 이념을 설파할 비구측 언론의 설립을 간절히 희망하게 되었고,
결국 1960년 1월 1일 〈대한불교〉라는 제호로 한국불교계 최초의 현대적
신문이 창간되기에 이르렀다.[101] 〈불교신문〉의 전신前身인 〈대한불교〉
는 창간 이후 1980년 11월 30일자 제586호 신문까지 20년 11개월
동안 '대한불교'라는 명칭으로 발간되었으며, 1980년 10·27 법란을
전후하여 '불교신문'으로 개명된 후 오늘에 이르고 있다.[102]

대한불교는 창간 이후 4년 9개월 동안은 월간으로 발행되었고, 그
후 "주간시대"로 접어들게 되었는데, 월간으로 발행되던 초기 4년의
기간 동안은 총무원측 인사들의 잦은 교체로 인해 사장과 발행인이
여러 차례 바뀌는 상황에 처하게 되었다.[103] 이러한 상황 가운데에서도
유독 한 스님만이 예외적으로 대한불교의 창간 당시뿐 아니라, "월간시

---

100 위의 책, p.130.
101 위의 책, pp.131~32.
102 위의 책, pp.133~34.
103 위의 책, p.136.

대"에서 주간시대로 전환된 이후에도 줄곧 막중한 역할을 유지하며 대한불교의 발전에 지대한 공헌을 했는데, 그가 바로 숭산이었다.[104]

숭산은 전면에 나서지는 않았지만, 청담스님과 함께 사실상 대한불교의 창간에도 중요한 역할을 하였으며, 창간 7개월 만에 사장으로 취임하였고, "월간시대"에서 주간시대로 넘어간 이후에도 역시 편집인 겸 인쇄인으로서 역할을 계속해 나가며 장장 13년 가까운 기간 동안 불교신문과 동고동락을 함께 했다.[105] 불교신문사가 펴낸 『불교신문 50년사: 한 장의 불교신문, 한 사람의 포교사』에서도 숭산은 "대한불교를 키운 종단의 제일 공로자"이며, "행원스님이 없는 불교신문, 즉 대한불교는 존재할 수 없을 만큼 그 역할이 컸다"고 너무도 분명한 표현으로 기록하고 있을 만큼 숭산이 불교신문의 창간과 발전에 기여한 공로는 실로 지대하다고 할 수 있다.[106]

오늘날 대중포교 현장에서 불교계 신문이나 불교TV 방송이 갖는 역할에 대해서는 그 중요성을 아무리 강조해도 지나침이 없을 것이다. 그 가운데 신문에 비해서는 비록 짧은 역사를 가지고 있기는 하나 불교TV 방송은 그 중요성을 날로 더해가고 있음이 분명하지만, 대중매체로서 불교계 신문의 역할은 그 역사나 중요성 측면에서 결코 간과할 수 없는 중요성을 가지고 있다고 하겠다. 그렇다면 그 부분에서 한국불교계 최초의 현대적 신문인 불교신문의 창간과 발전에 숭산이 실로 지대한 공헌을 했기에, 대중포교적 측면에서 숭산이 한국불교계에

---

104 위의 책, pp.136~37.
105 위의 책, p.137.
106 위의 책, pp.136~37.

기여한 바는 진정 놀라운 수준이라고 해도 결코 과언이 아닌 것이다.

4. 관음선종과 세계포교

1) 관음선종의 성립 과정

관음선종의 형성에는 종단 내에서 발생한 하나의 사건이 우연한 계기로 작용하였다. 그러나 단순히 그 사건의 발생이 무조건 숭산으로 하여금 관음선종을 설립하게 만든 것은 아니었다. 오히려 그 일을 대처하는 데 있어서 숭산이 본인의 자비심을 근간으로 선견지명을 발휘함에 따라 처음에는 의도하지 않았던 부차적인 새로운 계기가 조성되게 된 것이다. 그 우연한 사건이란 1960년대 중반 초동에 위치해 있던 동국대학교 기숙사 자리를 공사하던 중 지하실에서 4천여 구의 일본군 유골이 발견된 일이었는데,[107] 앞서 제1장에서도 기술된 내용이지만, 본장의 주제와 관련하여 아주 중요한 의미를 갖는 내용이므로 재차 소개하고자 한다.

당시 교내의 실무담당자들은 그 유골들을 없애는 방향으로 뜻을 모았으나, 당시 동국대 상무이사와 총무부장을 겸직하고 있던 숭산의 의견은 달랐다. 그는 비록 그 유골들이 한국을 식민지배 했던 장본인들의 것이라 할지라도, 훗날 그 후손들이 그것들을 찾으려 할 때 문제가 발생할 수 있다는 의견을 제시하며 실무자들이 정한 방침을 만류하였고, 동국대 총장과 협의하여 그 모든 유골들을 화계사 명부전으로

---

107 숭산행원선사문도회 엮음, 『世界一化(1)-가는 곳마다 큰스님의 웃음』, p.54.

옮기게 되었다.[108]

이 일이 있은 후 그리 오래지 않아 숭산의 혜안은 빛을 발하게 된다. 반년쯤 지난 시점에 한·일간 국교정상화라는 큰 변화가 발생함에 따라 일본의 기시 수상이 방한하게 되었고, 그를 수행했던 일본의 신문 기자들에게 화계사에 안치된 일본군 유골에 대한 사실이 알려지면서 일본의 주요 일간지들이 그 사건을 대서특필하게 된다.[109] 소식을 접한 일본의 장관급 인사들까지 화계사를 방문하여 가족들의 유골을 부둥켜안고 울기도 했고, 마침내 일본정부는 공식적으로 승려들과 정치인들을 한국에 보내 유골들을 인수해 갔다.[110]

이 사건은 숭산으로 하여금 한·일간의 긴장 완화 및 화해 촉진을 위한 상징적인 존재가 되게 하였을 뿐만 아니라, 재일동포들을 위한 불교계의 정신적 지주가 될 수 있는 적임자로서의 이미지도 얻게 했다고 볼 수 있다.[111] 오요다니 요시오라는 일본의 한 국회의원으로부터 일본에 있는 한국 사찰에 와서 전법과 교화활동을 해달라는 서신을 수차례 받았으며, 또한 한국정부로부터도 일본에서 포교활동을 해줄 것을 권유받았다는 사실이 이를 잘 증명한다고 하겠다.[112]

마침내 숭산의 일본행은 성사되게 되어, 1966년 일본 도쿄의 신주쿠에 법당을 열어 '재일 홍법원'이라고 명명하기에 이른다. 하지만 이

---

108 위의 책, pp.54~55.

109 위의 책, p.55.

110 위의 책.

111 최용운, 2013, p.142.

112 숭산행원선사문도회 엮음, 『世界一化(1)-가는 곳마다 큰스님의 웃음』, pp.55~56.

과정에 숭산은 결코 녹록치 않은 우여곡절을 겪게 되는데, 일본 정부에서 주기로 했던, 오사카에 소재한 사찰인 고려사는 불타버리고 없었고, 해외포교의 명목으로 한국정부에서 주기로 했던 2천만 원의 자금마저 약속된 시점에 제공되지 않아, 불가피하게 다이보주에 셋집을 얻어 법당을 열게 된 것이다.[113] 하지만 그 모든 난관에 의연히 대처하며 숭산은 일본포교의 관문을 열어젖히고야 말았고, 이것이 숭산의 수십 년간에 걸친 해외포교의 대장정의 출발점이 되게 된다.

이후 숭산은 1969년 홍콩에 홍법원을 개설하고, 급기야 1972년에는 미국에도 홍법원을 개설하기에 이르는데, 당시 미국 로드아일랜드 Rhode Island 주의 프로비던스Providence에 개원한 홍법원이 오늘날 관음선종의 시초가 된다.[114] 그런데 숭산의 미국행에도 그 이면에는 우연한 계기가 자리하고 있는데, 바로 재미 사업가로 활동하던, 그의 동창 유영수 씨가 매개체 역할을 했던 것이다.[115] 그는 숭산이 한국에

---

113 위의 책, p.56.

114 현재 관음선종 공식 인터넷 사이트에 기록된 조직의 역사에는 1966년에 개원했던 도쿄의 재일 홍법원을 관음선종의 시초로 보지 않고, 1972년에 개원했던, 미국 로드아일랜드Rhode Island 주에 위치한 프로비던스Providence 홍법원을 시초로 보고 있다(http://www.kwanumzen.org/about-us/ 참조). 따라서 필자 또한 이 공식 사이트의 입장을 존중하여 그것을 따르고자 하며, 이러한 관음선종측의 입장에 대해 필자는 다음과 같이 분석하는 바이다. 재일 홍법원이나 프로비던스 홍법원 모두 한국불교에 그 뿌리를 두고 있지만, 프로비던스 홍법원의 경우 한국과는 전혀 이질적인, 미국이라는 토양에 한국불교를 전파하는 과정에서 계율이나 수행법 등 여러 방면에서 상당히 많은 변화를 도입하게 되었고, 급기야 관음선종이라는 새로운 조직으로 거듭나는 결과가 나타나게 된 것이다.

115 숭산행원선사문도회 엮음, 『世界一化(1)-가는 곳마다 큰스님의 웃음』, p.65.

있을 때부터 미국포교의 중요성을 누차 강조하며 선사의 미국행을
종용했던 인물로서, 숭산이 일본과 홍콩의 홍법원 업무가 정리되지
않았음을 이유로 들며 미국행을 미루고 있던 사이에 무작정 선사에게
초청장과 비행기 탑승권을 보내왔던 것이다.[116]

항공권까지 보내며 미국에 와줄 것을 간곡히 원했던 동창의 요구에
응하여 미국행을 단행하기는 하였으나, 숭산은 장기적인 미국포교계
획을 갖추고 떠난 것은 아니었다. 그의 계획은 단지 3개월가량 머물면서
포교의 견문을 넓히려는 것일 뿐이었다.[117] 그렇다면 무엇이 숭산으로
하여금 장기적으로 미국에 체류하며 헌신적으로 포교활동을 하여 마침
내 관음선종이라는 또 하나의 새로운 불교단체를 세우게까지 했던
것일까?

숭산으로 하여금 미국포교를 감행하게끔 했던 결정적인 원인이 되었
던 사건은 바로 선방禪房을 설립하여 미국인들에게 참선을 지도하고
있던 일본 승려들을 본 것이었다. 미국방문 당시 선사가 뉴욕을 여행하
며 재미동포 불자들의 안내를 받으며 여러 곳을 방문하던 중, 일본
승려들이 선방을 운영하며 미국인들에게 참선을 지도한다는 말을 듣고
그곳을 방문한 후 큰 자극을 받았던 것이다.[118] 한국선의 정통성에
대단한 자부심을 가지고 있던 선사는 일본 승려들이 세계 최강대국
미국에서 참선을 지도하고 있는데, 한국 승려로서 그것을 지켜 볼
수만은 없다는 생각에 이르렀고, 직접 참선을 지도해야겠다는 결심에

---

116 위의 책.
117 위의 책, p.69.
118 위의 책, p.70.

이르게 된 것이다. 선사는 미국행 비행기에서 만났던 로드아일랜드 주립대 김정선 교수에게 연락하였고, 그의 집에 모인 미국 대학생들 앞에서 마침내 선사의 최초 설법이 시작된 것이다.[119]

2) 관음선종의 포교적 의의

(1) 한국 간화선 수행법과 일본 임제종 수행법의 통합 시도

숭산이 창건한 관음선종은 오늘날 전 세계 30여 개국에 130여 개의 선 센터를 운영하고 있을 정도로 그 규모가 가히 세계적이다. 그러나 관음선종을 통해 이룩한 숭산의 세계적 포교활동이 그 성과에 비해 국내 불교계에서 제대로 된 평가를 받지 못하고 있는 현실을 본장의 서두에서도 언급한 바 있다. 그 주된 이유 가운데 하나가 바로 선사가 해외에서 전파한 수행법이 일본 임제종의 수행법을 수용했다는 데 있다고 필자는 판단한다. 그래서 혹자는 "숭산의 선은 일본선"이라고까지 혹평을 하기도 한다.

이 부분에 대한 문제의식을 가지고 있던 필자는 2012년에 발표한 논문들 중 한 곳에서 숭산의 일본 임제종 수행법 도입에 대한 두 가지의 해석을 시도하였다.[120] 간략하게 소개하자면, 그 첫 번째는 숭산의 일본 임제종 수행법 도입은 하나의 방편이었을 뿐이며, 그가 진정 강조했던 것은 한국 간화선 수행법이었다는 것이다.[121] 두 번째는 중세

---

119 위의 책, pp.70~71.
120 최용운, 「숭산행원의 선사상과 수행론」, 『불교학보』 제62집(동국대학교 불교문화연구소, 2012).
121 위의 논문, pp.298~299.

한국불교 전성기에 국내 승려들이 그랬던 것처럼, 숭산은 국가적 차원을 넘어 동아시아 선불교라는 통합적 관점에서 불교를 조망하였다는 것이다.[122]

그렇다면 본장에서 고구하고 있는 초점인 포교적 관점에서 이러한 숭산의 새로운 시도에 대한 의의를 규정해 볼 수 있겠는데, '한국 간화선 수행법과 일본 임제종 수행법의 통합 시도'라고 명명하고자 한다. 앞서 언급했던 숭산의 일본 임제종 수행법 도입에 대한 필자의 두 가지 해석 또한 양국 수행법을 통합시키고자 했던 숭산의 새로운 시도가 갖는 의미를 조명한 것이다.

숭산 역시 평소 일본불교가 갖는 분절성의 문제점을 직시하며 한국불교의 회통성에 상당한 자부심을 갖고 있었다.[123] 그럼에도 불구하고 일본불교의 수행법마저 포용하고자 했던 숭산의 시도에 대해 필자는 한국불교의 회통성을 이론적 차원에서 그치지 않고 포교의 현장에서 구체적으로 실현시킨 하나의 실천적 의지라고 해석하고자 한다. 평소에도 "오직 모를 뿐"의 마음을 토대로 무심의 단계를 터득한 후, 그것을 실제 생활에서 대비심으로 승화시켜 중생을 위해 실천해야 하는 선의 실천성을 역설했던 선사였으니,[124] 그의 행위는 중생을 포교하기 위한 자연스러운 결과였을 수도 있을 것이다.

하지만 한국을 수십 년간 식민지배 했던 일본의 역사적 만행과 당시

---

122 위의 논문, pp.299~300.

123 숭산행원선사문도회 엮음, 『世界一化(1)-가는 곳마다 큰스님의 웃음』, pp.67~68.

124 숭산, 『오직 모를 뿐』, 현각 편, 은석준 옮김(물병자리, 1999), pp.16~17.

한국불교를 강압적으로 일본불교화시키며 전통을 말살시키려 했던 행위 등으로 말미암아 그들의 수행법을 도입한 숭산의 시도는 그 자체로 한국불교계에서 상당한 불편함을 불러일으키는 듯하다. 그러나 숭산 또한 청년 시절 독립운동에 참여하던 중 옥고를 치르기도 했을 정도로 민족정신과 반일감정 또한 상당한 사람이었다.[125] 따라서 그럼에도 불구하고 한국불교의 회통성을 실천하여 일본 임제종 수행법을 도입하였던 그의 행위에 대해 한국불교계가 대승적 차원에서 더욱 긍정적인 접근을 시도할 필요가 있다.

불교철학의 세계적 석학인 다카쿠스 준지로(高楠順次郎)가 분석한 불교철학의 근본원리 6가지 가운데 하나가 바로 '회통의 원리(The Principle of Reciprocal Identification)'이다.[126] 그에 따르면, 대승불교 자체가 상호 대립적인 개념들을 회통하려는 경향이 강하다는 것이다.[127]

---

125 장은화 박사는 숭산선사를 반일감정에 근거한 민족주의자로 규정하는 주장에 대해 해외포교현장에서 보여주었던 숭산선사의 태도와 삼보교단의 창시자, 야스타니 하쿤의 행적을 비교하며 자신의 입장을 설명한다. 즉 『반야심경』의 영어번역을 절대 허용하지 않았으며, 일본어 발음으로만 봉독하게 하는 등의 행위를 함으로 말미암아 대표적 제자였던 Philip Kapleau와 결별하기까지 했던 야스타니의 사례에 비해 숭산선사의 경우 미국 현지 문화에 맞게 한국선이 변용되는 점에 대해 훨씬 개방적이었기 때문에 숭산선사에 대해 민족주의자라는 주장은 인정하기 어렵다는 것이다(장은화, 「숭산행원의 업적에 대한 포교적 관점의 연구'를 읽고」, 『삼각산 화계사 역사의 안팎과 인물의 앞뒤』, 삼각산 화계사 제2차 학술세미나 및 한국불교사연구소 제6차 집중세미나 자료집, 2013년 12월 7일, p.107; 「미국의 선수행, 그 전개와 변용의 연구」, 동국대학교 대학원 선학과 박사학위논문, 2013, pp.85~87 참조).

126 다카쿠스 준지로(高楠順次郎), 『불교철학의 정수』, 정승석 옮김(대원정사, 1989), pp.39~72.

그렇다면 대승불교 전통 속에서 회통불교의 특성까지 표방하고 있는 한국불교계에서 숭산과 같은, 회통적 전통을 범세계적 포교현장에서 구체적으로 실천한 인물이 출현했다는 것은 오히려 자랑스러워해야 할 사실일 수 있는 것이다.

(2) 서구문화에 적합한 불교의 토착화 시도

전술한 바와 같이 숭산은 한국선의 정통성에 대해 대단한 자부심을 가지고 있었다. 그럼에도 불구하고 그는 서구문화를 대표한다고 할 수 있는 미국이라는 새로운 토양에 한국불교를 이식하는 과정에서 사고방식과 문화적 측면에서 적지 않은 차이를 경험하였고, 그것으로 인한 장벽에 부딪혀야 했다. 이러한 과정에서 숭산은 기존에 존재하던 한국불교의 전통적 관행을 서구문화에 적합하도록 토착화하는 작업을 시도하였다.

그 대표적인 것이 한국불교 전통 속에 존재하는 남녀차별적인 문제에 관한 것이었다. 가령 관음선종에서는 비구니가 지도법사가 되어 비구들 앞에서도 당당히 법문을 한다. 이것은 관음선종이 성립될 당시뿐 아니라 오늘날 한국불교계에서조차 쉽게 용납될 수 없는 일이다. 그럼에도 불구하고 숭산은 과감하게 남녀차별적인 한국불교의 관행을 개선함으로써 서양인들이 불교를 수용하기 용이하게 만들었다. 만약 성차별적 요소를 개선하지 않았더라면, 관음선종의 오늘날과 같은 발전은 기대할 수 없었을지도 모른다.

---

127 위의 책, p.57.

숭산의 대표적 제자들 가운데 한 사람인 현각스님이 주장하듯이, 숭산이 미국포교를 시작하던 1970년대 당시 미국사회는 이미 "성의 혁명"을 겪은 뒤였기 때문에, 급격히 향상된 여성의 지위로 말미암아 여성을 성별과 무관하게 한 사람의 동등한 인간으로 대해야 한다는 사회적 공감대가 폭넓게 형성되어 있었다.[128] 숭산도 처음에는 한국불교의 전통적 방식대로 비구와 비구니를 구분하였지만, 상당한 반발에 부딪힘에 따라 현지인들의 요구를 받아들여 미국적 상황에 맞게 계율을 수정하게 된 것이다.[129]

그러나 남녀차별적인 요소를 배제시키는 방향으로 계율을 수정하는 행위가 숭산이 처음으로 시도했던 것은 아니었다. 티베트의 승려 달라이 라마나 촉얌 트룽파를 비롯하여 일본 출신의 승려 스즈키 로쉬, 사사키 로쉬, 마에즈미 로쉬 등과 같이 미국에서 포교활동을 했던 불교 선사들 모두 승가공동체 내에서 성차별적 요소를 없애기 위해 노력하였다.[130] 즉 전법활동을 펼치기 위해 미국에 들어갔던 대부분의 동양 승려들이 현지문화에 적응할 수밖에 없었다는 것을 말해 준다고 하겠다.

그럼에도 불구하고 숭산이 미국포교를 위해서 부득불 방편적 측면에서만 여성차별적 요소를 제거한 것으로 보기는 힘들다. 비록 승가공동체 계율 내에 존재하는 남녀차별적인 요소를 배제시켜야 하는 필요성에 대한 각성을 하는 계기는 미국포교 과정에서 얻게 되었다 할지라도,

---

128 현각, 『만행·하버드에서 화계사까지』 2권(열림원, 1999), p.220.
129 위의 책.
130 위의 책, p.221.

82

그 이후 지속적으로 숭산은 진정 남녀의 차별 없이 제자들을 대하였음을 확인할 수 있다.[131]

이 부분에서 숭산의 관음선종을 포함하여 전술한 아시아 출신 선사들이 시도했던 승가공동체 내의 남녀차별 철폐에 대해 불교가 서양문화권에 적응하는 과정에서 나타난 단순한 문화적 변용으로 인식될 수도 있을 것이다.[132] 그러나 남녀차별적인 요소를 철폐하는 사회적 분위기가 서구사회에서 먼저 형성되었음은 사실이지만, 그것이 서구문화에만 적합한 것은 아니다. 그것은 숭산이 미국포교를 시작하던 1970년대뿐 아니라 오늘날에도 여전히 진행되고 있는, 세계인이 요구하는 정신적 변화의 방향인 것이다. 그 변화의 흐름을 서구에 불교를 포교하던 아시아 출신 선사들이 인식하고 오히려 서구의 종교라 할 수 있는 로마가톨릭보다 앞서 승가공동체 내에 적용한 것이다. 즉 정신적 변화의 흐름은 서구사회에서 먼저 출현했지만, 종교단체 내에서 구체적으로 적용한 것은 숭산을 포함하여 전술한 아시아 출신 선사들이 앞섰던 것이다.

이 외에도 숭산은 관음선종 내부 조직을 남녀와 출재가의 구분 없이 법사, 선도법사, 지도법사, 선사라는 네 단계로 구성하는 혁신적인 시도를 하였다. 이것은 앞서 서술한 남녀차별적인 요소 이외에 출재가의 차별까지 철폐하는 시도를 한 것이며, 이 역시 서구문화에 적응하기 위한 불교의 토착화 과정 중에 나타난 또 하나의 시도라고 하겠다. 다만 이 또한 숭산보다 먼저 미국에서 포교활동을 펼쳤던 일본의 삼보교

---

131 현각 엮음, 『부처를 쏴라』, 양언서 옮김(김영사, 2009), pp.85~86.
132 장은화, 「'숭산행원의 업적에 대한 포교적 관점의 연구'를 읽고」, p.105.

단三寶敎團에서 시도했던 것과 유사한 형태이므로, 관음선종만의 독창성을 가지는 것은 아닌 것이다. 게다가 출재가의 구분을 없애는 것은 남녀차별적인 요소를 철폐하는 것만큼 범세계적인 중요성을 갖는 것은 아니라고 필자는 판단한다. 그럼에도 불구하고 남녀차별적인 요소의 철폐와 함께 출재가의 구분을 없애는 시도가 서구에 불교를 전파시키는 데 있어서 상당히 중요한 역할을 했음을 부인하기는 힘들 것이다.

5. 소결

본장을 통해 필자는 숭산의 다양한 업적에 대한 포교적 관점의 재조명을 시도하였다. 이러한 연구 방법을 적용한 이유는 세수 77세, 법랍 57세의 일생을 살며 이룩한 그의 다양한 업적이 포교의 관점에서 일이관지—以貫之하는 특성을 갖고 있음을 필자가 포착하였기 때문이다.

첫째로 숭산은 종비생 제도와 동국대 석림회가 창립되어 지속적으로 발전할 수 있도록 하기 위해 종단이 적극적으로 지원해야 함을 역설하였으며, 친히 화계사의 큰방을 기숙사로 내어주고 부식비 지원에 앞장섰다. 뿐만 아니라 종비생들이 백상원 기숙사로 이전하여 생활할 수 있도록 하는 과정에서도 그들을 위한 노력을 아끼지 않았다. 이러한 그의 역할은 한국불교계에서 승가공동체가 전문적 소양을 지닌 인재들로 변모할 수 있게 했던 원동력이 되었던 것으로서, 포교라는 행위를 삶의 현장에서 구체적으로 실천하는 중심축인 승가공동체의 발전을 위해 중대한 기여를 한 것이라고 하겠다.

둘째는 대중포교의 기틀을 확립했던 숭산의 업적에 대한 것이다.

화계사가 복잡·다변화하는 현대사회를 살아가는 대중들을 포교함에 있어 천혜의 요소를 갖추고 있음에도 확실한 구심점을 갖지 못했던 측면이 있었는데, 숭산이 조실로 있는 동안 해외의 많은 제자들이 빈번하게 출입함에 따라 세간의 관심이 집중되었고, 이 과정에서 화계사는 대중포교의 구심점을 찾게 된 것이다. 그 외에도 특히 숭산이 대중포교의 측면에서 중대한 역할을 했던 부분은 〈불교신문〉에 관련된 것이었다. 선사는 〈불교신문〉의 창간 및 발전을 위한 토대를 형성하는 데 결정적인 역할을 함으로써 포교의 범위를 대중매체를 활용한 보다 광범위한 영역으로 확장시키는 데 앞장섰다.

셋째는 그의 가장 큰 업적이자 명실상부한 세계적 차원의 포교활동인 관음선종에 대한 것이다. 관음선종은 그가 없었다면 이 세상에 존재할 수 없었을 단체라고 표현해도 과언이 아닐 것이다. 숭산은 이 관음선종을 창건하여 발전시키는 과정에서도 포교적 측면에서 새로운 시도를 하였는데, 먼저는 한국 간화선 수행법과 일본 임제종 수행법을 연결한 새로운 수행법을 적용시킴으로써 두 나라 불교 수행법의 통합을 시도하였다. 이러한 그의 행위에 대해 필자는 평소 한국불교의 회통성에 상당한 자부심을 가지고 있던 그가 세계포교의 현장에서 새롭게 보여준 회통의 실천적 의지라고 해석하고자 한다. 다음으로 관음선종 내의 계율을 제정함에 있어 서구문화에 적합하게 토착화함으로써 현지 적응을 보다 용이하게 만들었다. 승가공동체 내에서 남녀차별적인 요소를 철폐하였으며, 조직 구성에 있어서는 남녀차별적인 요소뿐 아니라, 출·재가의 구분조차 배제하였다.

이상으로 종비생 제도와 석림회, 화계사와 불교신문, 그리고 관음선

종과 관련한 숭산의 업적을 포교적 관점에서 재조명하였다. 이것은
각각 포교의 구심점인 승가공동체의 전문화·활성화를 위한 기여, 대중
포교의 기틀 확립, 세계적 차원으로 포교 범위의 확장과 같은 결과로
도출되었다. 한평생을 한국불교의 발전과 포교를 위한 삶을 실천했던
숭산은 한국불교사가 배출한 포교의 화신이었다고 필자는 감히 표현하
는 바이다.[133]

---

133 2013년 12월 7일 화계사 대적광전에서 "삼각산 화계사 역사의 안팎과 인물의
앞뒤"라는 주제로 열린 〈삼각산 화계사 제2차 학술세미나 및 한국불교사연구소
제6차 집중세미나〉에서 필자의 발표에 논평을 해 주신 문광스님과 장은화 박사님
께 감사의 말씀을 드린다.

제3장 한국 간화선의 대중화를 위한 이론적 기반 정립[134]

－보조지눌의 간화선관看話禪觀을 중심으로－

1. 도입

한국 간화선에 대한 연구를 수행함에 있어, 보조지눌 선사(이하 '지눌'로 약칭함)를 논하지 않은 채 연구를 진행한다는 것은 아마 거의 불가능할 것이다. 고려시대 선교일치禪敎一致에 앞장서며 불교계 정화에 일생을 바쳤던 그가 만 40세에『대혜어록大慧語錄』을 접한 후 대혜종고 선사(이하 '대혜'로 약칭함)의 사상에 매료되어 간화선을 한반도에 맨 처음 도입하였고, 그 가치를 선양하는 데 크게 기여하였다.

그러나 지눌의 대표 저서인『절요節要』나『간화결의론看話決疑論』을 통해 간화선에 대한 그의 이해를 살펴보면 이 수행체계의 확립자인

---

134 본서의 제3장은 필자의 논문,「보조지눌의 간화선관에 내재된 문제점 연구」,
　『한국선학』제26호(한국선학회, 2010), pp.11~44를 바탕으로 필자의 추가 연구결
　과를 포함시켜 내용을 수정·보완한 것이다.

88

대혜의 사상을 그대로 계승하고 있는 듯하면서도 어떤 부분에 있어서는 상당한 견해의 차이를 보이고 있음이 발견된다. 물론 중국적 토양과 송대宋代라는 시대적 배경 속에서 탄생한 간화선이 국내에 접목되는 데 있어서 어느 정도의 토착화가 발생하는 것은 충분히 가능할 수 있다. 하지만 지눌의 간화선 이해 속에는 확립자인 대혜로 하여금 간화선 수행체계를 구축하게 만들었던 근본적 문제의식에서부터 적잖이 벗어난 개념이 발견되고 있다. 이것은 단순히 그냥 지나치기에는 조계종의 한국 간화선 대중화·세계화 과제 수행에 있어 이론적 기반을 불안정하게 할 소지가 다분히 존재하기에 그 문제점을 분명히 짚고 넘어가야 할 것으로 판단된다.

본장은 대혜에 의해 확립된 간화선이 지눌을 통해 국내에 도입되는 과정에서 그것에 대한 인식관이 어떻게 변화하게 되었는지를 분석하는 것을 그 요체로 삼는다. 이를 위해 일차적으로 대혜의 간화선관看話禪觀에 대해 고찰해 볼 것이다. 대혜가 간화선을 확립할 당시 시대적 배경이 어떠했으며, 그의 문제의식이 무엇이었는가를 살펴봄으로써 대혜가 생각했던 간화선은 어떤 것이었는지를 분석해 볼 것이다.

다음으로 지눌의 간화선관에 천착하게 된다. 이를 위해 그가 간화선을 처음 접할 당시 처해 있던 개인적 상황은 어떠했으며, 간화선을 수용하게 된 특별한 이유가 있었는지, 그리고 그런 점들이 지눌의 간화선관 형성에 어떤 영향을 미쳤는지를 조사해 볼 것이다. 이러한 과정을 통해 간화선을 바라보는 관점이 국내에서 지눌의 이해를 거치며 어떠한 변화를 일으켰는지를 검토해 보면 그것이 과연 간화선의 발전에 긍정적인 영향을 주었는지, 아니면 부정적인 영향을 주었는지를 확인하게 될 것이다. 이는 또한 향후 한국불교계에서 간화선을 발전시키기 위해 어떠한 노력을 해야 할 것인가에 대해서도 다시 생각해 보게 되는 계기가 될 것이다.

대혜의 간화선에 대해서는 이미 국내 및 해외 학자들에 의해 훌륭한 연구 결과물들이 여러 차례 발표되었다.[135] 지눌의 간화선에 대한 연구 부문에 있어서도 마찬가지로 참신한 논문들과 탁월한 저서들이 간행되어 있다. 이와 더불어 대혜와 지눌의 간화선관을 비교한 연구도 한국불교학계의 거목이었던 고故 심재룡 교수에 의해 '보조선과 임제선'이라는 소제목으로 그의 역작 『지눌연구: 보조선과 한국불교』[136]의 한 부분을 차지하고 있다. 하지만 그의 주장에 따르면, 간화선의 확립자인 대혜가 간화선 지상주의만을 외친 데 비해, 지눌은 수행자의 근기에 따른 세심한 배려를 기울여 간화선을 본인이 제창한 여러 수행체계 속의 하나로 적합하게 수용했다.[137] 이러한 견해가 대혜와 지눌의 간화선관을 비교함에 있어서 의미 있는 연구임에 틀림없지만, 필자는 이 속에서 아주 중요한 사항 한 가지가 누락되어 있다고 판단한다.

심재룡 교수의 의견은 언뜻 느껴지기에 간화선 수행체계를 확립했던 대혜의 안목보다 그것을 받아들인 지눌의 경지가 더욱 높은 수준임을 표현하는 듯하다. 물론 실제로 그럴 수도 있으며, 지눌이야말로 한국불

---

135 간화선에 대한 국내외 학자들의 연구 성과 및 현황에 대해서는 변희욱, 「간화선 연구의 현황과 과제」, 『불교평론』 제45호(만해사상실천선양회, 2010), pp.305~322를 참조하기 바란다.

136 심재룡, 『지눌연구: 보조선과 한국불교』(서울대학교출판부, 2004).

137 위의 책, pp.239~241.

교사상 최고의 선승 가운데 한 사람으로 선정되기에 조금도 부족함이 없는 인물임에 분명하다. 그러나 간화선에 대한 인식에 있어서는 대혜와 지눌을 두고 좀 더 정확한 평가를 내릴 필요가 있다고 생각한다. 대혜의 주장이 외견상 단순한 간화선 지상주의로 비쳐질 수는 있겠으나, 그것만이 전부는 아니었다. 오히려 그는 당시 선불교계를 바라보며 시대적 문제의식을 품었으며, 선종의 진정성을 회복할 것을 촉구하였다. 이 때문에 결국 간화선이라는 새로운 수행체계가 확립되었기에, 이 간화선을 통해 대혜가 진정으로 강조하고자 했던 것이 무엇이었는지를 알 필요가 있다.

이 부분에서 필자는 '선禪의 대중화'를 새로운 초점으로 내세우고자 한다. 그리고 이 점에 있어서 오히려 지눌이 그의 후대 불자들이 간화선을 이해하는 데 있어 대혜의 본래 의도에서 벗어난 채 이해하게 만든 역할을 하지 않았나 하는 생각을 하게 된다. 물론 한국의 전체 불교역사에서 지눌이 행한 위업은 높이 칭송받아야 함이 분명하다. 그러나 간화선의 체계를 정립함에 있어서 지눌의 간화선관은 재고될 필요가 있지 않을까 한다. 왜냐하면 대혜가 추구했던 '선禪의 대중화' 정신을 다시금 강조해야만 한국 간화선의 대중화·세계화 과제 역시 성공적으로 추진될 수 있을 것이기 때문이다.

오늘날 조계종이 종단의 대표 수행체계로서 간화선 널리 확산시키고자 다양한 노력을 기울이고 있다는 것이 주지의 사실이다. 하지만 한국불교 역사에서 차지하는 위상과 국내에 간화선을 도입했다는 업적으로 인해 한국 간화선을 언급할 때 빠지지 않고 등장하는 지눌의 간화선관을 재고하지 않고서는 시쳇말로 "첫 단추가 잘못 끼워졌다"는 생각이 들지 않을 수 없는 것이다.

물론 본장을 통해 다루어지게 될 사항, 즉 지눌이 간화선을 도입할 당시 개인적으로 처한 상황과 이로 인한 그의 문제의식을 파악한다면 그의 간화선관이 형성된 이유를 전혀 이해하지 못하는 바는 아니다. 하지만, '간화선의 대중화'란 오늘날의 과제를 안고 있는 조계종으로서는 지눌의 관점에 내재한 문제점을 제대로 파악하여 새로운 시대의 흐름에 맞는 간화선관을 정립하는 것이 필요하다. 그런 측면에서 본장에서 논하는 내용의 의의는 더욱 크다고 할 수 있다.

다만 필자가 우려하는 바는 본장의 논조가 지눌의 안목을 폄하하는 것으로 인식됨으로써 건설적인 학문적 비판의 가치가 부각되지 못하게 되지 않을까 하는 것이다. 재차 강조하는 바, 지눌은 한국불교사를 통틀어 가장 위대한 선사 가운데 한 명이라는 데 대해 필자는 하등의 이견도 갖고 있지 않다. 하지만 그러한 지눌의 입지가 그가 펼쳤던 모든 주장의 무오류를 보장하는 것은 아니다. 오히려 그의 견해를 이 시대에 맞도록 더욱 보완해 나갈 때 그의 사상의 가치가 더욱 선양될 수 있으리라 판단한다. 게다가 본장에서는 지눌의 간화선관이 형성된 개인적인 특수상황을 고려하고 있기 때문에 오히려 그의 입장을 더 깊이 이해할 수 있는 방안도 함께 추구하고 있다. 부디 '살불살조殺佛殺祖'의 정신이 구현되어 간화선의 본질이 오히려 부각되는 계기가 될 수 있기를 바라마지 않는다.

2. 대혜종고와 간화선

1) 대혜 당시의 시대적 배경

(1) 송대宋代의 정치적 상황[138]

대혜가 살았던 11세 후반부터 12세기 중반까지는 중국 역사로는 송(宋, 960~1279)나라에 해당된다. 송나라는 다시 북송(北宋, 960~1127)과 남송(南宋, 1127~1279)으로 나뉘는데, 1127년 북쪽 금나라의 침공을 받고 수도를 임안(지금의 항저우)으로 옮긴 이후를 남송, 그 이전을 북송이라 칭한다. 금나라의 침공은 두말할 나위 없이 송나라에 있어서 역사적으로 아주 중대한 사건이었으며, 동시에 대혜 개인에게 있어서도 인생에서 쓰라린 체험을 하게 한 계기가 되었던 사건이었다.

남송의 개국 황제가 된 고종(高宗, 1127~1167 재위) 조구趙構는 소위 '정강靖康의 변變'을 통해 아버지 휘종, 형 흠종과 그들의 황후, 황자 등을 비롯한 3천 명이 금나라에 포로로 끌려가는 격변의 시기에 구사일생으로 살아남아 가까스로 황위를 이어받은 자였다.[139] 비록 무예가 뛰어났고 남다른 담력을 지닌 황제였다고는 하지만, 아버지와 형이 금나라의 공격으로 인해 참혹하게 당했던 쓰라린 경험을 가지고 있었다. 이런 참혹한 기억 때문이었는지 고종은 금나라를 공격하여 국가적 치욕을 씻어내고 옛 위상을 회복하자는 주전파 관리와 장수들의 주장에 쉽게 동조하지 않았다. 오히려 진회秦檜를 중심으로 한 주화파 관리들의 농간에 놀아나며 한세충韓世忠, 장준張浚, 악비岳飛 등의 주전파

---

138 청위·장허성, 『중국을 말한다』, 이원길 역(신원문화사, 2008), pp.189~195 참조.
139 신승하, 『중국사』(대한교과서, 1998), p.259.

신하들을 처형시키거나 유배를 보냈다. 신승하의 주장에 따르면 1140
년 남송의 장군 악비가 재차 남침한 금나라의 군대를 물리친 후, 고종과
진회의 주도로 남송과 금이 화의('소흥화의紹興和議')를 맺을 당시 남송
의 군사력은 금과 전쟁을 지속해도 될 만한 상황이었다.[140] 그러나
악비가 북벌을 하여 승리할 경우 흠종이 귀환할 것이고, 그렇게 되면
자신의 제위가 위협받게 될 소지가 있고, 또한 군의 세력이 확대되면
통제하기 힘들다고 보았기에 스스로의 황권 유지를 위한 방안을 선택했
던 것이었다.[141]

금나라가 조공국으로 전락하더라도 평화롭게 자신의 황권을 유지할
수 있는 화친 정책을 추구하고자 했던 고종은 자신의 뜻을 적극 지지하
며 수족 노릇을 톡톡히 해냈던 진회를 재상의 자리에까지 앉혔다.
이 두 사람은 이후 자기들의 정책을 반대하는 관리들의 목소리를 철저히
탄압하며 오로지 권력을 유지하는 데만 치중하였다. 금나라에 바치는
엄청난 규모의 조공과 사치와 환락을 일삼는 황실과 지배층들의 횡포로
백성들의 삶은 북송 때보다 훨씬 더 궁핍한 지경으로 전락하게 되었
다.[142] 뒷부분에서 보다 상세히 다루어지겠지만, 이러한 정치적 혼란기
에 대혜는 주전파 신하들을 축출한 고종의 정책을 비난하였으며, 이로
인해 모함을 받아 자그마치 15년이라는 세월 동안 유배를 당하는 처지에
까지 놓이기도 했다.[143] 고종이 보위에 오른 지 3년째 되던 1129년에

---

140 위의 책, p.261.

141 위의 책

142 範文瀾, 『中國通史(下)』, 박종일 역(인간사랑, 2009), pp.178~190.

143 변희욱, 「大慧 看話禪 硏究」, 서울대학교 철학과 박사학위논문, 2005, p.14. ;

금나라가 다시 남침해 오자, 고종은 싸워볼 생각조차도 하지 않고 몽진하기에 바빴다고 한다.[144]

(2) 송대의 문화적·사상적 상황

당나라에 이어 건국된 송나라는 당에 견줄 수 있을 정도로 문화적으로 큰 전성기를 구가했던 왕조였다. 당나라 때 개발되었던 목판인쇄술이 송나라에 와서 더욱 널리 운용되었고, 제지업 또한 북송대에 이어 남송대에까지 이어지며 지속적으로 발전한 덕분에 그 이전 왕조 때와는 비교할 수 없을 정도로 서적이 풍부했었다.[145] 이 때문에 지배계층은 물론이거니와 일반 백성들까지도 어렵지 않게 서적을 탐독할 수 있었다. 따라서 자연스럽게 학문적 번영기를 맞이하게 되었다.

또한 송대에는 중국의 사상사적 측면에서 아주 의미 있는 발전이 일어났다. 『태극도설太極圖說』을 지은 주돈이(周敦頤, 1017~1073)를 시발점으로 하여 정호(程顥, 1032~1085)·정이(程頤, 1033~1107) 형제와 장재(張載, 1020~1077)를 거쳐 주희(朱熹, 1130~1200)로 이어지며 신유학사상(Neo-Confucianism)의 기틀이 형성, 발전 및 집대성되었던 점이다. 그런데 이처럼 신유학사상이 형성·발전되는 데 자극을 주었던 중요한 요소들 가운데 하나가 바로 불교의 영향이라 할 수 있다.

위진남북조(魏晉南北朝, 222~589) 시대에 불교사상이 체계적으로

소위 "신비궁神臂弓 사건"이라 불리는 것으로 그 명칭은 대혜의 게송에서 비롯되었다.

144 청위·장허성, 『중국을 말한다』, p.194.

145 翦伯贊, 『中國全史(下)』, 이진복·김진옥 역(학민사, 1990), pp.73~74.

수입된 이후 "송대 초에 이르기까지 중국의 일류 사상가들은 모두 불학가佛學家였다"[146]고 할 수 있을 정도로 중국사상사에 미친 불교의 영향은 지대했는데, 신유학사상의 형성 및 발전에는 더더욱 그랬다. 다만 이 경우에 그 영향이라는 것이 신유학사상가들이 불교의 철학적 체계를 배워 이것을 그대로 차용했다는 의미라기보다는 불교를 통해 많은 사상적 자극을 받은 경우로 판단하는 것이 더 적절하다고 하겠다.

역사적 자료에는 상기한 송대의 사상가들이 불교와 인연을 맺었던 정황들을 어렵지 않게 찾을 수 있다. 가령 정호가 유가의 여러 학파에서 서적을 두루 열람하며 거의 10년 동안 도교와 불교에 출입했다는 기록이나,[147] 유년기부터 청년기에 이르기까지 불교에 심취한 바 있던 주희는 그가 과거시험을 보고자 장도를 떠날 당시 자신의 짐 속에 『대혜어록』 한 질만을 갖고 있었다는 기록[148] 또한 발견할 수 있다. 이러한 기록들을 통해서도 판단할 수 있듯이, 비록 그들이 불교나 도가의 사상체계를 거치며 궁극적으로는 유학에서 자신들이 진정 추구하는 바를 찾기는 했으나, 만물의 이치와 인간의 본성에 대한 심층적인 체계를 확립하기까지는 그 분야에서 이미 높은 수준의 사상체계를 형성하고 있던 불교로부터 자극을 받았음을 부인하기는 힘들 것이다.

물론 유학에도 그러한 측면을 강조한 사상적 체계가 풍요롭게 존재하

---

146 馮友蘭, 『중국철학사』(하), 박성규 역(까치글방, 1999), p.231.

147 『宋史』(第 三六 冊), 脫脫 等 撰(北京: 中華書局, 1997), p.12713~12716, "程顥字伯淳, …… 泛濫於諸家, 出入於老釋者幾十年, 返求諸六經而後得之."

148 『居士分燈錄』(卍續藏 권86, p.609상), "朱熹 字元晦 號晦菴 婺源人 少年不樂讀時文 因聽一尊宿談禪 直指本心 遂悟照照靈靈一著 年十八 從劉屛山游 山意其留心學業 搜之篋中 惟大慧語錄一帙而已."

지만, 신유학사상이 형성되기 전까지 유가 전통의 학문적 경향은 유교
경전 문구의 주석에 보다 치중했기에 인간의 본성이나 만물의 이치에
대한 분야의 연구가 상대적으로 덜 발달했던 상태였다.[149] 따라서 학자
들 가운데는 불교의 도전에 맞설 수 있는 사상적 기틀을 정립하고자
시도하는 이들도 있었다.[150] 뿐만 아니라 상기한 이 시기의 대표적
유학자들 대부분이 자신들의 저서들을 통해 유학과 불학의 비교·분석
을 시도하였는데, 그 내용은 대체로 불학의 사상적 가치를 인정하면서
도 유학의 우위성을 표명하는 방향으로 귀결되었다.

　송나라는 또한 중국 역사상 '중문경무重文輕武'의 풍조가 그 어느
때보다 극심했던 왕조였다. 이로 인해 과거를 통해 관직을 얻고자
하는 사대부들의 열망 또한 그 어느 시대보다 강했다. 사정이 이렇다
보니 과거에서의 부정행위를 막기 위한 더욱 철저한 방책들이 쏟아져
나왔는데, 훗날 명·청대에 쓰였던 과거에서의 부정행위 방지책들이
모두 송대에 개발되었던 것이었다.[151]

　이처럼 철저한 부정행위 방지책들이 총동원되다시피 했던 송나라
과거제도 하에서 사대부들은 자연스럽게 과거에서 등락을 결정하는
필수 요인이라 할 수 있는 문장력 향상에 모든 에너지를 다 쏟아 붇게
되었다. 때를 같이하여 사대부들 사이에 유행하던 선종의 송고문학頌古
文學 등을 통해 사대부들은 자신의 문장력 향상을 꾀했던 것이다.
후술하겠지만, 이러한 경향은 문자선의 폐단으로 표출되며 대혜가

149　김원중, 『중국 문화사』(을유문화사, 2001), pp.219~220.

150　위의 책, p.220.

151　청위·장허성, 『중국을 말한다』, p.21.

간화선을 확립하게 된 계기 중 하나로 작용하였다.

2) 선종을 바라보는 대혜의 문제의식: 문자선과 묵조선의 폐해[152]

(1) 문자선의 폐해

중국 불교사에서 송대는 선종이 가장 번창하던 시기였다. 당시의 지식층이었던 사대부들에게 있어서까지도 선종 공부는 하나의 새로운 학문적 풍조였다. 유학자로들은 자신들의 학문적 바탕 위에 유가儒家와는 또 다른 색채를 지닌 선종의 사상을 가미함으로써 보다 독창적인 학문의 세계를 추구하였다. 그 가운데 특히 과거 준비에 몰두하던 사대부들 사이에 소위 '문장학文章學'이란 것이 널리 유행하게 되었으며, 자신들의 문장력 향상을 위해 선종의 '공안집公案集'을 적극적으로 활용하였다. 사정이 이렇다 보니 선종 본연의 목적을 위해 선종이 널리 확산된다기보다 유학자들 스스로의 학문적 성장과 과거급제를 위한 목적 때문에 선종이 더욱 널리 유행하게 되었다. 이로 인해 득세한 선종의 수행법이 바로 '문자선文字禪'이라는 것이다.[153]

---

152 변희욱은 그의 박사논문에서 대혜가 선불교에만 국한된 것이 아닌 송대 학계 전반에 대한 문제의식을 갖고 있었다고 주장하며 이에 대해 크게 세 가지, 즉 공안선, 문자선, 묵조선의 폐해로 나누어 자세히 다루고 있는데, 그의 이러한 분류가 충분히 의미를 지닌다고 본다. 하지만 공안선의 폐해는 결국 문자선의 폐해와 유사한 결과를 초래하므로 필자는 공안선의 폐해를 문자선의 폐해의 범위에 포함시키고자 한다. 따라서 대혜가 생각한 당시 선불교계의 두 가지 큰 문제점을 문자선과 묵조선의 폐해라는 두 가지의 관점으로 바라보고자 한다는 점을 알려두는 바이다. 변희욱, 「大慧 看話禪 硏究」, pp.43~49 참조.

153 Robert E. Buswell, Jr., "Short-cut Approach of K'an-hua Meditation," in Peter N. Gregory, ed., *Sudden and Gradual*, Honolulu: University of Hawaii, 1987,

98

　문자선이란 경전이나 선적禪籍 속의 경구警句를 통해 깨달음을 추구하는 선수행 방법이다. 그런데 직지인심直指人心, 불립문자不立文字, 이심전심以心傳心, 교외별전敎外別傳을 외치는 선종에서 언구를 통해 깨달음을 추구한다는 것은 무슨 말인가? 그것은 바로 '공안公案'[154]에서 비롯된 것이다. 공안이란 문자적으로는 국가의 '공적인 준칙'을 의미하는데, 선사들의 어록이 주된 내용이다.

　불교에서 가장 강조하는 깨달음의 세계는 말로 표현하기 어려운 영역이라서 그 깨달음의 여부를 확인하는 방법이 그리 녹록치 않은 일이다. 따라서 그 깨달음을 확인하는 공적인 준칙을 만들게 되었는데 이것이 공안집인 것이다. 이제 선사들은 자연스럽게 공안집의 언구 하나하나에 집중할 수밖에 없게 되는 것이다. 그런데 이 공안집 속의 언구들이 비록 분량 면에서는 간단한 경우가 많지만, 그 의미가 상당히 심오해서 제대로 해석하기가 여간 어려운 일이 아니다. 사정이 이렇다 보니 각각의 공안에 대한 학자들 저마다의 해석을 내놓게 되었고, 더불어 그 언구 하나하나의 의미를 살피며 수행의 매개체로 삼는 방법이 등장했으니 이것이 바로 문자선이 된다. 대혜가 공안에 집착하는 당시의 선풍禪風을 비판하는 다음과 같은 내용을 그의 어록에서 볼 수가 있다.

------

p.345.

154 윤원철 교수가 강은애 박사와 공동으로 수행한 연구 속에 공안의 기능이 4가지 측면에서 자세히 분석되어 있다. 그 각각은 전복적(subversive) 기능, 해방적 기능, 즉흥(spontaneous)·연행적(performative) 기능, 그리고 방편적 기능이다. 자세한 사항은 윤원철·강은애, 「종교언어宗敎言語로서의 공안話頭」, 『종교와 문화』 제7호(서울대학교 종교문제연구소, 2001), pp.65~72 참조.

여러 방면의 기묘한 언구와 종사들 각자의 주장과 은밀하게 전수되는 옛사람들의 공안 따위에 애착을 갖지 마십시오. 이것들은 잡스러운 독소들입니다.[155]

대혜는 본인이 직접 이 문자선의 본류라 할 수 있는 운문종에서 수행을 했었기에 문자선의 장단점을 너무도 잘 파악하고 있었다. 더구나 대혜 당시의 선종 풍토는 이 문자선의 장점보다는 폐해가 여실히 드러나고 있었던 때였던지라 문자선에 대한 대혜의 비판은 어쩌면 너무도 자연스러운 결과라고 볼 수 있겠다. 이것이 대혜의 첫 번째 문제의식이 되게 된다.

(2) 묵조선의 폐해

다음으로 대혜의 두 번째 문제의식에 대해 거론하고자 한다. 대혜 당시 선종 내부에서 문자선과 함께 크게 위세를 떨치고 있었던 수행법이 대혜 자신과 쌍벽을 이루었던, 조동종의 굉지정각이 주창한 '묵조선默照禪'[156]이었다. 묵조선은 글자 그대로 그저 말없이 수행자의 내면을 관조하는 데 집중하는 수행법이다. 그런데 대혜는 이 묵조선의 일부

---

155 『大慧普覺禪師語錄』, 「示智通居士(黃提宮伯成)」(大正藏 권47, p.892하). "莫愛諸方奇言妙句, 宗師各自主張, 密室傳授底, 古人公案之類, 此等雜毒."

156 한자경 교수는 묵조선과 간화선의 수행방식을 다음과 같이 비교·분석하고 있다: 묵조선은 "혜慧에 이르는 길로서 정定에 치중하는 선정후혜先定後慧의 방식을 취하고," 간화선은 "일차적으로 혜慧를 중시하는 선혜후정先慧後定의 방식을 취한다고 볼 수 있다."(한자경, 『불교철학의 전개, 인도에서 한국까지』, 예문서원, 2003, p.147).

수행자들이 행하는 선법을 '묵조사선默照邪禪'으로 규정하며 강렬히 비판했다.[157] 그 이유가 무엇이었을까?

당시 묵조선 수행자들 가운데 고요함 속에 내면을 성찰하는 수행법 자체에 집착하여 자성自性을 제대로 볼 줄 모르는 자들이 속출하였다. 그들은 이처럼 본래부터 구족되어 있는 불성에 대한 자각도 없이 그저 묵묵히 좌선만 일삼는 상태 그대로가 부처라고 주장하였는데, 대혜가 극렬히 비판한 것이 바로 이러한 수행자들의 행태였던 것이다.[158] 대혜는 이들에게 화두 참구를 통해 은산철벽의 경계를 과감하게 맞서는 간화선의 가치를 강조하였다. 다음은 그러한 내용이 담긴 그의 편지글의 일부분이다.

화두를 들고 오고가며, 화두를 보고 오고감에 이치의 길이 없어지고 사는 맛이 없어서 마음이 초조하고 머릿속이 번민할 때가 오나니 그때가 곧 그 당사자의 목숨을 버릴 곳이니, 기억하고 기억하십시오. 이런 경계를 봄에 곧 물러나는 마음을 갖지 마십시오. 이러한 경계가 바로 부처를 이루고 조사가 되는 소식이거늘 지금 묵조선의 간사한 무리들은 단지 언설이 없음을 지극한 규칙으로 삼아, 한 생각 일어나기 전의 일로 부르며, 또한 공겁 이전의 일로 부릅니다. …… 이 같은 무리는 타인을 기만하고 자기를 기만하며, 타인에게 잘못하고 자기에게 잘못하는 것이니, 또한 알지 않을 수 없습니다.[159]

157 정성본, 『간화선의 이론과 실제』(동국대학교출판부, 2005), p.163.
158 위의 책, p.171.
159 『大慧普覺禪師語錄』, 「答宗直閣」(大正藏 권47, p.933하). "擧來擧去, 看來看去,

이와 함께 대혜는 묵조선으로 인한 또 하나의 폐해를 지적한다. 당시 유학자들 사이에 그들이 처한 현실에서 심각한 좌절을 겪으며 현실도피적 방안으로 선종의 묵조선 수행에 몰입하는 경우가 빈번했다. 이 묵조선이 외부와의 접촉을 차단하는 경향이 강했는데 대혜는 바로 이러한 현실도피적 행각과 이를 적극 지원해 주는 묵조선의 일파를 비판한 것이다. 대부분의 선사와는 달리 현실참여의식이 매우 강했던 대혜에게 있어 수행자로서 현실도피적인 행위를 한다는 것은 용납할 수 없는 일이었다. 이러한 대혜의 입장이 잘 나타나 있는 내용을 살펴볼까 한다.

근년 이래로 일종의 간사한 무리들이 있어 묵조선을 말하며 사람들을 가르치기를 "하루 중에 이 일에 관여하지 말고 쉬어가고 쉬어가되, 소리를 내지 말라. 지금에 떨어질까 두렵다"고 합니다. 간혹 사대부가 총명한 근기의 부림을 받는 자가 되어 많이들 시끄러운 곳을 혐오하다가 잠시 간사한 무리들로부터 고요한 좌선의 가르침을 받아 도리어 힘이 덜어짐을 보고서 곧 만족하게 여겨, 다시 오묘한 깨달음을 구하지 않고, 단지 묵묵함으로써 지극한 준칙을 삼습니다. 제가 구업을 아끼지 않고 힘써 이런 폐해를 구제하오니, 이제는 그릇됨을 아는 사람이 점점 생겨납니다.[160]

覺得沒理路沒滋味, 心頭熱悶時, 便是當人放身命處也, 記取記取 莫見如此境界便退心 如此境界正是成佛作祖底消息也, 而今默照邪師輩, 只以無言無說爲極則, 喚作威音那畔事, 亦喚作空劫已前事, …… 如此之徒, 謾人自謾, 誤人自誤, 亦不可不知."

160 『大慧普覺禪師語錄』, 「答陳少卿(季任)」(大正藏 권47, p.923상). "近年以來有一種

3) 대혜가 간화선을 통해 강조한 정신

앞서 서술한 대혜의 두 가지 문제의식은 간화선 출현의 결정적인 요인이
되었다. 문자선과 같이 문자에 집착하는 병폐를 일으키는 수행법도
아니며, 묵조선과 같이 현실도피적 성향을 나타내는 수행법도 아닌
그 어떤 새로운 수행법을 대혜는 갈구했었다. 따라서 대혜에게 있어
간화선이란 이 두 가지 문제점을 해결해줄 새로운 대안이었던 것이다.
그렇다면 대혜가 생각하는 간화선의 요체는 무엇이었을까? 『대혜어
록』에는 다음과 같은 구절이 있다.

원컨대 귀하는 단지 의정이 타파되지 못한 곳을 향하여 참구하되
행하거나 머무르거나 앉거나 누울 때에 놓아버리지 마십시오. 한
승려가 조주에게 묻기를 "개도 불성이 있습니까?" 하니, 조주가 대답하
기를 "없다"고 했습니다. 이 한 글자가 바로 생과 사에 관한 의심을
타파하는 칼입니다. 이 칼자루가 다만 당사지의 손안에 있어서 다른
사람이 손을 쓰게 할 수 없으니, 모름지기 자기가 손을 써야 비로소
이루어집니다.[161]

邪師, 說默照禪, 敎人十二時中是事莫管, 休去歇去, 不得做聲, 恐落今時. 往往士
大夫, 爲聰明利根所使者, 多是厭惡鬧處, 乍被邪師輩指令靜坐, 却見省力, 便以
爲足, 更不求妙悟, 只以默然爲極則, 某不惜口業, 力救此弊, 今稍有知非者."
[161] 『大慧普覺禪師語錄』, 「答陳少卿(季任)」(大正藏 권47, p.923상). "願公只向疑情不
破處參, 行住坐臥不得放捨, 僧問趙州, 狗子還有佛性也無, 州云無, 這一字子,
便是箇破生死疑心底刀子也. 這刀子木覇柄, 只在當人手中, 敎別人下手不得, 須
是自家下手始得."

그렇다. 대혜는 스승 원오선사로부터 전수받은 '한 의심 타파가 천만 가지 의심 타파'라는 가르침의 기치 하에 아주 간결하면서도 분명한 입장을 펼쳐나갔다. 수많은 공안집들이 발간되면서 그것이 송고문학으로까지 변성하게 되었지만, 역으로 선이 오히려 문자에 얽매이고 송고문학의 문학성에 매료되어 오히려 이것이 깨달음에 장애물이 되어버린 상황 속에서 대혜는 선종의 쇄신을 위한 아이디어를 결국 선종 속에서 찾아내었다. 즉 공안집의 분량이 중요한 것이 아니고, 참구하고 있는 공안의 개수가 중요한 것이 아니라, 한 개의 공안이라도 제대로 타파하는 것이 중요하다는 가르침에 방점을 둔 것이다.

대혜는 이 가르침으로부터 공안이란 수행자의 자성自性을 제대로 관조觀照하기 위한 도구에 불과한 것이라는 원칙을 마련하고, 수많은 공안을 참구하는 것이 오히려 마음을 혼미하게 만들 뿐이라고 생각하였고 오히려 핵심적인 구절 하나를 제대로 참구하는 것이 중요하다고 주장하였다. 이때 그 핵심적인 구절을 '화두'라고 칭했고, 이러한 수행법을 '간화선'이라고 불렀으며, 순간적인 깨달음으로 인도하는 '경절逕截'로 불렀다. 다음 대혜의 언구가 그의 이러한 사상을 극명하게 보여준다.

천 가지 의심과 만 가지 의심이 단지 하나의 의심입니다. 화두 위에서 의심을 타파하면, 천 가지 의심과 만 가지 의심을 일시에 타파할 것입니다.[162]

---

[162] 『大慧普覺禪師語錄』, 「答呂舍人(居仁)」(大正藏 권47, p.930상). "千疑萬疑, 只是一疑. 話頭上疑破, 則千疑萬疑一時破."

위와 같은 대혜의 입장에 대해 전술한 바와 같이 공안집의 문학성에 치중하거나 그 방대한 의미 속에 매몰되어 있는 당시 수행자들의 실태를 직시한 후, 한 개의 공안이라도 제대로 타파하는 것이 더욱 중요하다는 것을 강조하고자 했다고 해석할 수 있다. 그리고 그 입장의 결과로 수많은 공안 참구를 대신할 수 있는 한 개 화두 참구의 개념이 도출되게 된다.

그런데 이것과 함께 그의 입장을 불교철학적으로 다른 각도에서 조명할 수도 있는데, 바로 전형적인 중국적 세계관이 반영된 화엄종의 사상적 측면에서이다. 보다 구체적으로는 유심사상唯心思想과 함께 화엄종의 또 다른 사상적 근간이라 할 수 있는 원융사상圓融思想을 대변하는 '일즉다一卽多, 다즉일多卽一'의 사상적 측면에서이다.[163] 즉 문자의 의미 그대로 "하나가 전체이고, 전체가 하나"이기에 수많은 공안들은 하나의 화두로 귀결되고, 하나의 화두는 수많은 공안을 대변할 수 있게 되는 것이다.

이와 함께 『대혜어록』 전체를 걸쳐 대혜가 가장 강조했던 말 가운데 하나가 바로 알음알이(知解)에 쏠리는 것을 배격하라는 것이었다. 즉 분별심을 가지고 화두를 이해하려 들지 말고 오로지 화두를 참구할 것을 역설했다. 대혜는 특히 사대부들의 학문적 견해가 증득의 길에 오히려 장애가 된다는 점을 지적하며 깨달음 앞에서는 미련한 자가 도리어 민첩한 자를 능가할 수 있다고 하였다. 다음은 『대혜어록』 가운데 그의 이러한 사상이 잘 드러나 있는 부분이다.

---

163 소운, 『하룻밤에 읽는 불교』(랜덤하우스중앙, 2004), pp.81~82.

지금 사대부가 많이들 이 일에 있어서 백 가지를 깨닫고, 천 가지에 당면하여 바로 꿰뚫어 벗어나지 못하는 것은, 다만 근성이 너무 날카로우며 지견이 너무 많아서 종사가 비로소 입을 열어 말하는 것을 보면 서둘러 바로 이해해버리기 때문입니다. 그러므로 도리어 근성이 둔한 사람이 잘못된 지식과 잘못된 깨달음을 허락함이 없어서 문득 일기일경一機一境 위와 일언일구一言一句 하에서 곧바로 깨닫는 것만 같지 못합니다.[164]

이와 함께 간화선이라는 새로운 수행체계를 세상 앞에 주창하며 대혜가 강조했던 또 하나의 정신은 '선禪의 대중화'였다. 문자선처럼 사대부들 중심으로 행해져 학문적으로 치우쳐버린 것이 아니며, 언어를 매개로 하지만 그 언어를 초월한 깨달음을 추구하며 선의 본질을 회복하는 수행법을 그는 구축하고자 했다. 뿐만 아니라 묵조사선처럼 현실을 회피한 채 안일하게 자기만족만을 추구하는 것도 아닌, 삶의 현장을 생생하게 느끼며 그 속에서 누구라도 자성을 제대로 바라볼 수 있게 해주는 수행법을 그는 확립하고자 했다. 이러한 그의 의도 속에는 선의 대중화의 정신이 자리 잡고 있었던 것이다. 다음은 그의 어록 속에서 이러한 그의 정신이 잘 드러나는 부분이다.

---

164 『大慧普覺禪師語錄』,「答陳少卿(季任)」(大正藏 권47, p.922하). "今時士大夫, 多於此事不能百了千當直下透脫者, 只爲根性太利知見太多, 見宗師纔開口動舌, 早一時會了也. 以故 返不如鈍根者, 無許多惡知惡覺, 驀地於一機一境上一言一句下撞發."

만약 특별히 어떤 사람이 있고 어떤 법이 있다고 한다면 이것은 사악한
마귀의, 도를 벗어난 견해입니다. …… 다만 모든 부처님 앞에 큰
서원을 밝히기를 "바라옵건대 이 마음이 견고해서 영원히 물러나지
않고, 모든 부처님의 가피력에 의지해 선지식을 만나서, 한 마디 말
아래 한 순간에 생사를 잊고, 위없는 바르고 평등한 지혜를 깨달아
부처님의 혜명을 계승하여 이것으로써 모든 부처님의 막대한 은혜를
갚게 해 주소서" 하십시오. 만약 이와 같이 하기를 오래오래 하면
깨닫지 못할 이유가 없을 것입니다.[165]

4) 대혜가 간화선을 집대성한 배경에 대한 또 다른 해석에 대해

앞서 언급한 바와 같이 대혜는 문자선과 묵조선의 폐해를 신랄하게
비판하고, 선수행의 정신이 올바르게 회복되기를 열망하는 토대 위에
선이 널리 대중화되기를 희망하며 간화선 수행법을 창안하게 된다.
그런데 대혜의 이러한 일련의 행위를 분석함에 있어서 당시 경쟁관계에
있던 조동종의 기세를 저지하는 동시에 지방 관료나 사대부들로부터
더 많은 후원을 얻기 용이한 방안을 찾기 위한 방편이었다는 주장[166]이

---

165 『大慧普覺禪師語錄』,「答曾侍郎」(大正藏 권47, p.916하). "若別有人有法, 則是邪
魔外道見解也 …… 但於諸佛前, 發大誓願, 願此心堅固, 永不退失, 仗諸佛加被,
遇善知 識一言之下, 頓亡生死, 悟證無上正等菩提, 續佛慧命, 以報諸佛莫大之
恩. 若如此則久久, 無有不悟之理."

166 대표적 사례로 Morten Schlütter, "Silent Illumination, Kung‐an Introspection,
and the Competition for Lay Patronage in Sung‐Dynasty Ch'an." In Buddhism
in the Sung, (Honolulu: University of Hawaii Press, 1999); Robert H. Sharf,
"How to Think with Chan Gong'an" In Charlotte Furth, Judith T. Zeitlin and
Ping‐chen Hsiung, ed. Thinking with cases: specialist knowledge in Chinese

있다는 것은 주지의 사실이다. 이러한 분석이 상당한 의미를 갖는 것은 분명하다. 그러나 이러한 관점으로 대혜가 간화선을 창안하게 된 일련의 과정들을 모두 해석할 수는 있겠지만, 그것이 간화선 창안의 원인이 되었던 다양한 측면들을 모두 포용할 수 있는 해석이라고 보기는 힘들다고 필자는 판단한다. 다음에서 이와 같이 대혜의 간화선 창안 배경에 대한 또 다른 해석의 입장을 대표하는 학자 중 한 사람인 Morten Schlütter의 분석을 소개하고자 한다. 그의 주장에 대한 면밀한 검토를 통해 그것의 장점은 무엇이며, 또한 그가 놓치고 있는 부분은 무엇인가를 살펴봄으로써 대혜가 간화선을 창안하게 된 상황과 그의 사상적 입장에 대한 보다 폭넓은 이해를 도모하고자 한다.

(1) Morten Schlütter의 견해

Schlütter가 분석하는 바와 같이 11세기 후반으로 접어들며 불교에 대해 호의적이었던 국가의 태도가 서서히 변화하며 그 이전에 누렸던 정부로부터의 적극적인 격려, 특혜, 그리고 지원책 등이 점차 줄어들기 시작했다.[167] 12세기 접어들며 반反 불교적이며 도교를 신봉하였던 휘종(徽宗, 1100~1126 재위)이 황위에 오르면서 불교의 처지는 아주 심각한 상황에 이르게 된다.[168] 1119년은 휘종의 폐불廢佛 행위가 극에 달했던 때인데, 그는 일련의 칙령을 내려 불교가 아예 도교에 흡수되게 만드는 시도까지도 하였다.[169] 비록 이러한 그의 폐불이 얼마 가지

cultural history, (Honolulu: University of Hawaii Press, 2007).

167 Morten Schlütter, 위의 논문, p.135.

168 위의 논문, p.136.

못해 막을 내리게 되지만 불교계에게는 큰 환란이 아닐 수 없었다. 휘종의 뒤를 이어 남송 시대를 개막한 그의 동생 고종 또한 형만큼은 아니었지만 거대 수행도량의 토지를 몰수하고 상당 기간 동안 새로운 도첩의 인가를 금지하는 등 불교에 대해 적대적 행위를 자행하였다.[170]

그렇다면 불교는 심각한 위기라고 할 정도의 이러한 상황에서 어떻게 돌파구를 마련했을까? 다행스럽게도 당시 국가 지배체계는 중앙의 정책적 영향력이 지방 곳곳까지 철저하게 미치지는 못했던 구조였기에 자연적으로 불교는 지방정부와의 관계성을 바탕으로 명맥을 유지할 수 있었다.[171] 상황이 이렇다 보니 당시 불교계는 지방정부의 관리들이나 사대부들로부터 정치적·재정적 지원을 얻어내기 위해 갖은 노력을 다하였다. 그렇다면 불교 한쪽만의 필요에 의해 그 관계가 유지될 수 있었을까? 물론 가능할 수도 있었겠지만, 당시 지식인들도 불교로부터 필요로 하는 점들이 존재했으니 바로 자신들의 내면적 성장과 학문의 발전을 위한 방안의 하나로 불교 선사와 교류를 했었던 것이다.[172] 문치주의를 내세웠던 송대의 시대적 특성을 통해 추론할 수도 있는 바, 그들은 자신의 학문 증진과 정신세계의 성장을 위해 많은 노력을 기울였다. 이를 위해 많은 이들이 주로 신유학사상에 정통한 스승들을 찾아 배움을 청했는데, 이와 동시에 불교 선사들과의 교류를 통해 동일한 목적을 추구하려는 이들도 많이 나타났다.

---

169 위의 논문.

170 위의 논문.

171 위의 논문, pp.136~137.

172 위의 논문, p.137.

그런데 이러한 시기적 기류를 타고 성장한 종파가 바로 조동종이었다는 것이 Schlütter의 분석인데, 당시 선종의 주도권을 쥐고 있던 임제종의 입장에서 조동종이 새롭게 부각되는 현실은 결코 반갑지 않은 현상이었다는 것이다.[173] 따라서 결국 이처럼 새롭게 형성된 임제종·조동종의 양립 구도 속에 서로 상대측보다 더 많은 재정적·정치적 후원을 얻어내기 위해 치열한 경쟁을 벌여야만 했던 것이다. 이와 같은 맥락 속에서 조동종과 임제종이 저마다 사대부들에게 적절한 수행법을 내세우며 자신들을 차별화시킬 방안을 마련했는데, 조동종에서 내세운 것이 바로 '묵조선' 수행법이었고 임제종에서 내세운 것이 바로 본서에서 중점적으로 다루고 있는 주제이기도 한 '간화선' 수행법이었다는 것이 Schlütter의 주장이다.[174]

(2) Schlütter의 견해가 갖는 장점과 단점

대혜의 간화선 창안 배경에 대한 Schlütter의 위와 같은 견해는 분명 예리한 안목을 지닌 뛰어난 분석임에 틀림없다. 그러나 이 같은 그의 주장 속에 뚜렷한 장점이 있기는 하지만, 동시에 단점 또한 존재한다. 먼저 장점으로는 대혜가 간화선을 창안할 당시의 역사적 맥락과 국가적 특성을 정확하게 분석하고 있다는 것이다. 당시의 시대는 종교계가 세속적 권력 하에 철저히 예속되어 있는 상황이었으며, 이에 따라 황제의 종교적 입장이 한 종교의 부상浮上과 침체에 절대적 영향력을 행사하던 때였다. Schlütter는 이러한 시대적 특성에 대한 정확한 인식

---

173 위의 논문, pp.137~138.

174 위의 논문, p.138.

을 토대로 휘종과 흠종으로 이어지는 반불교적 황제의 시대를 거치며 불교계가 겪게 되었던 열악한 상황과 그러한 악조건 속에 처해 있는 불교계에 숨통을 틔워준 역할을 한 제국의 구조적 특성을 간파하였다. 즉 중앙의 정치적 영향력이 지방 권력에까지 철저히 미치지 못하는 구조적 허점 속에서 불교계는 지방 관료나 사대부들에 의지해 그들의 정치적·재정적 후원을 기반으로 명맥을 유지해 나갔던 점이다. 이러한 변화된 시대적 상황 속에서 조동종이 지방 관료나 사대부들의 요구에 부응하는 새로운 수행법인 묵조선을 발판으로 새롭게 부상하게 되고, 이에 위기감을 느낀 임제종에서 간화선을 내세우며 맞대응을 펼쳤다는 분석은 불교계 내부의 구조적 이해까지 갖춘 뛰어난 분석이다.

그럼에도 불구하고 Schlütter의 주장에는 한 가지 뚜렷한 약점이 존재하는데, 대혜라는 한 선사 개인의 구도적 열정이나 내면적 특성을 전혀 고려하지 않고 있다는 것이다. 대혜가 임제종에 속한 대형 사찰의 주지였기에 당시 임제종이 처했던 입장과 함께 자신이 이끌어가고 있는 사찰의 운영방안에 대해서도 많은 고민을 했을 것이다. 그럼에도 불구하고 그는 임제종 선사이기 이전에 한 사람의 출가자로서, 그리고 본연적으로 지니고 있는 자신만의 내면적 특성을 소지했던 한 사람의 인격체였다.

먼저 우리는 그가 어떤 성격의 소유자라는 것을 알 필요가 있는데, 그의 어린 시절 일화가 이 점을 잘 드러내 준다. 13세 때 그는 향교에 입학하여 유학을 본격적으로 공부하기 시작했는데, 하루는 학우들과 장난을 치던 중 실수로 그가 던진 벼룻돌이 스승의 모자에 맞아 먹투성이가 되어 버렸다.[175] 이 때문에 대혜의 부모는 향교에 배상금 3백

낭을 지불하게 되었고 대혜는 부친으로부터 심하게 꾸중을 듣게 되었는데, 결국 이 일로 인해 세간의 학문을 하는 것에 대해 심한 회의감을 품게 되었다.[176] 이를 계기로 그의 부친이 대혜를 오래전부터 불가에 출가시키려고 서원했던 바를 말했고, 대혜 또한 출가를 청했으나 그의 모친은 허락하지 않았다고 그의 연보年譜는 전하고 있다.[177]

이러한 일화를 통해 우리는 대혜의 성향을 추론해 볼 수 있다. 첫째로 그는 학문적 가치가 구체적 삶 속에 실천되어야 한다고 믿는 원칙주의자였다. 고매한 학문으로 제자를 키워내야 할 향교에서 실수로 인해 발생한 피해에 대해 상당한 액수의 배상금을 물리는 대응을 보고 교육이념과 실천이 상이한 모습에 실망이 컸던 것이다. 둘째로 자신의 소신을 좀처럼 굽히지 않는 유형의 사람이다. 향교에서 일어난 사건으로 회의감을 품고 출가하기로 결정했을 때 모친의 반대가 있었음에도 불구하고 결국 자신의 뜻을 굽히지 않았다.

두 번째로 필자가 제시하고자 하는 일화는 대혜와 관련하여 이미 널리 알려진 것이니, 대혜가 자신의 스승 원오극근이 편찬한, 조사선의 대표적 공안집인 『벽암록』의 경판을 부수고 스승이 붙였던 수시垂示·착어著語·평창評唱과 같은 설명들을 물리쳐버렸던 일화이다.[178] 선수행

---

175 『大慧普覺禪師年譜』(佛敎藏 권73, p.508) "師年十三. 入鄕校十有三日. 因與同牕戲. 以硯投之. 誤中先生帽."
176 위의 책(佛敎藏 권73, p.508) "償金三百而去. 父責之. 師曰. 讀世間書. 曷若究出世法."
177 위의 책(佛敎藏 권73, p.508) "父曰. 吾欲置兒於空寂中久矣. 師願請行而母不允."
178 『禪林寶訓』(大正藏 권48, p.1036중), "紹興初 佛日入閩見學者牽之不返 日馳月騖 浸漬成弊 卽碎其板闢其說 以至祛迷援溺剔繁撥劇摧邪顯正."

112

자들이 공안을 자신들의 수행 과정을 점검하는 수단으로 삼지 않고 공안의 문구 속에 함몰되어 단순히 문장을 암기하는 수준에서 벗어나지 못하자, 원오극근이 공안 100칙에 자신의 해석을 덧붙여 공안 속에 있는 살아 있는 선의 정신을 일깨우기 위해『벽암록』을 편찬하였다.[179] 그런데 이러한 원오의 노력에도 불구하고 공부인들이 이번에는 원오의 견해에 감탄하며 그 속에 도취되어 자기만의 주인의식을 상실했던 것이다.[180] 결국 이 모든 폐단에서 벗어나기 위해 대혜는 스승의 견해로부터 완전한 탈피를 선언했다고 볼 수 있다. 여기서 우리는 선종 본연의 정신을 회복시키기 위해서는 개인적 친분관계를 뛰어넘는 과감한 비판과 혁신을 추구했다는 것을 알 수 있다. 원오 또한 당시 임제종을 대표하는 선사 중 한 사람이었음에도 대혜는 종단이라는 틀에 구애받지 않고 단호한 개혁의 의지를 표방했다. 이러한 모습 속에는 더 이상 Schlütter가 주장하는 바와 같이 임제종만을 위해서, 또는 자신이 주지로 있는 사찰의 운영만을 위해서 지방관청이나 사대부들로부터 더 많은 정치적·재정적 지원을 받는 데 급급한 모습은 찾아보기 힘들다.

마지막으로 필자가 소개하고자 하는 일화는 대혜가 장장 15년간이나 되는 세월 동안 유배생활을 하게 된 계기가 되었던 소위 "신비궁神臂弓 사건"과 관련된 부분이다. "신비궁"이란 북송대北宋代에 장약수張若水가 신종(神宗, 1067~1085 재위)에게 바쳤다는 놀라운 성능을 가진 활의 이름[181]이었다. 이 당시 대혜는 대표적인 주전파 관료 가운데

179 변희욱, 〈大慧 看話禪 研究〉, pp.60~61.
180 위의 논문, p.61.
181 정영식,『韓國看話禪의 源流』(한국학술정보, 2007), p.23.

한 사람인 장구성(張九成, 1092~1159)과 긴밀한 교류를 맺고 있었다. 『송사宋史』에 기록된 「장구성열전張九成列傳」에 이들의 친분관계와 사건의 전말이 간략하게 서술되어 있는데, 사건의 요지는 다음과 같다.

승려 대혜의 설법이 출중하여 많은 사람들이 추종하며 장구성과는 서로 친분이 있는 사이인데, 진회가 이들 두 사람이 자신을 비방할까 두려워하여 사간 한 사람을 시켜 이들이 조정을 헐뜯고 비방했음을 거론토록 했고, 결국 장구성이 14년간 유배된다는 내용이다.[182] 필자는 이 사건을 통해 대혜의 소신 있는 삶의 태도를 알 수 있다고 판단한다. 당시 중앙정부의 실세 중의 실세가 바로 금나라와의 화친관계를 유지하며 자신의 황제직위를 유지하기에 급급했던 고종의 비위를 잘 맞추던 재상 진회였다. Schlütter의 주장처럼 대혜가 임제종의 성장과 자신의 사찰 운영에 치중했다면 오히려 정권의 실세에게 더 가까이 다가가기 위한 방법을 택했을 것이다. 하지만 대혜는 금나라와의 전쟁도 불사해야 한다는 자세로 주전파 관료들과 과감한 친분관계를 유지했다.

이 외에도 대혜와 관련된 일화 가운데는 대혜가 임제종의 번영과 자신의 직위 유지에만 치중한 인물이 아님을 알 수 있는 내용들을 더 발견할 수 있다. 그러나 위의 사례만으로 판단해 보더라도 우리는 충분히 대혜라는 한 인물이 얼마만큼 치열한 구도적 자세를 지녔으며, 얼마나 단호한 삶의 자세를 지녔는지에 대해 파악할 수 있다. 필자가 이미 언급하였듯이 Schlütter의 분석 속에 뛰어난 안목이 있음은 분명하지만, 대혜의 내면적 측면을 고려하지 않았다는 한계성을 지니고 있다.

---

182 『宋史』(第 三三 冊), p.11579, "徑山僧宗杲, 善談禪理, 從游者衆. 九成時往來其間. 檜恐其議己, 令司諫詹大方, 論其與宗杲謗訕朝政, 謫居南安軍, 在南安十四年."

3. 보조지눌과 간화선

1) 지눌과 간화선의 만남

지눌의 비명에 의하면, 그가 지리산 상무주암에 주석할 때 우연히
『대혜어록』을 볼 기회가 있었는데, 이 책을 통해 지눌은 간화선의
존재를 처음 접하게 되었다. 당시의 상황을 비명은 이렇게 기록하고
있다.

> 국사가 일찍이 말하기를 "내가 보문사로부터 온 지도 이미 10여 년이
> 되었다. 비록 뜻을 얻고 수행을 부지런히 하여 헛되이 보내버린 시간이
> 없었으나, 정견情見을 버리지 못하여 가슴에 거리끼는 물건이 있어
> 원수와 같은 곳에 있는 것 같았다. 지리산에 거할 때에『대혜보각선사어
> 록』을 얻었는데, 이르기를 '선이란 조용한 곳에 있지 않고, 또한 시끄러
> 운 곳에도 있지 않고, 일상의 작용이 응하여 반연하는 곳에도 있지
> 않고, 사량분별하는 곳에도 있지 않다. 그러나 먼저 고요한 곳, 시끄러
> 운 곳, 일상의 작용이 응하여 반연하는 곳, 사량분별하는 곳을 물리쳐버
> 리지 말고 참구해야 한다.' 이때 홀연히 눈이 열리고 바야흐로 모든
> 것이 집안일임을 알게 되었다. 나는 이것에 계회하여 자연스럽게
> 물건이 가슴에 거리끼지 않게 되고 원수와 같은 곳에 있는 것 같지도
> 않게 되어 당장에 편안하고 즐겁게 되었다." 이 일로 말미암아 지혜에
> 대한 이해가 더욱 높아져 중생들로부터 높임을 받았다.[183]

---

[183] 「승평부 조계산 수선사 불일보조국사비명 병서昇平府曹溪山修禪社佛日普照國
師碑銘 并序」, 金君綏 撰,『普照全書』, 普照思想研究院 編(불일출판사, 1989),

위와 같은 비명의 내용을 통해서도 알 수 있듯이 『대혜어록』을 접하기 직전 지눌은 수행자로서 상당한 진통을 겪고 있던 중이었다. 그런데 놀랍게도 대혜의 사상으로부터 큰 깨달음을 얻었고, 이로 인해 더 높은 영적 수준과 자유를 누리게 되었다.

2) 지눌이 생각하는 간화선

『대혜어록』을 접하기 이전에 지눌은 이미 『육조단경』과 『신화엄론』이라는 두 권의 책을 통해 두 번의 대오각성을 경험한 바 있었다. 이에 대한 기록이 그의 비명에 잘 나타나 있다.

25세 때인 대정大定 22년 임인년에 승선에 들어 합격하였다. 얼마 안 가서 남쪽으로 유람하여 창평 청원사에 이르러 주석했다. 하루는 우연히 학료에서 『육조단경』을 보다가 "진여자성이 생각을 일으킴에 육근이 비록 보고 듣고 깨닫고 알더라도, 삼라만상은 오염되지 않고 진여자성은 항상 스스로 있느니라"라는 구절에 이르러 이에 놀라고 기뻐하며 일찍이 없었던 것을 얻었으므로, 일어나서 불전을 돌면서 그것을 암송하고 생각하면서 스스로 그 뜻을 얻었다. …… 그 후 대정 25년 을사년에 하가산 보문사에 머물 때, 이통현 장자의 『신화엄론』을 얻어서 더욱 신심을 일으켰다. 찾고 파헤치며, 숨은 뜻을 찾고, 쉽고

p.420. "師嘗言 予自普門已來 十餘年矣 雖得意動修 無虛廢時 情見未忘 有物礙膺 如讐 同所. 至居智異 得大慧普覺禪師語錄云「禪不在靜處 亦不在鬧處 不在日用 應緣處不在思量分別處. 然 第一不得捨却靜處鬧處 日用應緣處 思量分別處祭」 忽然眼開 方知 皆是屋裡事 予 於此契會 自然物不碍膺 讐不同所 當下安樂耳. 由是 慧解增高 衆所宗 仰."

또 씹어 정수를 맛보니 이전의 이해가 깨달음으로 전환하였다. 이에 원돈관문에 마음을 잠그고, 또 말세 학생들의 미혹함을 인도하기 위하여 못을 버리고 문설주를 뽑아버리려 하였다.[184]

지눌의 비명에 기록된 바에 의하면, 지눌은 불법에 들어가는 세 가지의 길, 즉 삼문三門을 열었다고 한다. 성적등지문惺寂等持門, 원돈 신해문圓頓信解門, 그리고 경절문逕截門이 그것이다.[185] 이 가운데 앞서 기술한 두 권의 책을 통한 것이 원돈신해문이다. 성적등지문은 그가 지지했던 규봉종밀의 사상을 계승하며 구축한 점수漸修적 수행문이라 하겠다. 지눌은 『절요』에서 성성(惺惺, 또랑또랑함)과 적적(寂寂, 고요 함)을 통해 마음을 살필 것을 다음과 같이 설파하고 있다.

---

184 「昇平府曹溪山修禪社佛日普照國師碑銘 幷序」, 『普照全書』, pp.420~421. "二十 五 以大定二十二年壬寅 擧僧選中之 未幾南遊 抵昌平淸源寺 住錫焉. 偶一日 於學寮 閱六祖壇經 至曰「眞如自性起念 六根雖見聞覺知 不染萬像 而眞性常自 在.」乃驚喜 得未曾有 起繞佛殿 頌而思之 意自得也. …… 越大定二十五年乙巳 遊下柯山 寓普門寺 因讀大藏 得李長者華嚴論 重發信心 搜抉而索隱 嚌嚌而未精 前解轉明 迺潛心圓頓觀門 亦欲導末學之迷 爲之去釘 拔楔."

185 위의 책, p.420. 지눌의 삼문에 관해서는 불교학계의 여러 학자들에 의해 다양한 이론이 주장되고 있다. 예를 들어 비명에 나타난 바와 같은 삼문을 그대로 인정하는 길희성 교수의 입장, 비명에 나타난 삼문은 지눌의 입장이 아닌 그 비명을 기록한 유학자 김군수의 입장이며, 지눌은 삼현문을 주장했다는 심재룡 교수의 입장, 이외 비명에 나타난 삼문에 더해 무심합도문과 염불문을 더해 오문을 주장하는 이종익과 Buswell의 입장 등 아주 다양하다. 이에 대해 필자는 길희성 교수의 입장을 지지한다. 심재룡, 『지눌연구』(서울대학교출판부, 2004), pp.158~173; 길희성, 『지눌의 선사상』(소나무, 2001), p.102.

점종의 관심문觀心門에서는 먼저 고요함(寂寂)으로써 산란한 생각을 다스리고 그 후에 또랑또랑함(惺惺)으로써 혼미한 정신을 다스리는 것이다. 거기에 비록 선후가 있기는 하나 또한 모름지기 또랑또랑함과 고요함을 고루 가져야 하고, 비록 고루 가진다고 하나 그것은 다만 정을 취해서 행을 삼을 뿐이다.[186]

이처럼 『대혜어록』을 접하기 이전 지눌은 이미 두 번의 큰 깨달음을 경험하였으며, 이것을 통해 불법에 들어가는 두 개의 수행문을 열었던 상태였다. 그런 지눌에게 『대혜어록』과의 만남은 불법에 들어가는 또 다른 파격적인 길을 여는 계기를 만들어 주었다.[187] 『대혜어록』을 접하기 이전까지 지눌에게 있어 깨달음의 길이란 돈오와 점수를 통한 순차적인 과정을 의미했다. 그리고 이러한 입장은 그가 지지했던 규봉 종밀의 입장과도 같은 것이었다. 하지만 돈오를 겪음과 동시에 곧바로 증득의 체험을 하게 해주는 지름길의 문이 있다는 깨침은 지눌이 보았을 때는 가히 혁명적인 것이었다.

돈오를 겪음과 동시에 곧바로 증득의 체험을 하게 해주는 지름길, 즉 경절문逕截門인 간화선을 평가함에 있어 지눌은 이것이야말로 최상의 수행법이라고 극찬하였다. 이에 더하여 지눌은 이 경절문을 통해 도달할 수 있는 경지를 일컬어 '무심합도문'이라 불렀다. 『절요』에서

---

186 『節要』, 『普照全書』, p.121. "且漸宗觀心門, 先以寂寂, 治於緣慮, 後以惺惺, 治於昏住, 雖有先後, 亦須惺寂等持, 雖有等持, 但是取靜爲行爾."

187 「昇平府曹溪山修禪社佛日普照國師碑銘 幷序」, 『普照全書』, p.420. "開門有三種 曰惺寂等持門 曰圓頓信解門 曰徑截門."

지눌은 '무심합도문無心合道門'에 대해 다음과 같이 밝히고 있다.

선문에 또 선정과 지혜를 닦는 것 외에 무심합도문無心合道門이 있으니,
여기에 간략히 기록하여 교를 배우는 사람들로 하여금 격외에 한
가지 문이 있음을 알게 하여 바른 믿음을 낼 수 있게 하고자 한다.
…… 먼저 선정과 지혜를 밝히고 후에 무심을 나타내는 것이다. 선정은
자기 마음의 본체요, 지혜는 자기 마음의 작용이다. 선정이 곧 지혜이니
그러므로 본체가 작용을 떠나지 않고, 지혜가 곧 선정이니 그러므로
작용이 본체를 떠나지 않는다. …… 지금 또 조사의 가르침에 의거해
볼 때 다시 한 문이 있어 가장 중요하게 살펴야 하니 이른바 무심無心이
다. 왜 그런가 하면 마음이 있은즉 마음이 편안하지 못하고, 마음이
없은즉 저절로 즐겁기 때문이다. …… 조사나 종사로서 무심합도한
자는 선정이나 지혜의 구속을 받지 않게 되는 것이다. 왜 그런가 하면
선정을 배우는 자는 이치에 맞게 산란한 마음을 거두어 잡는 고로
인연을 잊는 힘이 있기 때문이며, 지혜를 배우는 자는 법을 가리어
공空을 보는 고로 방자함을 쫓아버릴 공력이 있기 때문이다. ……
이 무심합도도 또한 경절문으로 들어갈 수 있는 것이라, 그 간화看話나
하어下語의 방편은 오묘하고 비밀한 것이라 자세히 말할 수 없으니,
다만 지음知音을 만나기가 드물 뿐이다.[188]

---

188 『節要』, 『普照全書』, pp.122~123. "禪門又有修定慧外, 無心合道門, 略錄于此,
令學敎者, 知格外一門, 發正信爾, …… 先明定慧, 後現無心. 定是自心之體, 慧是
自心之用, 定卽慧, 故 體不離用 慧卽定, 故 用不離體, …… 今依祖敎, 更有一門,
最爲省要, 所謂無心, 何者若有心, 則不安 無心則自樂. …… 祖宗無心合道者,
不爲定慧所拘也. 何者定學者, 稱理攝散, 故有忘緣之力學者, 擇法觀空, 故有

『절요』에서 위와 같이 밝히고 있듯이 지눌이 말하는 무심합도문은 그야말로 최상의 수행단계인 것이다. 정혜定慧에도 얽매이지 않은 채, 무심의 상태에서 진리와 하나가 되는 자유로운 해탈의 경지, 그것이 바로 무심합도문이 말하고 있는 상태이다.

3) 지눌의 간화선관의 형성 요인과 이에 대한 평가

바로 앞서 설명하였듯이 지눌에게 있어 간화선은 그가 이전에 체험했던 여러 수행법을 훨씬 뛰어넘는 최상의 수행체계였다. 이 때문에 경절문에 덧붙여 무심합도문이라는 또 하나의 근사한 명칭을 부여하면서까지 그 가치를 드높이고 있다. 그런데 문제는 이러한 지눌의 입장으로 인해 수행체계로서의 간화선에 대한 진입장벽이 상당히 높아진 측면이 발생하게 되었다는 점이다.

필자는 그 이유를 다음과 같이 분석한다. 『대혜어록』을 접할 당시 지눌은 이미 두 번의 대오를 체험한 이후였으며, 더불어 수많은 경전 연구와 수행으로 이미 너무나 깊은 깨달음의 경지에 이르러 있었다. 그럼에도 불구하고 지눌이 추구했던 구도의 경지가 너무도 높았던 나머지 그의 가슴에는 여전히 어떤 물건이 걸리어 있는 듯해 마치 원수와 함께 있는 듯하다고 했고, 『대혜어록』을 통해 그 마음의 응어리가 풀어졌다고 했다. 길희성 교수는 이 당시 지눌의 병통을 '지적 알음알이의 병통知解病'이라고 분석하며, 지눌이 본인의 이 병통을 간화선을 통해 극복했다고 설명한다.[189]

遣蕩之功, …… 此 無心合道, 亦是徑截門得入也, 其看話下語, 方便妙密 不可具陳, 但罕遇知音耳."

이러한 견해는 지눌의 행적을 통해 쉽사리 그 근거를 찾을 수 있다. 『대혜어록』을 접하기 이전 체험했던 두 번의 대오각성이 모두 경전을 매개체로 한 깨달음이었으리만큼 지눌은 선사이면서 동시에 학자적 성향을 강하게 드러냈던 인물이었다는 점이 그 대표적 근거라 하겠다. 이 때문에 한국 현대 불교사를 대표하는 선사 중의 한 사람인 퇴옹은 그의 일생 동안 지속적으로 지눌에 대해 선사로서 가장 배격해야 할 알음알이를 추구하는 지해종사知解宗師라고 비판하였으며, 지눌의 돈오점수론을 이설이라고 폄하하였다.[190] 그러나 이러한 성철의 비판과는 대조적으로 오늘날 지눌의 그와 같은 행적이 오히려 선禪과 교敎의 회통을 추구했던 선구자적 업적으로 칭송받고 있기도 하다.

여기서 지눌에 대한 성철의 비판은[191] 현대 한국불교학계를 뜨겁게 달구었던 돈점논쟁을 수반하는 거대한 담론이며, 지금까지도 그 논쟁이 지속되고 있기에 본서에서는 지눌이 성철로부터 지해종사라고 극렬히 비판받았다는 점만을 상기시키는 데 의미를 두기로 하겠다. 따라서 여기서는 길희성 교수가 분석한 '지적 알음알이의 병통'의 치유에 대해 다시 한 번 생각해 보고자 한다.

---

189 길희성, 『지눌의 선사상』, p.96.

190 이러한 퇴옹성철의 사상은 그의 저서인 퇴옹, 『선문정로禪門正路』(장경각, 1987)에 잘 나타나 있다.

191 퇴옹성철의 저서와 생애를 주제로 한 박사논문을 시작으로 현재까지 지속적으로 성철과 지눌에 대한 연구를 해오고 있는 서명원 교수는 성철이 지눌의 견해를 비판한 점에 대해 사상적 측면, 정치사회학적 측면 등 다양한 관점에서 고찰한 논문을 발표한 바 있다(서명원, 「性徹스님 理解를 위한 考察-그분의 面貌를 어떻게 西洋에 소개할 것인가?」, 『불교학 연구』 제17집, 불교학연구회, 2007, pp.33~54 참조).

지눌의 비명에 나타난 대로 지눌의 '지적 알음알이의 병통'이 간화선
을 통해 치유된 것은 사실이지만, 필자는 이 부분에서 그 병통이 반드시
간화선을 통해서만 풀어질 수 있는 것이었던가 하는 의문을 제기하고자
한다. 환언하면 지눌의 가슴속에 내재되었던 응어리는 다른 수행법을
통해서도 풀어질 수 있었던 것은 아니었을까 하는 질문이 발생할 수
있다는 것이다. 이것에 대한 보다 효율적인 이해를 위해 물리학에서
사용되는 '임계점(critical point)'의 개념을 통해 설명하고자 하는데,
흔히 제시되는 물의 끓는 과정을 예로 들고자 한다.

우리가 어떤 용기에 든 물을 가열할 때, 그 온도가 올라가더라도
곧바로 수증기로 변하는 것이 아니며, 심지어 99도에 도달하더라도
마지막 1도의 부족으로 인해 물은 기체로 변하지 않는다. 그러나 약간의
추가적인 가열로 마침내 비점沸點인 100도, 즉 임계점에 도달할 때
물은 액체에서 기체로 변하게 되는데, 『대혜어록』을 접할 당시 지눌의
상태가 바로 임계점 직전에 도달해 있던 상태가 아니었을까 하는 것이
다. 비교하건대 마지막 1도를 증가시킨 열의 역할을 간화선이 했던
것일 수 있다.[192] 따라서 우리는 선사이면서도 학자적인 성향이 강했던
지눌에게 언어도단의 경지를 강조해 주는 그 어떤 선불교적 가르침이라
도 큰 각성을 줄 수도 있었을 것이라는 추측을 내릴 수도 있다.

---

192 임계점과 유사한 개념이면서 사회학이나 경영학 분야에서 최근 빈번하게 사용되
는 '티핑 포인트tipping point' 개념을 통해서도 지눌이 간화선을 통해 마지막
확철대오를 하게 된 상황을 설명할 수도 있다. 즉 작은 에너지의 축적이 서서히
지속되다가 어느 정도 한계에 도달하게 되면 극적인 변화가 연출되는 순간이
오며, 그 시점을 일컬어 티핑 포인트라고 하는데, 간화선 수행이 지눌에게 티핑
포인트에 도달하게 만든 역할을 했다는 것이다.

또한 만약 당시 지눌의 병통이 오직 간화선만으로 치유될 수 있었다는 전제를 두기로 하자. 비록 지눌에게 있어 마지막 대오를 증득하게 해 준 역할을 한 것이 간화선이기는 했으나. 이러한 이유로 인해 이전에 그가 도달한 원돈신해문 및 성적등지문의 위상 위에 간화경절문이 자리해서 앞선 두 수행문을 능가하는 동시에 두 문을 격하시키는 듯한 상황을 발생시킨다면 문제의 소지가 생길 수 있다.

이러한 분석은 결코 지눌의 안목을 폄하하거나 간화선의 위상을 격하시키기 위한 목적에서 비롯된 것이 아니다. 그것보다는 오히려 더욱 폭넓은 간화선의 발전을 위해 간화선의 의미를 더욱 정확하게 규명하는 것이 보다 중요한 일이라는 신념에서 시작된 것이다. 이뿐만 아니라 지눌이 아무리 고매하고 위대한 선사라 할지라도 그가 정립한 간화선관으로 인해 간화선의 진입장벽이 높아져 보다 많은 중생들이 간화선을 통해 증득의 과정을 얻는 데 방해가 된다면 그의 관점 가운데 잘못된 점을 어서 빨리 바로잡는 것이 더욱 지혜로운 판단일 것이다.

대혜가 활동하던 당시 선불교계는 문자선의 폐해로 말미암아 선이 대중으로부터 점점 멀어져 사대부 계층 속에 고립되어 가던 상태였다.[193] 그리고 이러한 상황이 대혜로 하여금 간화선을 집대성하게 만든 기폭제 역할을 한 요인들 중의 하나였다. 하지만 지눌은 이 간화선을 최상승근기最上乘根器에 해당하는 수행법으로 규정함으로써 오히려 대중이 접근하기 힘든 수행법으로 만드는 결과를 초래하고 있다. 이러한 판단은 지눌을 대표하는 또 하나의 사상체계인 '정혜쌍수定慧雙修'의

193 Robert E. Buswell, "Short-cut Approach of K'an-hua Meditation," p.344.

이론과 접목하여 생각해 보면 더욱 여실히 드러난다.

정혜쌍수의 이론체계를 정립함에 있어 지눌은 정혜를 돈문의 정혜인 '자성문정혜自性門定慧'와 점문의 정혜인 '수상문정혜隨相門定慧' 두 가지로 구분한다. 이러한 그의 견해는 그의 저서, 『수심결修心訣』속에 잘 표현되어 있다.

> 깨달은 후에 닦는 문 가운데 선정과 지혜를 고루 가진다는 뜻에는 두 가지가 있다. 첫째는 자성의 선정과 지혜(자성정혜)요, 둘째는 상을 따르는 지혜(수상정혜)다. …… 만일 그 두 문에 나아가 각각 수행한 바를 판단한다면, 자성정혜를 닦는 이는 단박 깨치는 문에서 공로가 없는 공로를 사용하며, 두 가지의 고요함을 함께 운용하여 스스로 자성을 닦아 스스로 불도를 이루는 사람이다. 수상문정혜를 닦는 이는 깨치기 전의 점차적인 문에서 하등근기가 다스리는 공로를 사용하여 마음 마음에 의혹을 끊고 고요함을 취해 수행하는 사람이다.[194]

윗글에 나타난 지눌의 주장에서 알 수 있듯이, 근기가 수승한 사람은 돈오한 후에 겪게 되는 점수의 과정에서 애써 노력하지 않고도 자신의 본성이 추구하는 대로 따르는 자성문정혜의 과정을 통해 해탈의 길로

---

194 『수심결修心訣』, 『普照全書』, pp.40~41. "悟後修門中 定慧等持之義 有二種. 一自性定慧 二隨相定慧. …… 若就兩門 各判所行 則修自性定慧者 此是頓門 用無功之功 立運雙寂 自修自性 自成佛道者也. 修隨相門定慧者 此是未悟前漸門 劣機 用對治之功 心心斷或 取靜爲行者."

124

들어가게 된다. 이에 반해 열등한 근기의 소유자는 힘써 수고하며 수상문정혜의 과정을 거친다.

지눌에게 있어 점수의 구체적인 내용이 바로 선정과 지혜를 함께 닦는 정혜쌍수였다. 범부凡夫들이 보기에는 자성문정혜를 통하는 사람만도 너무 우월하게 여겨진다. 하지만 지눌은 이 자성문정혜를 필요로 하는 수승한 근기의 소유자보다 훨씬 더 뛰어난 근기를 가진 이들이 행하는 수행의 단계에 경절문을 두고 있다. 세상 모든 사람들 가운데 일부만이 돈오를 체험할 것이며, 이 가운데 일부만이 자성정혜의 과정을 겪게 될 것이다. 그렇다면 경절문을 필요로 하는 이들은 과연 얼마나 극소수의 사람들일 것이며, 실제로 그런 사람들이 이 세상에 몇이나 될 것인가 하는 의구심이 생기게 된다.

오늘날 한국불교의 선禪 수행체계는 간화선으로 대표된다고 할 수 있다. 지눌의 주장대로라면 화두 참구를 통한 수행, 즉 경절문이 필요한 사람은 상근기 중에서도 최상승근기에 해당하는 사람들이다. 그런데 전술한 바와 같이 2천 년대 이후 조계종에서는 간화선의 위상과 그 가치를 대중적·세계적으로 선양하고 확산시키기 위해 다양한 시도를 추진해 오고 있다. 이 부분에서 지눌과 조계종의 입장이 상호 모순되는 현상이 발생하게 된다. 그 이유는 최상승근기에 적합한 수행법을 대중화·세계화해야 하는 상황이 나타나기 때문이다.

결국 여기서 필자가 강조하고자 하는 바는 '선禪의 대중화'적 관점에서 간화선의 체계를 재정립하고 그 '지평'을 확장시키자는 것이다. 간화선은 근기에 상관없이 누구나 증득에 도달할 수 있게 하는 그런 대중적인 수행체계이다. 이것은 대혜가 간화선을 창안할 당시의 창안

이념 속에도 중요하게 포함되어 있었다. 따라서 이러한 맥락에서 필자
는 지눌의 간화선관에 내재한 문제점을 지적하고자 하는 것이다.

4) 선의 대중화를 위한 지눌의 노력에 대한 다양한 해석

지눌의 간화선관에 대한 필자의 위와 같은 지적에 대해 지눌의 입장을
옹호하는 견해가 충분히 제기될 수 있다. 본장의 도입 부분에서도
언급된 바 있듯이 지눌이 모든 선수행을 대중이 범접하기 힘든 것으로
규정하지는 않았으며, 삼문 수행체계를 구축하여 수행자의 근기에
따른 세심한 배려를 했었다는 견해가 그 중 하나이다. 이와 함께 그가
추진했던 정혜결사 또한 불교의 쇄신과 부흥을 도모함에 있어서도
다양한 계층의 사람들을 포용하며 대중과 함께 하는 면모를 보여주었던
좋은 사례로 보아야 한다는 것이 또 다른 견해이다. 필자 또한 다양한
계층의 대중을 포용하며 당시 사회에 불법佛法이 보다 온전히 실현되게
하기 위해 쏟은 지눌의 노력은 충분히 찬사를 받을 만하다고 생각한다.

그럼에도 불구하고 논의의 초점을 선수행 전체가 아닌, 간화선 수행
만으로 모아볼 필요가 있는데, 그 이유는 조계종의 핵심 현안이 선수행
전체가 아닌, 간화선의 대중화·세계화에 있기 때문이다. 이와 같이
관점을 간화선에만 둘 경우 지눌의 입장은 여전히 대중적인 것과는
다소 거리가 멀어지게 된다. 그러나 이 부분에 대해서도 간화선 수행이
최상승근기에 적합한 수행법임을 강조했던 지눌의 의도 이면에 내재해
있는 교육적인 목적을 이해할 필요가 있다는 해석이 제기될 수 있다.[195]

---

195 이것은 필자의 박사논문 심사 시 윤원철 교수가 제시했던 의견이다.

126

즉 지눌이 최상승근기를 강조한 이유가 간화선을 일반 수행자들이
근접하기 힘든 수행법이라고 규정하기 위한 것이 아니라, 누구나가
간화선을 통해 증득에 도달할 수 있음을 강조하며 더욱 정진에 힘쓸
것을 독려하기 위함이었다는 것이다.

　　대가들의 가르침은 지극히 함축적이고 다면적이어서 다양한 해석과
　　논의를 촉발시키고, 그 넓고 깊은 세계에 대한 이해를 도모하기 위해서
　　무진한 노력을 기울이며 정진케 하는 힘이 있습니다. …… 아무튼
　　자유로운 인용과 해석이라는 선사들의 방식에다가 근대 세속 학문의
　　잣대를 들이대는 게 능사는 아니라는 취지입니다. 그보다는 법문의
　　취지와 의도의 맥락 속에서 왜 그리 하였는지, 그 의미는 무엇인지를
　　가늠하는 것이 중요하다고 생각합니다.[196]

　　위에서 제시된 견해는 성철의 돈오돈수頓悟頓修와 오매일여寤寐一如
교의에 대해 학자들이 저마다 다양한 견해를 표명한 것에 대한 윤원철
교수의 입장이다. 그리고 이것은 지눌의 간화선관에 대한 필자의 해석
에 대해서도 역시 동일하게 적용될 수 있는 것이다. 이와 같은 해석
또한 상당한 의미를 지니는 것이라고 필자는 판단한다. "방편 없음을
방편으로" 삼는 선사들의 "자유로운 즉흥성"을 감안한다면,[197] 지눌이
구축한 근기별 수행체계의 문자적 의미에 지나치게 구속될 필요는

---

196 윤원철, 「성철스님의 돈오돈수와 오매일여」, 『돈오돈수와 퇴옹성철의 수증론』,
　　성철스님 탄신 100주년 기념 제6차 학술포럼 자료집, 2012, pp.55~71.
197 위의 논문, p.71.

없을 수도 있다. 그렇지만 이 부분에서 지눌과 성철이 추구했던 지향점과 그들의 시대적 맥락을 고려하여 판단할 필요성이 있다.

성철이 속해 있던 현대 한국불교계에서 교학은 선승들보다는 오히려 전문적 불교학자들의 영역에 있는 것이다. 여러 학승들이 불교학자로서 다양한 교육기관에서 활약하고 있지만, 그들은 이미 선승이기보다는 학승의 길을 자처한 사람들이다. 그러나 지눌이 속해 있던 고려시대 불교계의 상황은 오늘날과는 상당한 차이가 나는 것이었다. 국가의 비호를 받으며 수많은 승려들이 학승으로서나 선승으로서 활약하며 각자가 속한 영역에서 최고의 수준을 지향하고 있던 시대였다. 그러한 시대에 지눌은 교와 선을 한데 아우르는 시도를 했던 인물로서 당대 최고의 학승이자 선승이라고 불리기에 부족함이 없는 인물이었다.

그렇다면 당대 최고의 교학자라고도 볼 수 있던 지눌이 저술한 서적이 자유롭게 즉흥적으로 기술된 내용만으로 점철되어 있다고 볼 수는 없는 것이다. 그의 저서에는 철저한 교의적 체계를 바탕으로 중국의 화엄사상이나 선불교 교리를 포괄하는 방대한 내용이 담겨 있다. 그의 대표작 가운데 하나인 『절요』만 보더라도 그 자체가 화엄종의 제5조인 규봉종밀의 『법집별행록法集別行錄』의 강요綱要들을 발췌하여 자신의 해설을 덧붙인 것이다. 이렇듯 교와 선, 양 측면 모두에서 수승한 경지에 올랐던 지눌을 평가함에 있어 선사로서의 자유로운 즉흥성과 무방편의 방편 등의 시각에서 평가할 수도 있겠으나, 다른 한편으로 철저한 교학적 관점에서 치밀한 논리적 기준으로 평가하는 것도 가능하다고 판단할 수 있다.

4. 소결

고타마 붓다는 그의 생애 당시 승가공동체를 구성해 카스트제도에서 비롯된 계급의 구분 없이 제자를 받아들였다. 이러한 그의 행위는 당시 사회에서는 가히 혁명적인 것이었으며, 인간을 차별 없이 대한다는 그의 사상은 오늘날까지 불가에 면면히 계승되어 오고 있다. 비록 불교 전통 속에 근기에 따른 인간의 구별이 존재하는 것은 사실이지만, 어느 한 수행법을 두고 최상승근기에 적합한 것이라는 장벽을 미리 만들어 둔다는 것은 다소 지나친 발상이 아니었을까 하는 생각이 든다. 한국의 전체 불교역사에서 지눌이 행한 위업은 높이 칭송받아야 함이 분명하지만, 간화선의 체계를 정립함에 있어서 그의 견해는 재고될 필요가 있다.

물론 지눌이 『대혜어록』을 접할 당시의 상황과 그의 심정을 고려한다면 수행법으로서 간화선의 반열을 그처럼 높이 두고자 했던 의도를 전혀 이해하지 못하는 바는 아니다. 하지만 오늘날 한국불교계가 도모하고 있는 간화선의 대중화와 이를 통한 한국불교의 발전을 이룩하기 위해서는 참다운 간화선관을 재정립하는 것이 무엇보다 중요할 것이다. 따라서 간화선 수행을 통해 대혜가 강조하고자 했던 '선의 대중화' 정신이 부각될 필요가 있다.

그렇다고 필자가 본서를 통해 "간화선 수행은 마냥 단순해서 이 수행법을 통해서라면 누구든지 용이하게 증득을 체험할 수 있다"고 주장하고자 하는 것은 아니다. 간화선은 그것이 한국불교계에서 차지하고 있는 위상에 걸맞은 뛰어난 수행법임에 틀림없으며, 그 체계가 외적으로 보기에 단순한 듯 보일 수는 있지만, 결코 녹록지 않은 수행체계인 것이 사실이다.[198] 오히려 간화선 수행을 너무 쉽게만 판단하고 덤벼들다가 병폐를 겪는 수행자가 왕왕 발생하기도 한다. 이런 소식을 접할 때면 오히려 간화선은 최상승근기에게 적합한 수행법이라는 지눌의 평가가 옳지 않았나 하는 생각도 하게 된다.

하지만 비록 그런 병폐가 발생한다고 하더라도 간화선이 최상승근기에게나 적합한 수행법이라고 규정하며 높은 진입장벽을 만드는 듯한 입장은 여러 문제의 소지를 발생시킬 수 있다. 선禪은 이미 그 자체가 "특별한 교양을 요구"하기에 대중과 상당한 간격이 생길 가능성을 다분히 가지고 있으며, "엘리트 문화의 정화"로도 손색이 없다.[199] 그러나 본장을 통해 고찰한 대혜의 간화선 수행체계의 수립 의도는 이와는 거리가 있는 것이었다. 따라서 선의 특성과 그 가운데 한 유형인 간화선

---

198 서양인으로서 젊은 시절에 한국의 대표적 사찰 가운데 하나인 송광사에서 5년간 승가 생활을 했던 Robert E. Buswell 교수는 *The Zen Monastic Experience: Buddhist Practice in Contemporary Korea*라는 저서를 통해 그의 체험에 입각하여 한국 사찰 내의 조직과 생활상, 그리고 수행 등에 대해 여타 아시아 불교국가들과의 비교적 관점에서 상세히 기록하고 있다. 이 책에서 그는 한국 선승들은 간화선을 통해 실질적인 수행의 진전을 경험하기까지 20년 이상이 소요될 것을 인정하고 있다고 밝히고 있다. 이러한 사실을 바탕으로 그는 한국에서 선수행이 돈오설을 이론적 근간으로 하게 된 점에 의문을 가질 필요가 있다는 의견을 제시하고 있다(Robert E. Buswell, Jr. The Zen Monastic Experience: Buddhist Practice in Contemporary Korea, Princeton: Princeton University Press, 1992, pp.219~220: 로버트 버스웰, 『파란 눈 스님의 한국 선 수행기』, 김종명 옮김, 예문서원, 1999, pp.280~281).

199 윤원철·강은애, 앞의 논문, p.74.

수행체계가 정립된 의도, 이 두 가지의 복합적인 맥락을 종합해 보면, 누구에게나 열려 있지만 조심스럽게 접근해야 하는 그런 오묘한 수행법이 바로 간화선임을 이해하는 것이 중요하리라는 판단에 도달하게 된다.

필자의 본 연구를 계기로 향후 한국불교계에서 간화선 수행 과정을 통해 증득을 체험하기보다 오히려 그것이 독이 되어 상당한 정신적 방황을 하는 수행자들이 발생하게 되는 사례와 그것에 대한 개선방안, 그리고 도태된 자들을 위한 치료방안에 대한 연구를 진행하는 것도 상당히 의미 있는 작업이 될 것으로 생각한다. 또한 이 점에 있어서는 지눌의 견해로부터 뭔가 의미 있는 가르침을 얻을 수도 있다는 생각도 해보게 된다.

제4장 한국 간화선 수행법의 변천사

1. 도입

불교가 인도에서부터 중국으로 전래된 후,[200] 중국의 사상적 토양 속에서 소위 '중국화(Sinification)'의 과정을 거치며 '중국불교'로 변화되는 과정을 겪었다.[201] 그렇다면 간화선이 한반도에 전래된 후, 어떤 변화의

---

200 중국 문화사에서 인도로부터 불교가 전래된 사건에 대한 의미를 평가함에 있어 최진석 교수는 다음과 같이 말한다. "필자가 보기에 이토록 유구한 중국 문화사에, 중국 문화의 '정통'을 단절시킬 수 있는 전대미문의 큰 사건이 둘 있었는데, 그 하나가 漢末 불교의 전입이요, 다른 하나는 아편전쟁(1840)을 계기로 한 서양 문화의 공격적 도전이다." 최진석, 「풍우란馮友蘭이 시도한 유학의 현대화: 전통과 현대 사이에서의 모색 」, 『中國學論叢』第10輯(고려대학교 중국학연구소, 1997), p.182.
201 심재룡 교수는 그가 편저한, 『중국불교철학사』(철학과 현실사, 1998)에서 인도에서 탄생한 불교가 중국으로 전파되면서 중국화의 과정을 거치며 다양한 형태의 중국불교로 새롭게 거듭나게 된 과정과 그 내용을 상세히 기술하고 있다.

과정을 겪었다고 할 수 있을까? 한국적 사상의 토양에서 '한국화 (Koreanization)'의 과정을 거치며 '한국 간화선'으로 변화되었다고 할 수 있을까? 아니면 대혜가 처음 간화선을 집대성할 당시 간화선 수행체 계의 원형 그대로를 보존해 가고 있는 것일까? 그것도 아니라면 창안자 인 대혜가 전파한 간화선 수행법 이외의 또 다른 수행체계를 따르고 있는 것일까? 이러한 질문에 덧붙여 한국 간화선만의 수행법적 특징이 라고 지칭할 수 있는 고유한 것은 무엇이 있을까?

이 같은 한국 간화선의 수행법적 정체성과 관련한 질문들에 대해 조계종으로 대표되는 한국불교계는 어떤 입장을 표명한다고 볼 수 있을까? 물론 이와 관련한 사항들은 조계종에서 공식적으로 출간한 간화선 관련 지침서[202]나 수행 입문서[203] 등을 통해서도 파악될 수 있는 부분이다.[204] 그러나 이러한 서적들을 통해 조계종의 입장을 면밀히

---

202 대한불교조계종에서는 지난 2005년 조계종교육원 불학연구소와 전국선원수좌 회 주관으로『간화선, 조계종 수행의 길』(조계종출판사, 2005)을 편찬한 바 있다. 이 책은 종단 차원에서 간화선 수행에 대한 이론적 체계를 정립한 내용을 담은 조계종 최초의 간화선 수행지침서였다는 데 그 의의가 있다. 이후 조계종에서는 2008년 이 책의 내용을 보완하여 개정판을 발간하였다(조계종 교육원 불학연구소· 전국선원수좌회 편,『간화선, 조계종 수행의 길(개정판)』(조계종출판사, 2008)). 개정판 에서는 구판에 없었던 간화선 수행과 관련한 한국 조사들의 어록을 추가하여 한국 간화선이 정통적인 법통을 올곧게 이어나가고 있음을 드러내고자 했으며, 이를 통해 한국 간화선 세계화 작업에 기여하고자 했다는 개정판 발간 계기를 볼 수 있다.
203 대한불교조계종 포교원 포교연구실,『간화선 입문』(조계종출판사, 2006).
204 김종명 교수는 조계종 종정, 총무원장, 전국선원수좌회장을 비롯한 주요 인사들이 『간화선, 조계종 수행의 길(개정판)』의 발간에 직접적으로 관여하고 있기에 이

검토하고 또한 다양한 경로를 통해 종단 내부의 선원에서 행해지는
간화선 수행 현황을 파악하고 난 이후에도 필자는 한국 간화선 수행법의
정체성 측면에서 종단의 입장에 대한 한 가지 문제점을 발견할 수
있었다. 그 핵심은 바로 '수행법의 변화에 대한 적극적인 수용과 유연한
대처'의 부족으로 요약할 수 있겠는데, 이 부분이 본장에서 거론하고자
하는 핵심적인 문제의식이다.

　본장에서 본격적으로 심도 있게 다룰, 수행법 차원에서 한국 간화선
의 정체성에 대한 부분을 고찰하기 위하여 필자가 핵심적으로 선택한
방법론은 바로 간화선 수행법의 역사적 변화의 과정에 천착하는 것이
다. 이것은 아주 단순하면서도 중요한 접근법인데, 다만 통시적 차원에
서 여러 문헌을 검토해야 하는 방대한 연구가 필요하다는 부담이 따르기
는 한다. 하지만 이 방법은 한국 간화선 수행법의 변천 과정을 역력하게
검토할 수 있게 해줄 뿐만 아니라, 만약 오늘날에도 수행법의 변화가
일어나고 있고 또한 앞으로도 수행법의 변화가 필요하다면 이 점에
대해 어떤 자세를 취해야 하는지에 대해서도 올바른 판단을 할 수
있게도 해줄 것이다.

　한국 간화선 수행법의 역사적 변화의 과정을 살펴봄에 있어서 필자는
지눌 이래로 한국 간화선 수행법의 역사적 변화가 가장 크게 발생한
시기를 네 부분으로 나누었다. 해당 부분에서 상세히 언급되겠지만,
이 네 시기를 거치면서 한국 간화선은 그 수행법적 측면에서 상당한

　　책을 간화선에 대한 조계종의 공식 입장이라고 볼 수 있다고 말하고 있으며,
　　필자 또한 이에 동의한다. 김종명, 「현대 한국의 간화선: 이슈와 분석」, 『불교연
　　구』, 제33집(2010), p.230 각주 4번 참조.

134

변화의 양상을 나타내게 된다. 이러한 역사적 연구를 통해 조계종이 앞으로 한국 간화선의 정체성 확립 및 수행법의 변천과 관련하여 어떤 자세를 가져야 하는지에 대해 방향을 설정하는 것이 필자가 본서를 통해 의도하고 있는 주요한 목적 가운데 하나이다.

'한국 간화선의 정체성'이라는 연구 주제와 관련하여 이미 지난 2004년 11월 27일 보조사상연구원에서 "간화선 수용과 한국 간화선의 정체성"이라는 주제로 학술발표대회를 가진 바 있다.[205] 하지만 그 후 현재에 이르기까지 7년이 넘는 시간이 흐르는 동안 조계종단과 불교학계 모두 나름대로의 노력을 기울였겠지만, 아직도 한국 간화선의 정체성에 대한 입장이 뚜렷하게 확립되지 않았다고 필자는 판단한다. 따라서 이에 대해 다시 한 번 깊이 고민하며 새로운 시대에 걸맞은 개방적이면서 포용성 있는 한국 간화선의 정체성을 정립하자는 것이 본서의 취지이다.

2. 한국 간화선의 수행법적 정체성 확립

1) 간화선의 정의

한국 간화선이 대혜가 최초로 간화선을 집대성할 당시의 원형으로부터 어떠한 변화의 과정을 거쳤는지, 아니면 원형 그대로를 보존해 오고

---

205 당시 발표된 논문은 이법산, 「看話禪 수용과 한국 看話禪의 특징」; 인경, 「간화선과 頓漸문제」; 정성본, 「眞覺국사 慧諶의 간화선 연구」; 조명제, 「고려말 원대 간화선 수용과 그 사상적 영향」; 김방룡, 「여말 三師의 간화선 사상과 그 성격」이었으며, 모두 『보조사상』 제23집(보조사상연구원, 2005)에 게재되어 있다.

있는지를 확인하기 위해서 우선 간화선이란 어떤 수행법이며, 대혜가 간화선을 제창提唱할 당시의 원형이 어떤 특색을 지니고 있었는지를 되짚어볼 필요가 있다. 그러나 전술한 내용을 통해 소개되었던 다양한 연구논문들이나 저서 등에서 이 부분에 대해 이미 자세히 소개되어 있는 관계로 여기서는 본장의 논지 전개에 필요한 정도로만 간략하게 다루고자 한다.

우선 간화선의 문자적 의미가 내포하는 바에서 출발한다면, "화"는 화두話頭를 의미하므로[206] "화두를 보는 선수행법"이라고 간단히 정리해 볼 수 있다. 그러나 여기서 본다는 의미는 우리가 일상생활 가운데 사물을 단순히 바라본다고 할 때의 본다는 것을 의미하는 정도가 아니라, 이른바 오매일여寤寐一如의 경지에 이를 정도로 한결같은 상태로 화두를 보아야 함을 의미한다. 따라서 수행자들은 "화두를 든다"거나 "화두를 잡는다" 또는 "화두를 참구參究한다"는 등의 표현을 주로 사용한다.[207] 그런데 이 화두의 특징이 결코 평범하지가 않다. 간화선의 창안자,

---

206 여기서 두頭는 의미가 없는 단순한 조사일 뿐임. 이철교, 일지, 신규탁 편찬, 『선학사전』, 월운 감수(불지사, 1995), p.742: "화두話頭는 화화話와 같고, 두頭는 접미어" 大慧宗杲, 『大慧普覺禪師語錄(제6권)』, 김태완 역(소명출판, 2011), p.186.

207 국내 최초로 『大慧普覺禪師語錄』 30권 전체를 완역하여 2011년 3월에 6권의 번역본으로 출간한 김태완(무심선원 원장)은 번역본 제6권에 수록한 그의 논문에서 한국불교계에서 흔히 사용하는 "화두를 든다"거나 "화두를 잡는다"는 표현은 잘못된 것임을 지적한다. 그에 따르면 "든다" 또는 "잡는다"는 표현은 원전의 "거擧" 또는 "제시提撕"를 번역한 말인데, 이것이 정확한 번역이 아니라는 것이다. 화두에 관한 내용이 담긴 『대혜어록』이나 송대宋代의 선어록 등은 주로 백화문白話文으로 쓰여졌는데, 백화문에서 "거"나 "제시"는 "말하다" 혹은 "일깨우다"는

대혜가 가장 빈번하게 사용하였다고 하는 조주종심(趙州從諗, 778~
897)의 '무無'자 화두만 봐도 그 독특함이 쉽게 드러난다.

한 승려가 조주선사에게 묻기를 "개에게도 불성이 있습니까? 없습니
까?" 하니, 조주선사가 대답하기를 "없다"고 했다.[208]

이 대화에서 조주선사의 대답은 대승불교사상의 가장 핵심적인 가르
침이자 『대반열반경大般涅槃經』내에서 반복적으로 강조되고 있는 경
구 중 하나인, "모든 삼라만상에는 불성이 내재하고 있다"는 "일체중생一
切衆生, 실유불성悉有佛性"의 입장에 위배되는 것이다. 따라서 수행자는
조주선사의 이 "무"라는 대답을 통해 상당한 충격과 혼란스러움에
휩싸이게 되며, 자연스럽게 이것에 대한 의구심을 갖게 된다. 이때
발현된 의심을 간화선 수행에서는 '의정疑情'[209]이라고 부른다. 결국

뜻이라는 것이 김태완의 주장이다. 이와 함께 비록 간화선의 창시자 대혜가
"화두를 거한다", "화두를 제시한다", 또는 "화두를 참參한다"라는 표현도 사용했
지만, 그가 가장 즐겨 썼던 표현은 "간看", 즉 "본다"는 것이었는데, 한국에서는
"화두를 본다"는 표현은 잘 사용하지 않고, "화두를 든다"는 표현을 주로 사용하는
현상에 대해서도 김태완은 의문을 제기하고 있다. 김태완, 「간화看話 용어의
번역에 관하여」, 大慧宗杲, 김태완 역, 위의 책, pp.178~268 참조.

208 『無門關』(大正藏 권48, p.292하) "趙州和尙因僧問, 狗子還有佛性也無. 州云無."
209 이상호는 그의 논문에서 이 의정을 그 특성에 따라 "주체적 의정"과 "의도적
의정"으로 구분하여 주체적 의정은 "번뇌성"을, 의도적 의정은 "청정성"을 가진다
는 분석을 시도하였다. 또한 이러한 의정의 구분을 바탕으로 보조지눌 선사의
깨달음의 과정에서 나타났던 의정의 성격에 대해서도 분석하였다(이상호, 「의도
적 의정과 주체적 의정의 구분으로 살펴본 지눌의 깨달음 과정 검토」, 『불교학 연구』

이 의정을 키우는 것이 화두 참구의 일차적인 목적이다.[210]

　바로 위에서 인용된 선사들의 문답을 '공안公案'[211]이라고 부르는데, 일반적인 인간의 인식작용 하에서는 화두를 통해 위와 같은 의정이 생길 때, 공안의 내용 전체를 되짚어보게 된다. 그러나 대혜는 뜻밖에도 이러한 공안 전체를 의심하는 행위를 엄금하고 있다.

　　옛사람의 공안 위에서 의심을 일으키거나, 일상에 작용하는 번뇌 가운데 의심을 일으키면 모두 다 사악한 마귀의 무리입니다.[212]

　즉 간화선의 창안자는 공안의 언구를 바탕으로 한 의정의 발현을 지양하고, 오직 화두에만 근거해 발생하는 의정을 추구할 것을 강조한다. 이러한 과정이 인간의 보편적인 논리적 인식작용이 차단되는 기능을 함으로써 오직 화두에만 의지하여 정신을 집중시킬 수 있게 만든다. 이러한 이유로 『대혜보각선사어록大慧普覺禪師語錄』에는 논리적 인식작용, 즉 "사량분별思量分別"을 금기시하는 표현을 숱하게 접할 수 있는

제25호, 불교학 연구회, 2010, pp.81~133).

210 Robert E. Buswell, Jr., "Short-cut Approach of K'an-hua Meditation," p.351.

211 공안은 원래 "국가의 법령을 뜻하는 공부公府의 안독案牘" 즉 "준수해야 할 절대적 규범"을 의미한다. 이것이 선문에서는 "불조佛祖가 개시한 불법의 도리"를 의미하는 용어로 사용되게 되었다. "공안의 형성은 중국 당대唐代의 선문답에서 시작, 송대宋代에 이르러 성행"하였으며, "1,700 공안이라는 용어는 『전등록傳燈錄』에 수록된 선승 1,701명의 언행에서 유래"하였다. "화두話頭, 고칙古則"이라고도 불린다. 이철교, 일지, 신규탁 편찬, 『선학사전』, pp.47~48.

212 『大慧普覺禪師語錄』, 「答呂舍人(居仁)」(大正藏 권47, p.930상). "古人公案上起疑, 日用塵勞中起疑, 皆是邪魔眷屬."

것이다. 이때 수행자가 이 "무"와 같은 화두에 일념으로 집중하게 되면 '자기성찰적 초점'을 얻게 되는데, 이것이 결국 수행자로 하여금 자기 마음속의 깨달음의 원천으로 향하게 만든다. 이러한 과정을 선가의 용어로 '회광반조廻光返照'라고 한다. 일단 수행자가 이 회광반조를 통해 마음속의 원천을 회복하게 되면, 조주선사가 마음에서 마음으로 전하고자 한 가르침의 의미를 알게 되며, 나아가 깨달음의 상태를 완성하게 된다.[213]

2) 한국 간화선의 수행법적 정체성 확립의 필요성과 수용 과정

(1) 한국 간화선의 수행법적 정체성 확립의 시대적 필요성

오늘날 '한국 간화선'이라는 용어는 이미 한국 불교학계에서 널리 통용되고 있는 표현이다. 한국 간화선이라는 표현을 보편적으로 사용하고 있는 상황 이면에는 한국에서 행해지는 간화선이므로 한국 간화선이라고 칭하는 것은 당연한 것 아닌가 하는 단순한 논리가 있을 수도 있고, 한국만의 고유한 특성이 가미된 독창적인 간화선 수행법이 존재한다는 믿음과 이것을 뒷받침하기 위한 또 다른 논리가 자리한다고도 볼 수 있다. 그렇다면 이유가 어떠하든 이미 통용되고 있는 용어를 당연하게 받아들이면 되지 그것의 존재 근거를 다시 거론할 필요가 있을까? 이러한 의문에 대해 필자는 현 시점이야말로 한국 간화선의 역사에서 이러한 근본적인 질문부터 다시 해들어 가야 하는 중요한 시기가 아닌가 하는 대답을 해주고 싶다.

---

213 Buswell, "Short-cut Approach of K'an-hua Meditation," p.347.

간화선 대중화·세계화를 위한 종단 차원의 집중적인 노력과 재정투입이 이루어지고 있는 상황, 세계인들 사이에서 한국의 국가적 위상이 높아져 한국의 전통문화에 대한 관심이 더욱 높아지고 있는 시점, 현 조계종 종정인 진제 선사 또한 거듭해서 간화선의 진작을 위해 노력할 것이라는 의지를 피력하는 점[214] 등 여러 가지 정황을 고려해 보았을 때, 지금이야말로 한국 간화선을 그 기초부터 다시 한 번 새롭게 점검하고 보완해야 할 때라고 생각한다.

본장의 도입 부분 첫머리에서 필자는 다음과 같은 질문을 제기했었다. 간화선이 한반도에 전래된 이래로 한국의 사상적 토대 위에서 한국화의 과정을 통해 고유한 한국적 특징을 가진 한국 간화선으로 변화된 것인가? 아니면 대혜가 간화선을 집대성할 당시의 그 모습 그대로를 보존해 오고 있는가? 그것도 아니라면 대혜의 간화선 수행법 이외의 또 다른 수행체계를 따르고 있는 것일까? 이러한 의문들에 대해 제대로 된 해답을 내놓기 위해서는 지눌에 의해 한반도에 대혜의 간화선 수행법이 최초로 수용된 이후 한국 토양에 뿌리를 내리고 확산되

---

214 진제 대종사는 2011년 12월 14일 조계종 원로회의에서 조계종 제13대 종정에 추대되었으며, 그가 종정에 추대된 이후 원로회의 사무처장 덕문스님을 통해 전달된 수락의 말은 다음과 같다. "산승은 앞으로 우리 종단의 화합과 수행을 위해 원로스님들의 고견을 받아들일 것이다. 동양정신문화의 정수이자 조계종 본체인 간화선을 널리 진작하는 데 매진하겠다." 진제선사는 특히 미국 유니온 신학교의 저명한 신학자 폴 니터Paul Knitter 교수와 2011년 서로 대구 동화사와 뉴욕을 오가며 두 차례에 걸쳐 종교간 평화대화를 여는 등 간화선 대중화·세계화에 앞장서 온 선사이다. 조동섭, "조계종 제13대 종정 진제 대종사 추대"〈현대불교〉 제867호(2011년 12월 21일자) 제1면 참조.

는 과정을 살펴볼 필요가 있다. 왜냐하면 대혜 이후에도 중국에는 임제종 법맥을 통해 여러 명의 저명한 간화선사들이 출현하였으며, 이들의 수행법은 대혜의 그것을 계승하면서도 동시에 저마다의 수행 과정 중에 터득한 새로운 강조점을 부각시키고 있는데, 이들의 수행법 이 고려로 유입됨에 따라 대혜가 최초로 설립한 수행체계와는 다소 차이가 나는 형태로 변화의 과정을 겪게 되었기 때문이다.

　본서에서는 대혜를 포함하여 그 이후 출현한 저명한 간화선사들 가운데 국내에 가장 큰 영향을 미친 것으로 알려진 몽산덕이(夢山德異, 1231?~1308?)[215]와 고봉원묘(高峰原妙, 1238~1295)가 강조한 간화선 수행법의 특성과 그 전래의 결과에 대해 고찰해 볼 것이다. 이들 선사들 개인의 사상과 수행법에 대한 연구나 각 선사들의 사상이나 수행법 간의 비교 연구가 이미 국내 여러 불교학자들에 의해 상당 부분 이루어 져 있다. 그렇다면 이들 선행연구와 비교해 필자의 연구가 가지는 차별성은 무엇인가? 그간의 연구가 각 선사들 개인의 사상이나 수행법 에 대해 집중하는 경향이 강했다면, 본장에서는 그 선사들의 사상과

---

215 몽산의 생물연대에 대해서는 학자들마다 약간씩 다른 의견을 제시하는데, 몇 가지 예를 소개하면 다음과 같다. ① 남권희: 출생년도는 1233년, 입적한 년도는 1310년 이전쯤으로 보고 있음. 南權熙, 「蒙山 德異와 高麗 人物들과의 交流—筆寫 本『諸經撮要』의 수록내용을 중심으로」(圖書館學論輯 제21집, 韓國圖書館情報學 會, 1994), p.373 ② 인경: 출생년도는 1231년, 입적한 년도는 1308년경으로 보고 있음. 인경, 『몽산덕이와 고려후기 간화선사상 연구』(명상상담연구원, 2009), p.74 ③ 허홍식: 출생년도는 1231년 또는 같은 시기쯤으로, 입적한 년도는 확실하 지 않으나 1297년까지는 생존했음에 틀림없다고 함. 허홍식, 『고려에 남긴 휴휴암 의 불빛 몽산덕이』(창비, 2008), p.23.

수행법에 내재한 차이점으로 인해 한국 간화선이 어떤 형태를 지니며 변화되어 왔는가 하는 것에 방점을 두었다. 또한 그런 변화의 과정이 오늘날까지 지속되고 있는 수행현장의 구체적 사례를 집중적으로 조명함으로써 간화선의 정체성 확립 차원에서 조계종이 어떤 간화선관看話 禪觀을 정립해야 하는가에 대해 깊이 고민하는 계기를 만들고자 하였다.

(2) 간화선의 한반도 수용에 있어서의 주요 시기 구분

남송南宋대에 대혜에 의해 창안된 간화선 수행법이 이후 임제종 법맥에서 출현한 또 다른 저명한 간화선사들에 의해 계승되었다. 한반도에는 고려 중기 지눌에 의해 간화선이 전래된 후 고려 말, 조선 초에 이르기까지 여러 간화선사들에 의해 정착과 확산의 과정을 거치며 한국 간화선으로서의 형태를 조성해 나가게 되었는데, 필자는 다음의 네 시기가 아주 중요한 의미를 지닌다고 생각한다.[216]

---

216 고려 중기부터 말기에 이르기까지 간화선이 전래, 정착 및 확산되는 과정 가운데 이와 같은 세 시기를 아주 중요하게 여기는 데는 한국 불교학계에서 큰 이견이 없는 것으로 알고 있다. 예를 들어 김방룡의 경우도 자신의 논문에서 대혜의 간화선이 고려에 수용되면서 세 단계를 거쳤다고 보고 있는데, 그 단계별 구분이 필자와 구분과 유사하다. 단 김방룡의 경우 몽산덕이의 간화선 수행법이 고려불교계에 전래되는 과정에 있어서 만항의 역할에 치중하였다면(김방룡, 앞의 논문, p.182.), 필자는 남권희의 『제경촬요諸經撮要』 필사본의 발견을 통해 밝혀진 역사적 사실과 이에 대한 여러 학자들의 연구내용 또한 함께 다루고 있다(南權熙, 「蒙山 德異와 高麗 人物들과의 交流-筆寫本 『諸經撮要』의 수록내용을 중심으로」; 최연식·강호선, 「『蒙山和尙普說』에 나타난 蒙山의 행적과 高麗後期 佛敎界와의 관계」, 『보조사상』 제19집(보조사상연구원, 2003); 허흥식, 『고려에 남긴 휴휴암의 불빛 몽산덕이』. 이 시기를 구분함에 있어서 좀 더 세분화하거나

142

첫째, 지눌에 의해 대혜의 간화선이 최초로 한반도에 전래되고 그의 제자 혜심에 의해 기초가 확립되는 시기.

둘째, 고려 후기 원元 간섭기에 몽산덕이의 간화선 수행법이 수용된 시기.

셋째, 여말삼사로 널리 알려진 백운경한(白雲景閑, 1299~1375), 태고보우(太古普愚, 1301~1382), 그리고 나옹혜근(懶翁惠勤, 1320~1376)에 의해 원나라 조선祖先계의 간화선 수행법이 수용된 시기.

넷째, 고봉원묘의 『선요禪要』가 한국 간화선 수행법에 변화를 주었던 시기.

이와 함께 시기별 구분으로는 아래의 구분 가운데 둘째 시기의 몽산덕이와 비슷한 시기를 살았던 인물로서, 국내 불교계에서는 너무나도 잘 알려진 고봉원묘가 있다. 그의 경우 시대적으로 당연히 둘째시기에 속해야 하겠으나, 몽산덕이처럼 생전에 고려인들과 교류를 하며 고려 불교계에 널리 이름을 날린 사람이 아니라, 사후 그의 어록인 『선요』[217]

아니면 더 간단하게 통합시킬 수는 있겠지만, 이 기간 동안 고려에 영향을 준 중국의 간화선사들과 그들의 수행법을 받아들인 고려의 간화선사들에 대해서는 학계에서 대부분 공감대가 형성되어 있는 것으로 생각한다.

217 "고봉의 속가 제자인 홍교조洪喬祖가 고봉의 설법을 모아서 1294년에 간행한 설법집이다. 고봉은 스스로 저술을 남기지 않았으나 『고봉대사어록』권상卷上과 권하卷下가 명대明代 만력萬曆 27년(1599)에 간행되어 고봉의 저서 혹은 관련 기록으로 남아 있다. 따라서 『고봉대사어록』이 간행된 것은 『선요』가 간행된 지 3백여 년이 지난 뒤의 일이다. 이 두 책의 내용을 대비해 보면 『선요』의 내용이 『고봉대사어록』에 거의 모두 재수록되어 있다." 고봉원묘 원저, 전재강 역주, 고우 감수, 『선요禪要』(운주사, 2006), pp.18~19.

가 전해져 여말·선초부터 국내에 이름이 전파된 경우라고 볼 수 있기 때문에[218] 둘째시기에 귀속시키지 않았다. 하지만 한국 간화선 역사에 미친 영향력의 측면에서 생각했을 때 중국의 다른 어떤 선사들과 비교해도 결코 뒤지지 않으며, 수행법 측면에서 조명해 볼 때 어쩌면 간화선의 체계를 확립했던 대혜의 영향력에 버금간다고까지 볼 수도 있기 때문에 따로 분리하여 마지막에 독립된 시기로 다루고자 한다. 이제 위에서 구분한 각각의 시기에 간화선의 역사가 어떤 흐름을 이어 왔는지 고찰해 볼 것이다. 그 과정 가운데 특히 각 시기별로 간화선 수행법의 어떠한 측면이 부각되었는지, 그리고 이전 시기와 비교해 보았을 때 어떤 변화가 일어났는지에 대해서도 함께 고구하고자 한다.

3. 간화선의 한반도 수용에 있어서의 주요 시기별 특징

1) 간화선의 한반도 전래와 기초 확립의 시기

주지하다시피 간화선을 한반도에 처음으로 도입한 사람은 지눌이다. 우리는 그의 비명을 통해 그가 어떻게 간화선을 처음으로 접하게 되었는지 확인할 수 있는데, 이때가 1198년, 그의 나이 만 40세 때의 일이다. 당시 지리산 상무주암에 주석하고 있던 그에게 우연히 『대혜어록』을

---

218 전재강은 『선요』의 국내 전파에 관해서 다음과 같이 서술하고 있다. "『선요』가 언제 처음으로 우리나라에 도입되었는지는 정확한 기록이 없다. 여러 정황으로 보아서 대략 고려 후기에서 조선 초기쯤이 아닌가 하는 추측을 할 수 있을 뿐이다. 조선시대에 들어오면서 『선요』는 매우 중시되고 여러 판본으로 출간하게 되었다." 위의 책, p.19.

접할 기회가 생겼는데, 대선사와 한 책과의 작은 만남의 사건이 한국불교사에서 길이 남을 역사적인 순간이 된 것이다. 그의 비명은 당시의 상황을 자세히 기록하고 있는데,[219] 그 내용을 통해서도 알 수 있듯이 『대혜어록』을 접하기 직전 지눌은 수행자로서 상당한 진통을 겪고 있던 중이었다. 그런데 대혜의 사상으로부터 큰 깨달음을 얻었고 더 높은 영적 수준과 자유를 누리게 되었다. 널리 알려진 바와 같이, 지눌은 선교일치禪敎一致를 추구한 선사로서 『대혜어록』을 접하기 이전에 이미 『육조단경』과 『신화엄경론』을 통해 두 번의 대오大悟를 체험한 상태였다. 하지만 이때까지의 깨달음은 지적인 인식의 과정에 머무르는 측면이 여전히 남아 있는 상태였다. 결국 화두 참구를 통한 인간의 모든 인식의 과정을 타파할 수 있는 방안에 눈을 뜬 후에야 그의 지적 병통은 해소될 수 있었다. 이러한 지눌의 체험에서 미루어 짐작할 수 있듯이, 그는 간화선을 경절문逕截門이라 명명하며 최상의 수행법으로 극찬하였다. 그의 저서 『간화결의론看話決疑論』에는 이와 같은 그의 입장이 여실히 드러나 있는 내용이 쉽게 눈에 띤다.

선문 가운데 이와 같은 원돈신해와 여실언교가 항하의 모래 수처럼 많지만, 그것을 사구라고 이르는 것은 이것을 가지고 사람들로 하여금 지해의 장애를 겪게 하는 이유인 고로 …… 만약 그가 상근의 인재로서 은밀히 전하는 이치를 능히 맡아 격식을 벗어나 다스릴 수 있는 자라면, 경절문의 무미한 말을 약간만 듣더라도 지해의 병에 막히지 않고

219 본서의 제3장, 각주 183번에 그 내용이 자세히 언급되어 있는 관계로 본장에서는 생략하는 바이다.

곧바로 귀착점을 알게 되나니 그 사람이야말로 한 번 듣고 천 가지를 깨달아 대총지(다라니)를 얻는 자라고 말할 수 있다.[220]

지눌이 한반도에 간화선을 도입한 업적을 냈다면, 그의 제자 혜심은 간화선 수행의 기초를 확고히 정립한 공을 세웠다고 할 수 있다. 혜심의 비명[221]에는 지눌과 혜심이 만나게 된 계기가 기록되어 있는데, 그 내용은 이렇다. 나주 화순현 사람이었던 혜심(호는 무의자이고, 속명은 최식이며, 혜심은 그의 휘임)은 향공진사鄕貢進士였던 아버지를 어릴 때 여읜 후 출가하여 승려가 되고자 하였으나, 이를 원하지 않았던 어머니의 뜻을 받들어 사마시司馬試를 보아 합격하였으며, 대학大學에 들어가게 된다.[222] 하지만 불행히도 그의 어머니가 병에 걸리게 되고 다음해 세상을 떠나게 되자, 당시 지눌에 의해 개창되어 도화道化가

---

220 普照知訥, 『看話決疑論』, 『普照全書』, 普照思想研究院 編(불일출판사, 1989), p.92. "禪門中此等 圓頓信解 如實言教 如河沙數 謂之死句 以令人生解碍故 …… 若是上根之士 堪任密傳脫略窠臼者 纔聞徑截門無味之談 不滯知解之病 便知落 處 是謂一聞千悟 得大摠持者也"

221 비명의 공식 명칭은 「조계산제이세고단속사주지수선사주증시진각국사비명 병 서(曹溪山第二世故斷俗寺住持修禪社主贈諡眞覺國師碑銘 幷序)」로서 고려 명문장 가로 이름을 날렸던 이규보에 의해 찬술되었으며, 『東文選』, 『東國李相國集』 그리고 『朝鮮金石總覽』에 실려 있다.

222 李奎報 撰, 「조계산제이세고단속사주지수선사주증시진각국사비명 병서(曹溪山 第二世故斷俗寺住持修禪社主贈諡眞覺國師碑銘 幷序)」, 『東文選』(권118) "國師 諱惠諶字永乙 自號無衣子 俗姓崔氏名寔 羅州和順縣人也. 考諱琬 鄕貢進士, …… 父早薨 從母乞出家 母不許 勉令業儒 然 常念經持呪 久乃得力 喜毁斥淫巫 妖祠 或往往 救人病有效 承安六年辛酉 擧司馬試中之 是年 入大學."

성행하였던 조계산 수선사에 재齋를 올려 어머니의 명복을 빌고자 갔던 차에 지눌에게 승려가 되기를 청하여 허락을 받게 되었다.[223] 혜심을 가르치며 그의 불법이 수승함을 알고 크게 만족해 하던 지눌이 입적하기 2년 전인 태화泰和 무진년(1208년)에 그에게 자신의 자리를 잇게 하려고 하자, 혜심이 극구 사양하고 지리산에 들어가 행적을 끊고 계속 머무르고자 하였으나, 2년 후인 대안大安 경오년(1210년)에 지눌이 입적하게 되어 지눌의 자리를 계승하라는 왕명을 받들어 수선사의 주지가 된다.[224]

비명에는 또한 그가 수행에 정진하는 자세가 얼마나 투철했으며, 간화선 수행체계에 대한 안목이 놀랄 만큼 뛰어났음을 보여주는 내용도 찾아볼 수 있다.

또 (선사가) 지리산 금대암金臺庵에 거할 때, 연좌대宴坐臺 위에 눈이 쌓여 정수리까지 빠질 정도였으나, 오히려 우뚝하게 앉아 마른 그루터기처럼 움직이지 않으니 무리가 그가 죽은 걸로 의심하여 흔들었지만 대답하지 않았다. 그가 몹시 애를 씀이 이와 같으니, 무릇 도와 함께 정기가 엉겨 삶과 죽음을 벗어나 육신을 남기는 자가 아니라면 어느 누가 여기에 이를 수 있겠는가? …… 또 (보조국사가) 조주선사의 '구자무불성狗子無佛性' 화두를 들고 이어서 대혜선사의 '화두십종병話

---

223 위의 책, "聞母病遂還鄉, …… 明年母卽出 時普照國師在曹溪山 新開修禪社 道化方盛 師徑造參禮 請 營齋薦母 因乞剃度 國師許之."

224 위의 책, "及歸方丈 更密召與話乃喜曰, 吾旣得汝 死無恨 矣. 汝當以佛法自任 不替本願也. 泰和戊辰 欲命 師嗣席 卽退安圭峯 師固辭 遂去智異山 絶跡滅影者 數載 大安庚午 國師入寂 門徒聞于上 承勅 繼住 師不獲已 入院開堂."

頭十種病'에 대해 물으니, 무리가 대답이 없었으나 선사는 대답하기를 "삼종병인三種病人만이 대체로 그 뜻을 이해할 것입니다" 하니, 국사가 "삼종병인은 어느 곳을 향해 기운을 내느냐?"라고 물었다. 선사가 창문을 손으로 한 번 내리치니, 국사는 "껄껄" 하며 크게 웃었다.[225]

위와 같은 일화들 이외에도 혜심은 선문의 공안 1,125칙을 모아 염념拈과 송頌을 붙인 『선문염송禪門拈頌』 30권을 저술하였는데,[226] 이것은 한국불교 역사상 최고·최대의 선적禪籍으로서 훗날 일연(一然, 1206~1289)의 『선문염송사원禪門拈頌事苑』과 각운(覺雲, 생몰연대 미상)의 『선문염송설화禪門拈頌說話』 및 백파긍선(白坡亘璇, 1767~1852)의 『선문염송사기禪門拈頌私記』 등의 주석서가 지속적으로 나올 정도로 한국 선문에서 중요하게 여겨져 온 책이다.

간화선과 관련한 이들 두 선사의 활약의 의미는 대혜의 간화선 수행법을 한반도에 처음으로 도입하고 그 기초를 확립했던 것에 있었다. 그러므로 수행법 측면에서는 대혜의 입장을 그대로 존중하면서 보급하고 확산시키는 데 주력했다고 할 수 있는데,[227] '무자' 화두의 중요성을

---

225 위의 책, "又居智異山金臺庵 宴坐臺上 雪積沒頂 猶兀坐如枯株不動 衆疑其死 撼之不膺 其刻苦如此 非夫與道凝精 外生死遺形骸者 孰至是哉, …… 又擧趙州狗子無佛性話 因續擧大慧杲老十種病問之 衆無對 師對曰, 三種病人 方解斯旨 國師曰三種病人 向什麼處出氣 師以手打窓一下 國師呵呵大笑."

226 吉祥 編著, 『佛敎大辭典』(弘法院, 2008), p.1318; 혜심이 『선문염송禪門拈頌』을 30권으로 구성한 것은 『전등록傳燈錄』과 짝을 이루게 하기 위해서였다. 이능화 원편, 동국대학교 불교문화연구원 조선불교통사역주편찬위원회 역편, 『조선불교통사(제5권)』(동국대학교출판부, 2010), p.72.

강조한 것이 그 대표적 사례이다.

　　그러나 화두 가운데 '무자'는 한 덩어리 불과 같아서 그것에 가까이
다가가면 얼굴을 태워버리기 때문에, 불법에 지해가 붙을 곳이 없다.
따라서 이 무자를 일러 나쁜 지해를 부수고 해체하는 연장이라 한다.[228]

　　이들 두 선사에게서 나타나는 주목할 만한 또 하나의 공통점은 이들
모두 대혜가 강조했던 '화두십종병話頭十種病'을 특히 부각시켰다는
점이다. 지눌은 이것을 『간화결의론』에서 다루고 있으며, 혜심은 제목
을 통해서도 바로 드러나듯이, 이 병통에 대한 것만 집중적으로 거론하
는『구자무불성화간병론狗子無佛性話揀病論』이라는 글까지 기록하며
이 점을 부각시키고 있다. 여기서는 혜심의 기록 속에 나타난 화두십종
병의 10가지 항목만을 발췌하여 소개하고자 한다.

　　유무의 무라는 (생각을) 하지 말라. …… 진정으로 없음의 무라고
생각하지 말라. …… 도리를 바탕으로 이해하지 말라. …… 의식에
의지하여 사량분별하지 말라. …… 눈썹을 치켜 올리거나 눈을 깜빡이
는 곳을 근거로 하지 말라. …… 언어의 이치에 의지해 응용할 계획을

---

227 수행법 측면에서 지눌은 대혜의 입장을 대부분 그대로 수용했다고 볼 수 있다.
　　그러나 간화선 수행이 적합한 대상을 논함에 있어서는 아주 다른 입장을 취했다고
　　할 수 있는데, 이 부분은 본서의 제3장에서 이미 자세히 논의되었다.

228 普照知訥,『看話決疑論』,『普照全書』, 普照思想研究院 編 , p.91. "然話頭無字
　　如一團火 近之則燎却面門故 無佛法知解措着之處 所以云此無字 破惡知惡 解底
　　器仗也."

하지 말라. …… 일 없는 속에 내팽개쳐져 있지 말라. …… 화두를
꺼내는 곳에 의지해 받들어 지키지 말라. …… 문자에 의지해 증거를
끌어오지도 말라. …… 혼미함을 가지고 깨달음을 기다리지 말라.[229]

이상의 화두십종병에 대한 혜심의 서술은『대혜어록』의 기록[230]에
나타난 8가지 병통의 내용을 활용하고, 지눌이『간화결의론』에서 제시
한 10가지 병통의 틀에 맞추어 2가지를 추가하여 재구성한 것이라
볼 수 있다. 두 선사가 이처럼 '무자화두'의 중요성과 그것을 참구함으로
인해 나타날 수 있는 병통에 대한 철저한 대응을 강조함으로 말미암아
한국 간화선 전통에서 '무자화두'는 확고한 입지를 갖게 되었으며,
화두를 참구함에 있어 경계해야 할 자세를 엄격히 설정함으로 인해
화두 참구의 올바른 기초가 튼튼히 확립될 수 있었다고 하겠다. 훗날
"조선불교의 중흥조"라 칭함을 받는 청허휴정 또한 그의 저서에서
화두십종병에 대한 서술을 하고 있는 것만 봐도 그 영향력을 짐작할
수 있을 것이다.[231]

---

229 無衣子述,『狗子無佛性話看病論』(韓佛全 第六冊, pp.69하~70중) "不得作有無之
無, … 不得作眞無之無卜度, … 不得作道理會, … 不得向意根下思量卜度, …
不得揚眉瞬目處挅根, … 不得向語路上作活計, … 不得颺在無事匣裏, … 不得向
擧起處承當, … 不得向文字引證, … 不得將迷待悟."

230『大慧普覺禪師語錄』,「答富樞密 季申」(大正藏 권47, p.921하) 본문 내용은 본장의
각주 264에서 자세히 다루게 됨.

231『禪家龜鑑』(韓佛全 第七冊, p.637상) "話頭有十種病 曰意根下卜度 曰揚眉瞬目處
挅根 曰語路上作活計 曰文字中引證 曰擧起處承當 曰颺在無事匣裏 曰作有無會
曰作眞無會 曰作道理會 曰將迷待悟也. 離此十種病者 但擧話時 略抖擻精神 只疑
是個甚麼."

2) 고려 후기 원 간섭기에 몽산덕이의 간화선 수행법이 도입된 시기

고려 중기에는 대혜의 간화선 사상이 고려의 불교사상계에 유입되어 큰 영향력을 끼쳤다면, 고려 후기에는 몽산덕이(이하 몽산으로 약칭함)의 간화선 사상이 고려에 유입되어 역시 큰 영향력을 미쳤다. 남송南宋과 원元 시대를 걸쳐 활약했던 임제종 계통의 선사 몽산은 자신의 고국 남송이 원나라에 의해 패망한 이후 원나라 조정으로부터 출세出世하라는 회유를 받았으나, 이를 사양하고 소주蘇州에 위치한 휴휴암休休庵에서 은둔생활을 하였다.[232] 몽산이 휴휴암에 기거하는 동안 자신의 대표적 저서『직주도덕경直註道德經』을 집필하였으며, 이른바 덕이본 『육조단경』을 편집하였는데, 그곳에서의 행적 가운데 특이할 만한 또 다른 사항이 바로 고려의 왕실, 지도층, 그리고 불교계와 활발한 교류를 하였다는 것이다.[233] 이러한 교류의 과정을 통해 남송 임제종의 선풍이 고려에 유입되게 되었을 것임을 자연스럽게 추정할 수 있다.

몽산과 고려 사상계와의 교류에 관한 연구의 새로운 전기轉機를 마련한 것이 바로 남권희南權熙의『제경촬요諸經撮要』필사본에 관한 논문이었다.[234] 이 논문을 통해 드러난 필사본『제경촬요』의 내용 속에

---

232 인경은 몽산이 원나라 조정의 회유를 거절한 이유에 대해 두 가지로 해석하고 있다. 첫째는 원 조정에 출세하는 대신 깨달은 이후 보임保任의 과정으로서 대중을 지도하면서 스스로의 깨달음을 더 깊이 점검하는 시기로 삼았다는 것이며, 둘째는 이민족인 몽고족에 의해 고국이 패망하자 이에 대한 소극적인 저항의 표현으로 은둔을 선택했다는 것이다. 인경,『몽산덕이와 고려후기 간화선사상 연구』, pp.89~97.

233 위의 책, p.93.

234 南權熙,「蒙山 德異와 高麗 人物들과의 交流-筆寫本『諸經撮要』의 수록내용을

는 몽산과 직접적인 교류를 한 고려인들 가운데에는 불교계 인사만
있었던 것이 아니라, 고려 왕실 및 핵심 관료들도 있었다는 사실이
담겨 있다.[235] 하지만 몽산과 고려인 사이의 최초의 직접적인 접촉은
역시 고려 승려들을 통해 이루어졌으며, 그 이후에는 왕실과 핵심관료
들과의 교류로 이어졌다. 고려 충렬왕忠烈王 21년(1295)은 몽산이 63세
가 되던 해인데, 그해 겨울 요암원명장로了庵元明長老,[236] 각원상인覺圓
上人,[237] 각성상인覺性上人, 묘부상인妙孚上人 등 8명이 몽산을 찾아
고려에서부터 왔다가 다음해 여름 묘부상인 등 4명은 고국으로 돌아갔
다.[238] 이 당시 고려 승려 8명과 몽산의 만남은 고려 승려와 원나라
임제종 승려와의 직접적인 교류로서는 현재까지 밝혀진 자료 가운데
최초의 사례라고 할 수 있다.[239] 이 만남에서 요암원명장로가 몽산에게
원 세조의 부마인 충렬왕을 위한 축찬祝贊을 청하자 이에 응하여 설법한

중심으로」(圖書館學論輯 제21집, 韓國圖書館情報學會, 1994) Ibid., 재인용; 최연식
·강호선, 「『蒙山和尙普說』에 나타난 蒙山의 행적과 高麗後期 佛敎界와의 관계」,
『보조사상』 제19집(보조사상연구원, 2003), p.183 재인용.

235 인경, 『몽산덕이와 고려후기 간화선사상 연구』, pp.92~98: 최연식·강호선 위의
논문, p.183~84.

236 장로長老: 선종에서 한 절의 주직住職 또는 화상和尙에 대한 경칭, 국어국문학회
감수, 『국어대사전』(민중서관, 2007), p.2108.

237 상인上人: ①지덕이 갖추어져 있는 불제자. ②승려를 높이어 일컫는 말, 국어국문
학회 감수, 『국어대사전』, p.1340.

238 남권희 「蒙山 德異와 高麗 人物들과의 交流─筆寫本『諸經撮要』의 수록내용을
중심으로」, p.379: 허흥식, 『고려에 남긴 휴휴암의 불빛 몽산덕이』, p.64.

239 최연식·강호선, 「『蒙山和尙普說』에 나타난 蒙山의 행적과 高麗後期 佛敎界와의
관계」, pp.183~184.

152

것이 바로 『보설普說』에 실린 「원정이년병신사월단일고려국전라도수
선사요암명장로청축찬부마고려국왕병신상갑보설元貞二年丙申四月旦
日高麗國全羅道修禪寺了庵明長老請祝贊駙馬高麗國王丙申上甲普說」인데,
여기서 한 가지 주목할 만한 사실은 요암명장로가 바로 수선사의 승려라
는 점이다.[240] 1295년 고려인으로서 몽산과 최초의 직접적 교류를 시도
한 사람들이 승려들이었고, 이들 가운데 주도적인 역할은 했던 요암명
장로가 수선사의 승려였다는 점, 그리고 훗날 몽산의 선풍을 국내에
확산시키는 데 중요한 역할을 했던 또 한 사람의 승려, 혜감惠鑑국사
만항(萬恒, 1259~1319)[241](이하 '만항'으로 약칭)이 수선사 제10세라는
점을 통해서 어렵지 않게 추측할 수 있는 사실은 수선사가 몽산의
선풍을 고려에 수용함에 있어서 주도적이며 적극적인 입장을 취했다는
것이다.

수선사가 몽산의 선풍을 국내에 확산시키는 데 주도적인 역할을
한 이유에 대해서는 이미 여러 학자들의 상세한 연구가 존재하는데,
이것은 몽산의 간화선풍과 이에 수반되는 수행법이 고려불교계에 강한
파급력을 가지며 전파되게 된 원인이 되므로 본서의 논지 전개 과정에
중요한 역할을 하기에 몇몇 학자들의 주장을 잠시 언급하고자 한다.

무신정권의 몰락과 함께 일연一然의 가지산문迦智山門이 불교계를

---

240 위의 논문, p.184.
241 만항의 생애와 그 행적은 이제현李齊賢이 찬술한 비명에 자세히 기록되어 있다.
　　李齊賢, 『益齋亂藁』 卷第七, 「海東曹溪山修禪社第十世別傳宗主重續祖燈妙明
　　尊者贈諡慧鑑國師碑銘幷序」 참조.

주도해 나가면서 수선사는 불교계의 주도권을 상실하고 사세가 약화되었다. 이러한 상황에서 만항萬恒은 덕이본德異本『육조단경』, 『몽산법어』 등 몽산 관련 선적을 수용하고 간행하였다. 이러한 노력의 결과, 수선사의 사세가 어느 정도 회복되고, 이를 기반으로 하여 공민왕대 이후에는 수선사의 교단세력이 새롭게 부각되었던 것이다.[242]

40여 년에 걸친 몽고와의 전쟁 속에서 수선사修禪寺 역시 경제적으로 매우 궁핍한 상황에 처하게 되었고, 결국 몽고와 강화를 맺은 후 수선사 6세인 충지沖止가 직접 원 세조에게 표문表文을 올려 수선사에 부과된 전세田稅를 면제해 줄 것을 청하기도 했다. 전쟁과 그로 인한 경제적인 궁핍 및 혼란기를 겪으면서 수선사에서의 지눌의 선풍은 점차 퇴색되어 갔던 것으로 보이며, 그러한 모습은 충지에게서 극명하게 드러난다고 할 수 있다. 그러나 몽고와 강화를 맺은 뒤 점차 안정을 찾아가는 과정에서 수선사 역시 자신들의 활로를 모색하게 되었던 것으로 생각된다. 그리고 그 과정에서 수선사에서 택한 인물이 몽산덕이蒙山德異로 이에 수선사에서는 몽산을 직접 만나기도 하고 또 몽산의 저술을 간행·유통시키기도 하는 등 매우 적극적인 자세를 취하였다.[243]

이상 두 논문에 담긴 상세한 분석을 통해 명확히 파악할 수 있듯이 수선사의 사세 약화는 몽고의 침입과 이로 인한 무신정권의 세력 약화와

---

242 조명제, 「고려말 원대 간화선 수용과 그 사상적 영향」, 『보조사상』 제23집(보조사상연구원, 2005), p.162.
243 최연식·강호선, 「『蒙山和尙普說』에 나타난 蒙山의 행적과 高麗後期 佛敎界와의 관계」, pp.191~192.

몰락으로 이어지는 시대적 상황과 직결된다고 하겠다. 이후 원 간섭기가 도래하면서 수선사가 기울어진 사세를 회복시키기 위한 타개책으로 삼은 것이 몽산덕이와의 교류와 이를 바탕으로 한 왕실과의 관계 강화, 선적禪籍의 간행와 보급, 그리고 간화선 수행법의 확대였다. 이러한 수선사측의 집중적인 노력으로 사세는 점차 회복하였으며 또한 몽산의 간화선 수행법이 급속도로 고려사회에 확산되게 되었다. 이 부분을 본서의 논지와 연결시켜볼 때 몽산의 간화선풍이 왜 그렇게도 강력하게 고려사회와 이어지는 조선사회에까지 영향력을 행사했는지에 대한 충분한 근거가 제공되는 것이라 하겠다.

　이제 다시 몽산과 당시 고려불교계와의 교류 부분으로 넘어가고자 한다. 요암명장로를 비롯한 8명의 승려들이 휴휴암을 방문했던 1295년의 다음해 겨울 내원당內願堂 대선사 혼구混丘, 정녕원공주靖寧院公主 왕씨 묘지妙智, 명순원明順院공주 왕씨 묘혜妙惠, 전도원사前都元帥 김방경金方慶, 시중侍中 한강韓康, 재상宰相 염승익廉承益, 재상 김흔金昕, 재상 이혼李混, 상서尙書 박경朴卿, 상서 류거柳秬 등이 휴휴암을 방문하여 몽산을 친견하고자 하였다. 당시 몽산은 때마침 안거 중이었던 관계로 친견을 거부하였으나, 방문했던 고려인들이 간절히 재청하자 삼전어三轉語를 내려 그 대답 여부에 따라 입실을 허락하겠다고 했고, 10명 중 4명이 허락받았다.[244] 이들 10명은 충렬왕이 세자와 원나라 진왕晉王의 딸과의 혼인예식 참석차 입원入元할 당시 동행한 590명 가운데 속했던 사람들인데, 직책을 통해서도 알 수 있듯이 모두

<hr>

244　남권희「蒙山 德異와 高麗 人物들과의 交流-筆寫本『諸經撮要』의 수록내용을 중심으로」, p.387.

왕실출신 또는 고위관료로서 고려불교계에서 중요한 역할을 하던 인물들이었다.[245] 이러한 모든 정황들을 통해 볼 때 몽산은 이미 당시 고려왕실과 불교계에서 그 명성이 자자했던 인물임을 잘 드러내는 것이라고 판단할 수 있다.[246]

고려 후기 원 간섭기에 몽산의 사상을 국내에 수용함에 있어서 핵심적인 역할을 했던 또 한 사람의 승려가 있으니, 앞서 이미 언급된 바 있는 수선사 제10세 국사 만항이다. 몽산은 만항이 자신에게 보낸 글과 게偈에 대해 크게 칭찬하며 10수의 게로써 화답함과 함께 고담古潭이라는 호까지 지어주었는데,[247] 학자들 사이에서는 이러한 행위에 대해 만항이 몽산으로부터 간접적으로 인가를 받은 것으로 보기도 한다.[248] 몽산과 만항 사이의 교류에 있어서 주목해야 할 또 한 가지 행적은 1290년에 몽산이 서문을 쓰고 편집한 『육조단경』을, 1300년에 만항이 강화도 선원사禪源寺에서 간행한 일이다.[249] 이 『단경』이 이른바

---

245 최연식·강호선, 「『蒙山和尙普說』에 나타난 蒙山의 행적과 高麗後期 佛敎界와의 관계」, p.185.

246 남권희, 「蒙山 德異와 高麗 人物들과의 交流–筆寫本『諸經撮要』의 수록내용을 중심으로」, p.387.

247 이제현 위의 논문, "中吳異蒙山見其文偈 歎賞不已 庸 和和十數 仍貽書致古潭 之號"

248 조명제, 「高麗後期『蒙山法語』의 受用과 看話禪의 展開」, 『보조사상』 제12집(보조사상연구원, 1999), p.244; 최연식·강호선, 「『蒙山和尙普說』에 나타난 蒙山의 행적과 高麗後期 佛敎界와의 관계」, p.187.

249 만항이 남긴 기록에 따르면, 몽산은 자신이 편집한 『육조단경』을 1298년 상인商人을 통해 만항에게 보내며 "널리 유통시키기를 부탁"하였고, 만항도 "이를 얻은 경사가 적지 않다"며 기뻐했다고 한다. 허흥식, 『고려에 남긴 휴휴암의 불빛

'덕이본德異本『육조단경』'이라고 불리는 것인데, "최후에 확정된 단경이고 고려와 조선에만 유포되었다는 두 가지 특징"[250]을 가지고 있다. 이 덕이본『단경』이 만항에 의해 간행된 이후, 조선시대에 이르기까지 20여 차례 간행되었지만 대부분 덕이본이었을 정도로 국내 불교계에 지대한 영향을 미쳤다고 볼 수 있다.[251]

그렇다면 위와 같이 고려의 저명한 승려, 고위관료층 및 왕실에 이르기까지 폭넓게 교류했을 뿐 아니라, 편집한 경전의 유포를 통해서도 국내 불교계에 큰 영향을 끼쳤던 몽산에 의해서 한국 간화선의 수행법은 어떠한 영향을 입고 또 어떠한 변화를 겪게 되었을까? 몽산이 주장한 간화선법의 사상적 토대와 특징 등에 대해서는 이미 소개된 학자들의 연구를 위시하여 또 다른 몇몇 학자들의 선행연구가 존재하는 상황이다.[252] 하지만 아쉽게도 이 연구들 대부분이 몽산의 간화선에만 집중한 탓에 대혜의 그것과 비교해서 어떠한 차이점을 지녔으며, 이로 인해 한국 간화선 수행법에 어떤 변화를 초래했는지에 대해서는 다루지 않고 있다. 다만 이 가운데 김태완은 자신의 저서[253]에서 한국 간화선에 미친 몽산의 영향에 대해 상세히 설명하고 있으며, 또한 필자가 추구하

몽산덕이』, p.139.
250 위의 책.
251 인경, 『몽산덕이와 고려후기 간화선사상 연구』, p.101.
252 위에서 인용된 몽산의 간화선과 연관된 연구들 이외에 또 다른 논문들을 소개하자면, 황금연, 「夢山德異선사의 간화선 수행에 관한 고찰」, 『보조사상』 제36집(보조사상연구원, 2011); 황인규, 「고려후기 禪宗山門과 元나라 禪風」, 『중앙사론』 제23집(한국중앙사학회, 2006)가 있다.
253 김태완, 『간화선 창시자의 선(상, 하)』(침묵의 향기, 2011).

는 연구 방향과 유사한 '대혜와 몽산 간화선의 동이점'에 대해서도
비교 분석하고 있다.

하지만 그럼에도 불구하고 이 부분에서 김태완이 분석한 여러 내용
중 일부는 수용하지만, 지지할 수 없는 부분 또한 존재한다. 특히
그가 내리는 최종적인 결론, 즉 "몽산의 선과 대혜의 선, 나아가 몽산의
선과 육조 문하의 선이 근본적으로 다르다"[254]와 "『몽산법어』를 『대혜서
장』과 같이 간화선의 지침서로 여기는 것은 잘못된 것"[255]이라는 그의
입장에는 동의하지 않는다.

간화선 수행에 관한 몽산의 주장은 주로 그의 법문집, 『몽산법어蒙山
法語』[256]를 통해 충분히 파악할 수 있으며, 필자의 입장에서 대혜의
간화선 수행법과 비교해 볼 때 몽산의 수행법이 갖는 특징은 다음과

---

254 위의 책, p.208.

255 위의 책, p.216.

256 『몽산법어蒙山法語』는 몽산의 법어를 고려말 왕사王師 보제존자普濟尊者 나옹혜근
懶翁慧勤이 간추려 엮은 책으로서, 원제목은 『몽산화상법어약록蒙山和尙法語略
錄』인데, 몽산의 법어 중 시고원상인示古原上人, 시각원상인示覺圓上人, 시유정상
인示惟正上人, 시총상인示聰上人, 무자십절목無字十節目, 휴휴암좌선문休休庵坐禪
文의 6편으로 구성되어 있다. 훗날 조선의 혜각신미慧覺信眉가 나옹의 시각오선인
법어示覺悟禪人法語를 합철하고, 한글로 언해한 책이 『몽산화상법어언해蒙山和尙
法語諺解』이다. 이 책의 원문 가운데 휴휴암좌선문과 시각오선인법어를 제외하고
는 모두가 원대元代의 구어체, 즉 백화문白話文으로 쓰여져 있다는 점에 있어서
불교사 연구에서 뿐 아니라 중국어에 대한 역사적 연구 자료로서도 중요한
가치를 지닌다고 하겠다. 장윤희, 『몽산법어언해』(채륜, 2011), pp.15~16, 이철교,
일지, 신규탁 편찬, 『선학사전』, p.212, 김태완, 『간화선 창시자의 선』(하)(침묵의
향기, 2011), pp.182~183 참조.

같이 네 가지로 정리될 수 있다고 생각한다.

  첫째, 화두와 공안 모두를 참선의 도구로 삼고 있다.

  둘째, 화두가 질문의 형식을 취하는 형태의 것이 증가하였다.

  셋째, 좌선한 가운데 정력定力, 즉 선정禪定의 힘을 통해 깨달음에 이를 것을 강조하였다.

  넷째, 오후인가悟後印可를 강조하였다.

  물론 이상과 같은 네 가지의 특징과 다른 견해도 가능하겠으나, 앞서 설명한 바와 같이 이 부분에서 필자가 강조하고자 하는 것은 몽산의 간화선 수행법 속에 대혜가 주장한 것과는 다른 특징을 지니는 부분이 어떤 것이었던가 하는 점이다.

  이미 발표된 논문들 가운데 몽산의 수행법이 가지는 특징들을 다룬 것들이 존재하기는 하지만,[257] 몽산의 간화선 수행법보다는 다른 측면에 더 비중을 두다 보니 수행법에 대한 분석이 충분하지 못하거나, 거기서 제시하는 결과들이 대혜의 수행법적 특징들과 중복되는 것들도 함께 나열되어 있어서 몽산 선풍의 영향이 수행법에 있어서 어떤 변화를 초래했는지를 파악하기에는 추가적인 비교작업이 더해져야만 했다. 그러나 필자의 이와 같은 접근방식은 수행법이 변화된 양상을 보다 명료하게 인식할 수 있게 해준다.

  따라서 이러한 작업을 통해 오늘날 한국 간화선의 전통 속에 대혜가

---

257 조명제, 「고려말 원대 간화선 수용과 그 사상적 영향」, pp.147~151 ; 김방룡, 「여말 三師의 간화선 사상과 그 성격」, pp.209~213.

강조했던 수행법과는 다른 형태의 영향들이 어떤 방식으로 존재하고 있으며, 그러한 영향들이 마치 여러 층의 지층을 이루듯이 존재하는 것을 파악함으로써 한국 간화선의 본질을 파악하며, 또한 향후 시대의 흐름에 맞는 수행법의 창조적인 변화를 어떻게 추구할 수 있을지를 모색해 보고자 하는 것이 본서가 추구하는 목적이다. 그렇다면 이제 『몽산법어』에서 이러한 각각의 특징에 관한 언급이 어떻게 나타나있는 지를 살펴보도록 하겠다.

(1) 화두와 공안 모두가 참선의 도구

몽산 이전에 수용된 대혜의 간화선 수행법과 몽산의 그것을 비교했을 때 몽산에게서 찾을 수 있는 첫 번째로 눈에 띠는 차이점은 화두와 공안 모두를 참선의 도구로 삼고 있다는 점이다. 주지하다시피 대혜는 공안을 참구의 대상으로 삼는 것을 철저히 배격했다.

> 만일 화두를 버리고 반대로 별도의 문자 위에서 의심을 일으키거나, 경전의 가르침 위에서 의심을 일으키거나, 옛 사람의 공안 위에서 의심을 일으키거나, 일상의 피곤함 속에서 의심을 일으킨다면 이것은 모두 사악한 마구니의 무리입니다.[258]

위와 같이 대혜는 오로지 화두 위에서만 의심을 일으킬 것을 강조했으며, 특히 화두가 생성된 바탕이라고 할 수 있는 공안에 대한 의심조차

---

[258] 『大慧普覺禪師語錄』, 「答呂舍人(居仁)」(大正藏 권47, p.930상). "若棄了話頭 却去 別文字上起疑 經敎上起疑 古人公案上起疑 日用塵勞中起疑 皆是邪魔眷屬."

엄격히 금지했는데, 이와는 달리 몽산은 공안과 화두 두 가지 모두를
의심의 대상으로 삼으라고 말하고 있다.

영리한 자가 먼저 공안에서 살펴 바른 의심이 있다면, 급하지도 않고
늦지도 않게 화두를 들어 은밀하게 빛을 돌이켜 스스로를 보면 쉽게
큰 깨달음을 얻어 심신이 편안해질 것이다.[259]

위에서 제시한 몽산의 설법에서는 우선 공안 위에서 올바른 의심이
생성되었을 때 그것을 바탕으로 화두를 참구할 것을 권고하고 있는데,
이는 공안과 화두 모두를 참선의 매개체로 조화롭게 활용하라는 가르침
이다. 또한 아래의 설법 내용을 통해서는 몽산이 본래부터 참구하던
공안 위에서 철저히 의심을 품을 것을 강조하고 있는데, 이러한 내용은
『몽산법어』 전체를 통해 거듭 나타나고 있으며, 이를 통해 판단해
볼 때 몽산이 공안과 화두 모두를 직접적인 의심의 대상으로 삼아야
함을 주장했다는 점은 분명한 사실이다.

응당 본래부터 참구하던 공안(본참공안) 위에서 의심을 가져야 한다.
큰 의심 아래에서 반드시 큰 깨달음이 있다.[260]

---

259 『蒙山和尙法語略錄』,「蒙山和尙古原上人」, "靈利者 先於公安 檢點有正疑 却不
急不緩 提話頭 密密廻光自看 則易得大悟 身心安樂."
260 『蒙山和尙法語略錄』,「蒙山和尙示聰上人」"當於本參公案上有疑, 大疑之下, 必
有大悟."

(2) 화두 형태의 변화: 질문의 형식을 취하는 화두의 증가[261]

천 가지 의심, 만 가지 의심을 모두 한 가지 의심으로 만들어 본참공안
위에서 부여잡고 처리해야 한다. 만약 언구에 대해 의심을 품지 않는다
면, 이것은 큰 병이라 할 수 있다.[262]

화두나 공안을 참구하는 데 있어서 몽산이 가장 강조했던 것이 바로
화두 또는 공안에 대해 의심을 품는 것이다. 위에 제시한 그의 법문이
그의 이러한 주장을 잘 드러내고 있는데, 이와 유사한 주장이 담긴
법문이 『몽산법어』의 여러 곳에서 발견된다. 하지만 대혜 또한 "화두
위에서 의심을 타파하라"는 가르침을 누차 강조했기에 이것이 몽산만
의 특징이라고 단정하기는 힘들다. 이 부분에서 몽산만의 특징이 존재
한다면 바로 화두나 공안의 형태가 질문의 형식을 취하는 경우가 많다는
점이다. 아래에서도 나타나듯이 몽산은 공안 속에서 끊임없이 의문을

---

261 김태완은 "『몽산법어』에서 제시하는 화두는 모두 질문의 형태이다"라고 주장하는
   데(김태완, 『간화선 창시자의 선』(하), pp.187~188), 몽산이 제시한 화두 가운데
   질문의 형태를 띠지 않는 것도 존재한다. 단적으로 간화선 수행에 있어서 대표적
   인 화두인 '무자無字'화두는 질문의 형태를 띠는 것이 아닌데, 몽산도 대혜와
   마찬가지로 이 무자화두의 참구를 대단히 강조했다. 실제로 그가 33세였을
   때 심한 질병에 걸렸는데, 당시 절박한 상황 속에서 끊임없이 참구했던 화두가
   바로 무자화두였으며, 그때의 사건을 계기로 출가를 결심하게 된 것은 유명한
   일화이다(인경, 『몽산덕이와 고려후기 간화선사상 연구』, pp.78~79). 다만 몽산은
   대혜보다 질문의 형식을 띠는 화두나 공안을 많이 활용했다는 점은 사실이다.
262 『蒙山和尙法語略錄』, 「蒙山和尙示聰上人」 "千疑萬疑, 倂作一疑, 於本參上取辦,
   若不疑言句, 是爲大病."

162

제기하며 접근해 나가는 방식을 취하고 있는데, 이것은 대혜에게서 볼 수 있었던 방식과는 차이가 나는 것이다.

소위 참구라는 것은 마땅히 '붓다와 미륵은 부처님인데 무슨 연유로 인하여 그의 노비인가? 필경 그는 누구인가?'라고 의심해야 한다.[263]

이러한 차이점은 대혜나 몽산 모두가 가장 중요하게 생각했던 '구자무불성狗子無佛性' 화두를 참구함에 있어서도 이들 두 선사가 제시하는 참구 방식 사이에 잘 나타난다. 대혜의 경우 아래와 같이 무자화두의 중요성과 그것을 타파하기 위한 분명한 원칙들을 자세히 나열하며 강조한다.

한 스님이 조주선사에게 묻되 "개에게도 또한 불성이 있습니까? 없습니까?" 하니, 조주가 말하기를 "없다"고 했습니다. 이 한 글자가 곧 수많은 나쁜 지식과 잘못된 깨달음을 파괴할 무기입니다. 있다, 없다 하고 이해하지 말며, 도리道理를 바탕으로 이해하지 말고, 의식에 의지해 사량분별하지 말며, 눈썹을 치켜 올리거나 눈을 깜빡이는 곳을 향하여 근거로 하지 말고, 언어의 이치에 의지해 응용할 계획을 하지 말며, 일 없는 속에 내팽개쳐져 있지 말고, 화두를 꺼내는 곳에 의지해 받들어 지키지 말며, 문자 속을 의지해 증거를 끌어오지도 말아야 합니다.[264]

263 『蒙山和尙法語略錄』, 「蒙山和尙示惟正上人」, "所謂參究者, 當疑'釋迦彌勒是佛, 因甚猶是他奴? 畢竟他是阿誰?'"
264 『大慧普覺禪師語錄』, 「答富樞密 季申」(大正藏 권47, p.921하) "僧問趙州 狗子還有

이 부분이 소위 대혜가 제시하는 무자화두를 참구하는 데 있어서 금해야 하는 병통, 즉 '무자십종병無字十種病'에 대한 내용인데, 여기서는 열 가지 병통 가운데 여덟 가지가 나타나 있다. 나머지 두 가지는 '진정으로 없다고 이해하는 것(作真無會)'과 '혼미함을 가지고 깨달음을 기다리는 것(將迷待悟)'이다. 이 내용의 성격과 형식을 통해서도 판단할 수 있듯이 대혜는 무자화두 참구의 중요성을 역설하면서 동시에 그것을 참구함에 있어서 발생할 수 있는 그릇된 접근법을 아주 엄중한 어조로 나열하고 있다.

이와는 달리 몽산은 수좌들이 무자화두를 참구할 때 제기할 수 있는 여러 가지 의문점들을 스스로 제시하고 이에 대해 대답하며 그들과 논쟁해 나가는 방식을 취하고 있다.[265] 물론 대혜보다 후대의 간화선사로서 몽산의 '무자십절목無字十節目'은 창시자 대혜가 제시한 무자화두 십종병의 형식을 계승하고 있지만, 그럼에도 불구하고 그 내용의 전개 방식에는 분명한 차이점을 드러낸다고 볼 수 있다.

佛性也無 州云無 此一字子 乃是推許多惡知惡覺底器仗也 不得作有無會 不得作道理會 不得向意根下思量卜度 不得向揚眉瞬目處揉根 不得向語路上作活計 不得颺在無事甲裏 不得向擧起處承當 不得向文字中引證."

265 인경은 몽산이 이러한 논쟁적 성격의 법문 전개방식을 취하고 있는 이유를 분석하고 있다. 그의 분석에 따르면 당시에는 이미 간화선과 함께 무자화두의 참구가 널리 유행하고 있었던 터라 무자화두에 대한 소모적인 논쟁이 만연하고 있었다. 따라서 몽산은 그 논쟁을 세세히 거론해 가며 이에 대한 자신의 의견을 피력하는 방식을 취하게 되었다는 것이다. 인경, 『몽산덕이와 고려후기 간화선사상 연구』, pp.259~260.

근래에 흔히 말하기를 무자가 쇠빗자루(鐵掃箒)라고 하는데, 조주의 뜻이 과연 그와 같은가? 아니한가? 다른 뒷말을 인용하여 증명하려는 자가 있는데, 잘못 깨달아 눈먼 자로다. 한가한 학문적 이해로 조사의 마음을 묻어버리지 말지어다. 할! 어떤 사람이 이르기를 "무자는 나귀를 매는 말뚝이다"고 하는데, 그대가 어디에 있었기에 꿈속에서라도 조주를 보겠는가? 무간업無間業을 초래하지 않고자 한다면 여래의 정법륜正法輪을 비방하지 말라. 허다한 그릇된 병통을 모두 걷어버렸으니, 마침내 저 무자가 떨어지는 곳은 어디에 있는가?[266]

(3) 선정禪定의 힘을 통한 화두 참구의 강조

좌선坐禪한 상태에서 화두 참구를 한다는 것은 오늘날 일반적인 불자들의 관점에서는 어쩌면 당연한 주장으로 들리겠지만, 주지하다시피 간화선의 창안자인 대혜는 이것과는 다른 주장을 펼쳤었다. 그는 일상생활 가운데 발생할 수 있는 다양한 상황과 순간들조차도 화두 참구에 몰입할 수 있는 때임을 강조하였다.

다만 하루 종일 행行·주住·좌坐·와臥하는 가운데 항상 "개에게도 또한 불성이 있습니까? 없습니까?" 하니, 이르기를 "없다"고 한 화두를 일상의 삶에서 떼어 놓지 마십시오. 시험 삼아 이와 같이 공부해 보십시

---

266 『蒙山和尙法語略錄』,「無字十節目」"近來 多道 無字 是鐵掃箒 趙州意 果如是不
有引他後語爲證者 錯了也瞎漢 莫將閑學解 埋沒祖師心 喝 有云 無字是繫驢橛
你在何處 夢見趙州 欲得不招無間業 莫謗如來正法輪 許多弊病 都拈去也 畢竟
這箇無字 落在甚處."

오. 한 달 열흘쯤 지나면 문득 스스로 깨닫게 될 것입니다.[267]

다만 조주가 말한 한 개의 무자를 일상생활 가운데 경계와 만나는 곳에서 들어 그 사이가 끊어지지 않게 하십시오.[268]

이처럼 대혜가 평범한 일상의 삶 속에서 끊임없이 화두 들기를 강조한 데 반해, 몽산은 이와는 상반된 주장을 펼치는데, 바로 좌선한 가운데 정력定力을 바탕으로 화두를 참구할 것을 강조한 것이다.

좌선하는 중에 가장 쉽게 힘을 얻으리니, 처음 앉을 때에 정신을 차리고 신체를 단정하게 하여라. …… 좌정坐定에서 일어날 때는 천천히 몸을 움직여 정력定力을 보호하여 지니도록 해야 할 것이니.[269]

만약 좌선 중에 있다면 힘을 얻는 것이 최고로 많으니, …… 만약 선정 가운데에서 깨달음을 얻고 밝아지게 되면, 지혜가 또한 능히 넓고 커져서 물과 뭍으로 모두 나아갈 것이다.[270]

---

267 『大慧普覺禪師語錄』, 「答富樞密 季申」(大正藏 권47, p.921상) "但向十二時中四威儀內 時時提撕 時時擧覺 狗子還有佛性也無 云無 不離日用 試如此做工夫看 月十日便自見得也."

268 『大慧普覺禪師語錄』, 「答張舍人 狀元」(大正藏 권47, p.941하) "只以趙州一箇無字, 日用應緣處提撕, 不要間斷."

269 『蒙山和尙法語略錄』, 「蒙山和尙示惟正上人」, "於坐中最易得力 初坐時抖擻精神 放教身體端正, …… 起定之時 緩緩動身 護持定力."

270 『蒙山和尙法語略錄』, 「蒙山和尙示惟正上人」, "若於坐中 得力最多, …… 若於定中 得悟明者, 智慧却能廣大 水陸並進也."

이와 같이 선정의 힘을 이용하여 화두를 들라는 몽산의 방법론적 특징에 대해 김태완은 대혜가 좌선한 상태에서 화두를 제시提撕하라는 가르침을 준 적이 없기에, 간화하는 방법론적 측면에서 보면 몽산의 방법은 대혜의 그것과는 전혀 다른 것이라고 주장한다.[271] 이러한 그의 주장에 대해 일정 부분 수긍은 하지만, 전적으로 동일한 입장을 견지하고 있지는 않다. 그 이유는 이와 같은 몽산의 가르침이 대혜에게서는 찾아보기 힘든 경향인 것은 사실이지만, 대혜가 좌선하면서 화두를 참구하는 행위를 완전히 금지한 것은 아니었기 때문이다. 대혜의 어록에 나타난 아래 내용을 통해 그 근거를 확인할 수 있다.

> (대혜선사가) 주장자를 내던지며 이르기를 "너희들은 각자 자신의 위치에 의존하며 머물지를 않는구나. 참參하여라!"[272]

위의 인용구에서 대혜가 제자들의 부족함을 지적하며 마지막에 언급한 말이 "참하여라!"였다. 여기서 이 '참參'이라는 단어에 주목할 필요가 있는데, 김태완은 당송唐宋 시대의 이 단어가 어떤 뜻으로 사용되었는지를 설명하며, 최종적으로 "참선(參禪: 선에 참여하라)" 또는 "참학(參學: 배움에 참여하라)" 등으로 볼 수 있다는 결론을 내고 있다.[273] 따라서 대혜가 자신의 제자들에게 참선을 재촉하기도 했다고 볼 수 있는 것이

---

271 김태완, 『간화선 창시자의 선』(하), p.207.
272 『大慧普覺禪師語錄』, 제6권(大正藏 권47, p.835상), "擲下云, 不爾依位住, 參."
273 大慧宗杲, 김태완 역, 『大慧普覺禪師語錄』(1권)(소명출판, 2011), pp.76~77. 각주 192번 참조.

다. 그러나 이러한 필자의 주장에 대한 반대 의견이 나올 수 있다. 대혜가 제자들에게 그냥 참선하라고 했지, 참선하면서 화두를 제시하라고 한 것은 아니라고 말이다. 이러한 예상되는 반박에 대해 필자는 대혜의 아래 일화를 소개하고자 한다.

  그분은 도겸의 말을 듣고서 곧바로 일시에 모든 것을 내려놓고서, 전적으로 좌선만 하면서 구자무불성 화두를 살펴보셨다고 한다.[274]

위의 인용문에 나오는 "그분"은 진국태 부인을 말하며, "도겸"은 대혜의 법제자인 개선밀암開善密庵을 지칭한다.[275] 진국태 부인은 대혜의 탑명塔銘[276]을 지은 재상 장준張浚의 어머니임과 동시에, 『대혜보각선사서大慧普覺禪師書』에 이 부인에게 보낸 대혜의 답신[277]이 있을 정도로 그녀의 집안과 대혜와는 아주 깊은 신뢰 관계를 형성했던 사이였다. 그런 진국태 부인이 자신의 집을 방문했던 도겸을 통해 대혜의 화두 참구법을 전해 듣고, 오직 좌선한 상태로 화두를 참구했다는 내용이 위 인용문에서 나타나고 있는데, 이러한 정황을 근거로 판단해 볼 때 대혜가 제자들에게 좌선한 상태로 화두를 드는 것을 절대적으로 금했다고 보기는 힘들다. 다만 익히 알려져 있는 바와 같이 대혜가

---

274 『大慧普覺禪師語錄』, 제14권(大正藏 권47, p.869중), "渠聞謙言 便一時放下 專專只是坐禪 看狗子無佛性話."

275 大慧宗杲, 김태완 역, 『大慧普覺禪師語錄』(1권), pp.100~101.

276 『大慧普覺禪師語錄』, 「大慧普覺禪師塔銘」(大正藏 권47, p.837상).

277 『大慧普覺禪師語錄』, 「答泰國太夫人」(大正藏 권47, p.926하).

당시 묵조선 추종자들에게서 나타나던 병폐, 즉 '묵조사선默照邪禪'에 대해 신랄한 비판을 가했고, 이에 따라 자신의 제자들 또한 좌선수행을 통해 여러 가지 병폐를 겪게 될 것을 염려했을 수 있기에, 될 수 있는 한 일상의 삶 속에서 화두 참구를 할 것을 권장했다고 추측할 수는 있다.

결과적으로 대혜가 좌선한 채 화두 참구하는 것을 절대적으로 금했던 것은 아니지만, 대체적으로 일상에서 행주좌와 하는 가운데 항상 화두를 들것을 강조했으며, 대혜 이후 고려불교계에 크나큰 영향을 미친 몽산은 좌선하면서 선정의 힘을 통해 깨달음에 도달할 것을 장려했다. 따라서 이들 두 선사의 화두 참구의 방법론은 "전혀 다른 것"은 아니지만, 상당한 변화를 보인 것은 사실이라고 할 수 있다.

(4) '오후인가悟後印可'의 강조

앞에서 열거한 세 가지 특징들의 경우, 다른 학자들의 분석에 비해 필자의 독창성이 다분히 존재한다고 볼 수 있다면, '오후인가의 강조'의 경우, 특별히 새로울 것도 없이 이미 널리 알려진 몽산 선법의 특징 가운데 하나이다. 하지만 그럼에도 불구하고 대혜의 간화선 수행법과 비교할 때 몽산에 의해 달라진 특징이며, 필자가 판단하기에 오늘날 한국 간화선 수행 전통 속에서 '법맥'의 개념과 연결되면서 아주 중요하게 다루어지는 사안이기 때문에 간단하게나마 거론하지 않을 수 없다.

또한 마땅히 큰 선지식을 만나서 단련하기를 구하여 큰 법기法器가 될지언정 조금 얻고 만족하지 말아야 할지니라. 깨달은 후에 만약 사람(선지식)을 만나지 않으면 훗날 일을 알지 못함을 면하지 못할 것이니, 그 해로움이 하나가 아니니라.[278]

이처럼 몽산의 수행법 속에는 대혜와는 달리 '오후인가'를 강조하며, 계속해서 '보임'의 과정까지 이어지는 일련의 체계를 구축하는 특징이 나타난다. 이에 대해 김방룡은 대혜에게 있어서는 '왜, 그리고 어떻게 화두를 타파해야 하는가' 하는 문제가 중요했다면, 몽산에 와서는 화두를 드는 단계에서부터 동정일여·화두일여·오매일여의 과정을 거쳐 화두 타파 및 점검, 그리고 인가를 받는 단계와 마지막으로 오후보임의 단계에 이르기까지 간화선 수행의 전 과정을 총망라하는 쪽으로 관심이 이동해 있음을 볼 수 있다고 분석하며, 이와 같은 현상은 사상의 흐름상 지극히 자연스러운 현상이라고 볼 수 있다고 주장한다.[279]

앞서 언급하였듯이 몽산의 이 '오후인가'의 강조는 한국 간화선 전통에서 '법맥'의 개념과 결부되어 아주 중요한 사안이 되어버렸다고 필자는 분석한다. 이 점은 또한 후술하는 고봉원묘가 강조한 간화선 수행법의 특징 가운데 하나인 '본분종사에 대한 믿음'과 결부되어 시너지효과를 일으키며 한국 간화선 수행 전통에서 아주 막강한 영향력을 행사하게 되었다고 판단한다. 이와 더불어 간화선 수행법과 관련하여 오늘날 승단과 불교학계에서 거론되고 있는 문제 가운데 하나인 "인가를 해줄 수 있는 '본분종사'의 자격을 어떻게 지정해야 하는가" 하는 사안으로까

---

278 『蒙山和尙法語略錄』, 「蒙山和尙示聰上人」, "又宜見大宗匠, 求煆煉, 成大法器, 不可得小爲足. 悟後, 若不見人, 未免不了後事, 其害非一."

279 김방룡, 「여말 三師의 간화선 사상과 그 성격」, p.211.

지 이어지며 현재진행형의 논쟁점이 되고 있다.[280]

3) '여말삼사'에 의한 원나라 조선祖先계의 간화선 수용기

한국불교사에서 소위 "간화선의 황금기"를 열었던 '여말삼사麗末三師'라 불리는 세 명의 선사, 즉 백운경한, 태고보우, 그리고 나옹혜근은 모두 중국(당시 元나라)으로 건너가 임제종 양기파에 속한 중국의 간화선사들로부터 수법受法한 후 인가印可를 받고 귀국하였다. 이들 세 명의 선사들 가운데 태고보우가 가장 먼저 석옥청공(石屋淸珙, 1272~1352)의 인가를 받아 왔고, 다음으로 백운경한이 같은 석옥청공의 인가를, 마지막으로 나옹혜근(이하 '나옹'으로 약칭함)이 지공(指空, ?~1363)과 평산처림(平山處林, 1279~1361)의 법을 이어 왔다.

  여기서 지공을 제외한 석옥청공(이하 '석옥'으로 약칭함)과 평산처림(이하 '평산'으로 약칭함) 두 사람 모두 임제종 양기파의 법맥을 잇고 있었던 조사이며, 지공은 나옹에게 법을 전수해 준 스승이기는 하지만 인도 승려로서 지공과 나옹 간의 전법傳法 과정은 간화선 수행을 통한 것이 아니기 때문에 연구 대상에서 제외시킬 수 있다. 다만 나옹이 지공으로부터 인도의 원시적 선사상의 영향을 받았을 것이며, 이것이

---

280 이 부분과 관련하여 김종명 교수는 "누가 스승이며, 스승의 자격은 어떠한가에 대한 명확한 규정이 확립되어 있지 않은 것이 현대 한국 선불교계의 현실"임을 지적한다. 김종명, 「현대 한국의 간화선: 이슈와 분석」, p.236; 서재영 박사 또한 '간화선의 대중화'와 관련한 그의 논문에서 누가 선지식이며, 그 선지식이 어디에 있는지 알 길이 없는 한국불교계의 현실을 지적하며, 대중적 입장에서 간화선 수행을 지도할 체계적 과정의 필요성을 역설한다. 서재영, 「看話禪 대중화의 문제와 과제」, 『한국선학』 제15호(한국선학회, 2006), p.511.

나옹의 간화선 사상에 영향을 미쳤을 수 있다는 유형숙의 주장[281]은
염두에 둘 필요가 있다. 여하튼 이 세 선사들이 전법과 인가를 받은
과정에 대해서는 이미 국내 여러 학자들이 거듭해서 연구주제로 다뤄왔
기 때문에 필자가 여기서 또다시 다룰 의미는 없다고 생각한다. 다만
이 학자들 가운데 몇몇 학자들이 주장하는 바가[282] 현 시점에서 본서의
글의 전개에 있어서 중요하기 때문에 잠시 언급하고자 한다.

일반적으로 선가禪家에서 법을 잇고 인가를 받는다고 하면 대체로
초기의 구도 단계에서 시작해 깨달음에 이르는 모든 과정을 지도받으며
최종적으로 사법제자嗣法弟子가 되는 것으로 생각한다. 하지만 여말삼
사가 중국 임제종 간화선사들로부터 전법과 인가를 받는 과정은 그것과
는 다른 양상을 띠었다. 바로 앞서 언급한 몇몇 학자들의 연구가 이
점에 대한 것을 고찰하고 있는데, 이들 가운데 대표적으로 김방룡의
주장을 소개하고자 한다.

여말삼사가 석옥청공과 평산처림에게 간화선의 수행법 자체를 배워
온 것은 아니다. 또 그들에게 화두를 받아 참구한 것도 아니다. 이미
국내에 소개되고 전해온 간화선 수행법을 통하여 깨달음을 얻었고
임제의 법맥을 찾아 인가를 받으려는 의도 속에서 이들을 찾아간
것이며, 깨달음의 경지에 있어서도 일방적인 전수라기보다는 오히려
대등한 경지에 가까움을 볼 수 있다.[283]

---

281 유형숙, 「고려후기 선종사 연구」, 동국대학교 박사학위논문, 1993, p.138.
282 김방룡, 「여말 삼사의 간화선 사상과 그 성격」, 유형숙, 위의 논문, 황인규,
「고려후기 禪宗山門과 元나라 禪風」 참조.

172

　여말삼사들이 수법하고 인가를 받는 과정을 면밀히 검토하고 내린 김방룡의 위와 같은 주장은 논리적인 타당성을 지니며, 필자 또한 이에 동의한다. 이것은 단순히 민족주의적 입장에서 중국 임제종의 조사들에 비해 여말삼사의 구도적 열정이나 깨달음의 경지가 결코 뒤지지 않는다는 것을 강조하기 위한 것이 아니다. 관련 기록들을 통해 충분히 알 수 있었던 바와 같이, 그들이 석옥청공과 평산처림을 만나러 가기 전에 이미 확철대오를 체험한 상태였으며, 석옥청공과 평산처림이 각각 여말삼사를 대면할 당시 그들의 선지禪旨가 이미 대단한 수준임을 느끼고 놀라움을 금치 못했다는 사실을 우리는 당시의 기록[284]을 통해 알 수가 있다.

　그렇다면 이제 이 시점에서 본 연구가 주목하는 바, 즉 여말삼사에 의해 한국 간화선 수행법의 큰 변화가 일어났느냐는 질문에 초점을 맞추고자 한다. 위의 인용문에서 언급된 바와 같이, 그들은 "이미 국내에 소개되고 전해온 간화선 수행법을 통하여 깨달음을 얻었"기 때문에, 이들로 인해 한국 간화선 수행법의 큰 변화는 발생하지 않았다. 게다가 중국에서 이들이 석옥청공과 평산처림으로부터 받은 영향 또한 그리 크지 않다는 사실 또한 김방룡이 위 연구에서 밝혔다.[285] 따라서 결과적으로 여말삼사에 의한 한국 간화선 수행법의 변화는 크게 발생하지 않았으며, 그 이전부터 전수되어 오던 창안자 대혜가 강조한 수행법

283 김방룡, 위의 논문, p.199.
284 김방룡의 위의 논문에서 여말삼사들이 도원渡元하여 법을 받을 당시의 상황이 원문을 바탕으로 자세히 언급되어 있다.
285 위의 논문, p.215.

과 몽산이 고려불교계에 미친 영향력에 따른 수행법의 변화가 중첩되어
나타나는 정도로 가늠해 볼 수 있다. 다만 앞서 언급되었듯이 여말,
선초로 추정되는 고봉원묘의 설법집인 『선요』의 전래와 이 책이 한국
간화선에 미친 영향력이 지대하므로 『선요』를 통해 한국 간화선 수행법
에 어떤 변화가 오게 되었는가에 대해서만 고찰한다면, 지눌 이후
여말, 선초에 이르기까지 간화선의 전래, 정착, 그리고 확산의 과정
가운데 어떠한 수행법의 변화 과정을 겪었는지에 대한 연구가 마무리되
게 되는 것이다.

4) 고봉원묘의 『선요』가 한국 간화선 수행법에 변화를 주었던 시기

주지하다시피 고봉화상의 『선요』는 한국불교 강원의 중등과정(사집과
四集科) 교재에 속하는 책으로 국내 불교계에 미치는 영향력 측면에서
다른 어느 것 못지않다고 할 수 있을 것이다. 이 부분에서도 앞서
몽산의 경우를 다룰 때와 마찬가지로 한국 간화선 수행법이 『선요』로
인해 그것이 전래되기 이전의 모습과 비교해 어떤 변화를 초래했는지를
중심으로 다루어질 것이다.

(1) '간화삼요看話三要'[286]를 통한 참선의 체계 확립

우선 필자의 견해로는 오늘날 한국 간화선 수행체계가 형성되는 데
있어서 고봉이 행한 가장 큰 기여로 소위 '간화삼요看話三要', 즉 '대신근
大信根', '대분지大憤志', '대의정大疑情'을 제시하여 화두 참구의 기본

---

286 또는 '공부삼요工夫三要'로 칭하기도 함.

체계를 더욱 확고히 하였다는 점을 들고자 한다. 『선요』에 나타난 간화삼요에 대한 기록은 이미 한국불교계에서 너무나 익히 알려진 내용이지만, 그 중요성을 고려해 필자가 다시 한 번 인용하고자 한다.

만약 착실한 참선을 말한다면 반드시 세 요소를 갖추어야 한다. 첫째 요소는 '크게 믿는 마음'이니, 이 일이 수미산 1좌를 의지하는 것과 같다는 것을 명백히 알아야 한다. 둘째 요소는 '크게 분한 의지'이니, 마치 부친을 살해한 원수를 만나서 곧바로 한 칼에 두 동강 내려는 것과 같다. 셋째 요소는 '크게 의심하는 마음'이니, 마치 어두운 곳에서 한 가지 아주 중요한 일을 마치고 단지 드러내고자 하는 욕구는 있으나 드러나지 않은 때와 같다. 하루 온종일 과연 능히 이 세 요소를 갖출 수 있다면, 틀림없이 하루가 다가기 전에 공을 이루어 옹기 속 자라가 달아날까 두려워하지 않겠지만, 만일 그 하나라도 빠지면 마치 다리 부러진 솥이 종국에는 쓸 수 없는 그릇이 되는 것과 같다.[287]

화두에 대해 간절한 의심을 품는 것은 이미 대혜 때부터 강조된 요소이며, 이 의심에 대한 것만큼 많은 분량은 아니지만 신심에 대한 언급도 존재한다.[288] 하지만 의심을 품기 전에 '대신근'과 '대분지'가

---

[287] 『高峰原妙禪師禪要』, 「示衆」(卍續藏 권122, p.714) "若謂着實參禪 決須具足三要 第一要 有大信根 明知此事 如靠一座須彌山 第二要有大憤志 如遇殺父冤讐 直欲 便與一刀兩段 第三要有大疑情 如暗地做了一件極事 正在欲露未露之時 十二時中 果能具此三要 管取剋日功成 不怕甕中走鼈 苟闕其一 譬如折足之鼎 終成廢器."
[288] 예를 들어 한 부분 소개하자면, 『大慧普覺禪師語錄』, 제24권(大正藏 권47, p.912 상), "有決定信而無退轉心"

전제되어야 한다는 공부의 체계를 확립한 것은 고봉이다. 이 간화삼요
는 오늘날 조계종에서 화두 참구법을 지도하는 데 있어서 아주 중요하게
다루어지는 사항으로서, 종단에서 발간한 간화선 수행지침서들에서도
대단히 강조하는 부분이다.[289]

(2) 스승 '본분종사'에 대한 믿음의 강조

이 부분은 간화삼요 가운데 대신근에서 파생된 부분이면서도, 동시에
그 자체가 한국 간화선 수행 전통에서 너무도 철저하게 강조되고 있기
때문에 간화삼요로부터 따로 분리시켜 독립적인 사항으로 취급될 가치
가 있다. 또한 이 스승에 대한 믿음의 강조는 스승으로부터 받은 화두를
함부로 바꾸어서는 안 된다는 규율로까지 확대되었기 때문에 더욱
중요한 항목이라 할 수 있다.

　　간화선 수행에서 스승의 역할은 수행자의 생명을 좌우할 정도로
중요하다고들 말한다.[290] 그런데 이 스승의 중요성은 간화선의 뿌리가
되는 조사선에서부터 비롯되었기 때문에 반드시 고봉의 영향 때문만은
아니라고 반문할 수 있을 것이다. 이것이 타당성을 가진 의문인 것은
분명하지만, 이 스승의 중요성을 대신근이라는 개념 하에서 스승에
대한 믿음의 영역으로 확고하게 정립시킨 것은 결국 고봉의 영향이라
할 수 있다. 고봉은 참된 스승을 만나지 못했을 때의 병폐를 다음과
같이 표현했다.

---

289 『간화선, 조계종 수행의 길』(조계종출판사, 2005), pp.223~230: 『간화선, 조계종
　　수행의 길(개정판)』(조계종출판사, 2008), pp.232~239 참조.
290 『간화선, 조계종 수행의 길(개정판)』, p.184.

대개 공부하는 자가 처음부터 본분종사를 만나지 못하고 십년 이십년을 여기저기에서 혹 참구하고 혹 배우며 혹 전달하고 혹 기록하니 남은 국과 쉰 밥, 삿된 알음알이와 삿된 깨달음을 날카롭고 가득하게 뱃가죽 속에 쌓아서 단지 냄새나는 술찌끼가 담긴 병의 모양 같으니,[291]

이와 동시에 고봉은 아무리 선지식을 만났다 하더라도 그 스승에 대한 확고한 믿음이 없이는 깨달음을 이루지 못한다고 역설한다. 『선요』 가운데 「시신옹거사示信翁居士 홍상사洪上舍」에서 이러한 신심에 대한 강조가 아주 명료하고도 반복적으로 나타나는데, 이는 마치 "믿음의 종교"라고 불리는 그리스도교의 성경 가운데에서도 가장 믿음을 강조한 부분 가운데 하나인 「히브리서」 11장을 볼 때 느껴지는 느낌과 유사할 정도이다.

그러므로 믿음을 일컬어 도의 근원이자 공덕의 어머니라 하고, 믿음은 위 없는(無上) 부처님의 깨달음(菩提)이며, 믿음은 능히 번뇌의 근본을 영원히 끊을 수 있고, 믿음은 능히 해탈문解脫門을 속히 증득할 수 있게 하니, 옛날에 선성비구善星比丘가 부처님을 모실 때 20년을 바로 곁에서 떠나지 않았으나 이 '믿을 신信'자 하나가 없어서 성스러운 도를 이루지 못하고 산 채로 지옥에 떨어졌다고 한다.[292]

---

291 『高峰原妙禪師禪要』, 「示理通上人」(卍續藏 권122, p.715상) "大抵學人打頭不遇本分作家 十年二十年 者邊那邊 或叅或學 或傳或記 殘羹餿飯 惡知惡覺 尖尖滿滿 築一肚皮 正如箇臭糟瓶相似."

292 『高峰原妙禪師禪要』, 「示信翁居士 洪上舍」(卍續藏 권122, p.711중) "故云 信是道元功德母 信是無上佛菩提 信能永斷煩惱本 信能速證解脫門 昔有善星比丘 侍佛

　실제로 고봉은 자신의 삶을 통해 스승 설암조흠雪巖祖欽 선사로부터
그 유명한 무쟈화두를 받고서 3년간을 씨름하였음에도 혼침昏沈과
산란散亂에 시달리며 진전을 보지 못하였으나, 훗날 예전에 받았던
'만법귀일萬法歸一, 일귀하처一歸何處' 화두에 의정이 일어나 힘들이지
않고도 무심삼매無心三昧에 들 수 있었다고 한다.[293] 이후 다시 설암으로
부터 '잠이 깊이 들어 꿈도 생각도 없고, 보지도 듣지도 못하는 때에
주인공은 어디 있는가?'라는 질문을 받고 대답을 못하고 그 길로 임안臨
安 용수사龍鬚寺로 가서 5년간 용맹정진한 끝에 어느 밤 함께 잠자던
도반이 떨어뜨린 목침 소리를 듣고 확철대오確徹大悟했다고 전해진다.
이렇듯 결코 순탄치만은 않았던 깨달음의 노정을 겪었던 고봉이 훗날
터득하게 된 원칙이 바로 '올바른 선지식과의 만남'과 '그에 대한 철저한
믿음'이었으리라는 것을 짐작해 볼 수 있겠다.

　그런데 앞서 언급하였듯이 고봉에 의해 강조된 스승에 대한 철저한
믿음이 한국 간화선에서는 '스승이 준 화두는 절대 바꾸어서는 안
된다'라는 규율로 확장되었다고 할 수 있다. 이 부분과 관련하여 정작
그것의 발단이 되었던 당사자인 고봉 자신은 여러 번 화두를 바꾸며

二十年 不離左右 蓋謂無此一箇信字 不成聖道 生陷泥黎."
[293] 『高峰原妙禪師禪要』, 「開堂普說」(卍續藏 권122, p.705상) "前所看無字 將及三載
除二時粥飯 不曾上蒲團 困時亦不倚靠 雖則晝夜東行西行 常與昏散二魔 輒作一
團 做盡伎倆 打屛不去 於者無字上 竟不曾有一餉間省力 成片自決之後 鞫其病源
別無他故 只爲不在疑情上做工夫, …… 空喫許多生受 略無些子進趣 一歸何處
却與無字不同 且是疑情易發 一擧便有 不待返覆思惟計較作意 纔有疑情 稍稍成
片 便無能爲之心 既無能爲之心 所思卽忘 致使萬緣不息而自息 六窓不靜而自靜
不犯纖塵 頓入無心三昧."

참구한 끝에 증득에 도달할 수 있었던 사실은 상호간 모순적인 느낌을 전해 주는 듯해서 이러한 규율을 재고할 필요성이 있지 않는가 하는 의문이 생기게 만든다. 그리고 실제로 이어지는 제5장에서 다루게 될 '한국 간화선의 세계화' 과제를 위해서도 다시 한 번 생각해 볼 점이라 사료된다.

4. 소결

지금까지 본장을 통하여 지녔던 가장 핵심적인 문제의식은 바로 한국불교계, 그 가운데에서도 특히 조계종이 스스로가 종지종풍宗旨宗風으로 자부하고 있다는 한국 간화선의 수행법적 정체성이 과연 무엇인가 하는 것이었다. 이미 한국 간화선이란 표현이 국내 불교계에서 널리 통용되는 상황에서 그것의 정체성을 다시금 논하는 의미는 바로 현 시점의 시기적 중요성에 있다. 이 외에도 종단 차원에서 간화선의 대중화·세계화를 위해 다른 어느 때보다 더 집중적인 노력과 재정투입을 하고 있는 상황, 한국의 국가적 위상이 증진되어 전 세계적으로 한국의 전통문화에 대한 관심이 더욱 높아지고 있는 시점, 조계종 종정예하 진제스님 또한 간화선 선풍을 널리 진작시키기 위해 최선의 노력을 다할 것이라는 의지를 거듭해서 천명하고 있는 점 등[294] 작금에

---

294 조계종 종정예하 진제스님은 종정에 추대되기 이전인 2011년 9월 16일, 뉴욕 리버사이드 교회에서 각계 인사와 시민 등 2000여 명의 청중이 모인 자리에서 '간화선세계평화대법회'를 봉행하였다. Finn Vigeland and Quinton Robbins, "South Korean Buddha visits Riverside Church" *Columbia Daily Spectator*,

일어나는 여러 가지 일들은 지금 이 시기가 바로 한국 간화선을 그 근본부터 새롭게 다시 점검하고 보완해야 할 때임을 상기시키고 있다고 하겠다.

이처럼 중요한 시기인 만큼 '수행법적 측면에서 한국 간화선의 정체성 확립'이라는 과제를 대함에 있어서 한국불교계가 가져야 하는 자세 또한 중요하다고 하겠다. 본장의 연구를 통해 알 수 있었던 바와 같이 한국 간화선은 중국 남송대에 대혜가 집대성한 수행법이 고려 중기에 전래된 이래로 그 어떤 변화의 과정도 겪지 않고 오늘날까지 전래되어 온 것은 아니었다. 중국의 정치적 상황 변화와 이에 영향을 받는 국내 정치적 환경의 변화와 불교계 내부적 요청 등에 의해 어느 한 선사의 수행법을 수용하거나 어떤 선적禪籍에서 강조하는 수행법을 수용하기도 하였다.

가장 큰 변화는 고려 후기 원 간섭기가 시작된 이후 고려 왕실을 위시한 지도층 및 불교계 인사들이 원의 몽산덕이와 직접적인 교류를 함으로써 발생하였다. 비록 몽산이 대혜와 같은 임제종 양기파의 선사 이기는 했지만, 대혜의 직계 법맥에 속하지는 않았던 인물이다. 이후 수행법의 측면에서는 큰 변화를 겪지는 않았지만, 여말삼사를 통해 간화선풍이 더욱 널리 진작되는 과정을 거치며, 여말·선초에 전래된

Sep. 16, 2011. 또한 2015년 5월 16일에는 이웃 종교 지도자 및 전 세계 고승 300여 명을 초청하여 서울 광화문 광장에서 '세계 간화선무차법회' 개최를 추진하는 등 국제포교와 한국 간화선의 세계화를 위해 많은 노력을 기울이고 있다. 허연·이향휘, "매경이 만난 사람: 내달 '세계 간화선무차법회' 여는 조계종 종정 진제스님" 〈매일경제〉(2015년 4월 10일자) A24면.

것으로 추정되는 고봉원묘의 『선요』에 의해 또 다른 변화를 겪게 되었다. 그렇다면 이러한 변화의 과정을 근거로 해볼 수 있는 한 가지 예측은 한국 간화선의 수행법이 앞으로도 변화할 수 있다는 점이다.

필자는 이 시점에서 간화선을 태동시킨 선불교전통 역시 그 사상적 근원에는 일반적으로 인식되는 바와는 다른 측면을 가지고 있다는 점을 간략하게나마 소개할 필요성을 느낀다. 간화선의 뿌리가 되었던 것이 조사선의 전통이며, 이 전통은 결국 선불교 영역 내에서 태동한 것인데, 주지하다시피 선불교는 인도불교가 중국의 문화적 토양 속에서 도가사상과 융합되어 나타난 결정체이다.[295] 그런데 이 도가사상에 대해 흔히들 "반문명적"이거나 "은둔적"인 것으로 인식하는데, 그것보다는 오히려 "다른 형태의 문명론"으로 보아야 하기 때문이다.[296] 이렇게 될 때 우리는 사회적 맥락에서 보는 선불교에 대한 새로운 인식의 전환을 도모할 수 있다. 따라서 붓다 재세 시의 초기불교에 내재된 문명에 대한 입장과 도가사상에 내재된 문명에 대한 입장 모두가 결코 반문명적이거나 은둔적인 것이 아니며, 그 뿌리에서 태동한 간화선 또한 지속적으로 정치·사회·문화적 영향을 받으며 지속적으로 변화해 갈 수 있는 것이다.

그러나 오늘날 한국불교계를 대표하는 조계종단 내부에는 한국 간화선 수행법의 형태를 정형화시킨 채 마치 결코 변화할 수 없는 절대적인

---

[295] 미찌하타 료우쥬우(道端良秀), 「중국불교의 도교적道教的 전개」, 보현진열 편역, 『僧伽』 제8집(중앙승가대학교, 1991), p.185 참조.

[296] 최진석, 「社會的 脈絡에서 본 老子의 哲學」, 『철학연구』, Vol.44, No.1(철학연구회, 1999), pp.113~14 참조.

것인 양 여기는 인식이 존재하고 있다. 물론 현 시점에서 한국 간화선이 지니고 있는 수행법의 체계를 정확히 파악하는 작업은 당연히 해야 할 중요한 일이라 하겠다. 하지만 필자가 본장에서 연구한 바와 같이 한국 간화선 수행법의 변천사를 제대로 고찰하게 된다면, 그 수행법이 앞으로 영원히 변화할 수 없는 고정불변의 절대적인 진리인 것처럼 취급하는 입장을 더 이상 고집할 수 없다는 것을 이해하게 될 것이다.

그럼에도 불구하고 일각에서 고려 중기에 간화선이 한반도에 전래된 이래로 여말·선초를 거치며 완전히 정형화된 완벽한 수행체계로 확립되었기 때문에 이제는 더 이상 변화할 필요가 없다는 주장을 제기할 수도 있을 것이다. 하지만 이러한 주장은 논리적 근거의 취약성을 다분히 가지고 있다고 할 수 있다.

우선 한국 간화선 수행법에 지대한 영향을 끼쳤던 몽산이 생전에 '염불화두법念佛話頭法'[297]을 주창했다는 사실을 어떻게 설명하려 하는 가? 오늘날의 입장에서도 염불화두법이란 것은 논쟁을 불러일으키기에 충분한 개념인데 말이다. 이에 덧붙여 기나긴 기간 억불숭유抑佛崇儒 정책이 진행되었던 조선시대라는 예외적 상황 속에서 임진왜란이라는

---

297 '염불화두법'은 원대元代의 중봉명본中峰明本이나 유칙惟則에 의해 개발되었다고 본 것이 학계의 정설이었으나, 염불과 화두 참구의 방법론적 결합의 내용이 담긴 몽산의 법문 2편(필사본 2편으로 그 제목은 각각 「몽산화상염불화두법蒙山和尚念佛話頭法」과 「몽산화상서씨거사염불법어蒙山和尚徐氏居士念佛法語」임)이 발견되어 염불과 화두의 융합이 처음 시도된 시기를 앞당겨야 한다는 주장이 제기된다고 한다. '염불화두법'에 대한 보다 상세한 설명은 인경, 『몽산덕이와 고려후기 간화선사상 연구』, pp.263~309; 허흥식, 『고려에 남긴 휴휴암의 불빛 몽산덕이』, pp.92~105 참조.

비상시국을 통해 새로운 돌파구를 마련하며 조선시대 불교사에서 독보적인 위치를 차지하고 있는 인물인 청허휴정마저도 참선과 염불이라는 서로 아주 극명하게 다른 수행체계를 함께 수용하는 선정쌍수禪淨雙修를 주창했다면,[298] 한국 간화선 수행법의 다양성 추구를 시도하지 못할 이유가 어디에 있겠는가?

앞서 본서 제1장에서 거론된 숭산의 관음선종의 사례를 통해서도 볼 수 있었듯이, 오늘날 간화선 수행의 구체적인 현장의 모습은 너무나도 다양하게 변화되어 가고 있다. 따라서 한국불교계, 그 가운데 특히 조계종이 이와 같은 수행 현장의 역동적 변화를 적극적으로 수용해 나가지 않은 채 한국 간화선 수행법을 하나의 고착화된 형태로 개념화한다면, 조계종이 강조하는 간화선 대중화·세계화의 기치는 이념과 현실 간의 괴리로 인해 퇴색되고 말 것이다.

주지하다시피 오늘날 세계는 이전의 역사가 상상하기 힘든 수준의 속도로 빠르게 변화하고 있다. 각 문화권이나 국가 간의 교류의 속도나 그 규모 또한 이루 말하기 힘든 수준으로 성장하였다. 이처럼 역사상 유래 없는 규모와 속도로 변화하고 교류하는 시대에 한국 간화선만이 변화를 거부한 채 고립되어 있기는 힘들 것이다. 다만 변화할 수 있는 부분과 변화해서는 안 되는 부분 사이에 철저한 원칙과 균형을 유지하는 것이 필요할 것이다.

---

298 이와 관련하여 휴정의 『법화경』 수용 행적에 대한 연구로서 이기운, 「西山大師休靜의 法華經 수용과 신행」, 『한국선학』 제15호(한국선학회, 2006)와 선정쌍수 전통의 역사에 관한 내용을 많이 포함하고 있는 이원숙, 「圓佛敎 禪淨雙修論의 研究」, 원광대학교 대학원 불교학과 박사학위논문, 2012 등 참고.

제5장 한국 간화선의 세계화를 위한 제언[299]

─유럽의 불교수용 맥락에서[300]

1. 도입

Don Baker는 2010년 10월 18일 서강대학교 종교연구소가 주관한

---

[299] 본장은 필자의 논문, 「한국 간화선의 세계화를 위한 제안: 유럽의 불교수용 맥락에서」, 『불교학 연구』 제32호(불교학연구회, 2012), pp.565~611을 본서의 전체적인 맥락에 맞도록 내용을 수정·보완한 것이다.

[300] 본장은 그 부제가 의미하는 바와 같이 '유럽의 불교수용 맥락에서 한국 간화선의 세계화를 위해 취할 수 있는 방안을 모색하는 목적을 가지고 있다. 이 경우 유럽에서 불교가 전반적으로 확산되게 된 조건이 아닌, 간화선이 확산될 수 있는 또 다른 고유한 상황을 바탕으로 한 연구가 필요하다는 의견이 발생할 수 있다. 이에 대해 필자는 그러한 의견의 가치에 대해 충분히 공감하며, 그러한 관점을 가진 새로운 연구의 필요성을 인정하는 바이다. 다만 간화선은 불교라는 거대한 종교사상의 한 지류에 불과하기 때문에 불교가 수용된 맥락과 간화선이 수용될 수 있는 특수한 맥락이 중복되거나, 전자 속에 후자가 포함될 수 있는 가능성도 존재할 수 있음을 밝혀두는 바이다.

Journal of Korean Religions 창간기념 학술발표에서 "The Paradox of Korean Secularity"라는 논문[301]을 발표하였다. 이 연구에서 그는 서구사회에서는 세속화의 과정 속에서 종교적 영역이 축소되고 그 영향력이 감퇴되는 양상을 보였었는데,[302] 이에 반해 한국에서는 세속화가 빠르게 진행되어 왔음에도 불구하고 종교생활에 대한 국민들의 참여는 오히려 증대되었고 이에 따라 종교의 대사회적 영향력 또한 증가하였다는 것이다. 이러한 현상에 대해 Baker는 논문의 제목에서도 명시하였듯이 "한국적 세속성의 역설"이라고 표현하였다.

그렇다면 불교라는 단일 종교적 측면에서 서구의 상황을 분석해 볼 때 한국과 유사한 역설적 상황이 전개되고 있다고 해도 지나친 주장은 아닐 듯하다. 왜냐하면 오늘날 서구에서 일어나고 있는 불교에 대한 관심 증가와 교세 확장은 세속화 과정의 측면에서 생각해 보았을 때 가히 역설적이라 할 수 있을 정도로 그 양상이 상반된 방향으로 전개되고 있기 때문이다. 그러면 이른바 그리스도교 중심 사회라고 불리는 서방세계가 어떠한 이유로 인해 불교에 이처럼 지대한 관심을

---

301 Don Baker, "The Paradox of Korean Secularity," *Journal of Korean Religions* 창간기념 학술발표회 기조발표문(서강대학교 종교연구소, 2010).

302 서구사회가 세속화되면서 종교적 영향력이 감퇴했다는 주장에 있어서 Baker와 같이 그 현상이 유럽과 미국 모두에서 동일하게 나타났다는 입장이 있는가 하면, José Casanova와 같이 유럽과 미국의 경우를 구별하여 유럽에서는 종교의 영향력이 감소한 데 비해 미국에서는 오히려 종교적 신념과 실천이 지속 또는 부흥되었다는 입장도 있다. José Casanova, "Rethinking Secularization: A Global Comparative Perspective" in Peter Beyer and Lori Beaman, ed. *Religions, Globalization and Culture* (Leiden: Koninklijke Brill NV, 2007) 참조.

갖게 되었을까하는 의문이 자연스럽게 제기될 수 있다. 게다가 그 관심이 유럽사회에서 불교가 처음으로 대중적 인기를 얻었던 19세기에만 머물렀던 것이 아니라, 20세기 후반에 와서 또 다른 부흥기를 맞이할 수 있게 할 만큼 지속적이고 강렬했기에 이 점에 대한 연구의 필요성은 더욱 강해진다.

 그렇다면 과연 불교에 대한 관심과 그 교세가 서구에서 이처럼 꾸준히 성장하게 된 원인은 무엇인가? 또한 이 현상 이면에 자리하고 있는 역사적·사상적 배경은 무엇이었는가? 이러한 질문들이 본장에서 다루어질 일차적 주제이다. 위와 같은 연구의 바탕 위에 본장의 또 다른 연구 주제인 '유럽의 불교수용 맥락에서 분석한 한국 간화선의 장점과 문제점'에 천착할 것이다.

 간화선에 관한 기존의 연구들 가운데 "한국 간화선의 세계화"와 관련한 것이 존재하는데, 바로 미산스님의 연구이다.[303] 스님의 연구는 간화선의 국제화를 위한 종단 차원의 의식고취와 정책적 방안 등을 중점적으로 다룬 훌륭한 논문이었다. 그렇다면 그것에 덧붙여 본 연구가 존재해야 하는 의미는 무엇인가?

 그 첫 번째 의미는 유럽 불교수용의 시기별 특징을 분석하여 한국 간화선의 세계화를 위한 전략적 자료로 삼고 있다는 것이다. 환언하면 19세기부터 현대에 이르기까지 유럽의 불교수용 측면에서 중요한 변화가 발생한 시기를 역사·문화적 정황에 따라 구분하고 각 시기별 특징을 조사하여 서구인들이 불교를 수용한 이유와 그것을 통해서 추구하고자

---

303 미산스님, 「간화선 국제화의 전망과 과제」, 대한불교조계종 교육원 불학연구소 편저, 『간화선 수행의 성찰과 과제』(조계종출판사, 2007), pp.249~274.

했던 것이 무엇이었는가를 확인하게 해준다. 이러한 연구는 한국 간화선과 서구문명의 접촉점을 보다 정확히 가늠할 수 있게 해준다. 두 번째는 유럽의 불교수용 맥락에서 간화선이 가지는 장점 및 문제점에 대한 분석을 시도하고 있다. 이 작업은 간화선이 서구인들을 위해 얼마나 필요한 수행법인가를 보다 깊이 인식할 수 있게 해준다. 마지막으로 본장은 한국 간화선의 문제점에 근거하여 수행법의 개선을 제언함으로써 세계화를 확대하고자 하는 구체적인 시도를 하고 있다.

2. 유럽 불교수용의 시기별 특징

유럽이 불교를 수용하는 과정에 대한 시기를 구분함에 있어 학자들마다 약간의 이견이 존재할 수는 있겠으나, 필자의 입장에서 가장 주요한 변화의 발생을 중심으로 다음과 같이 세 시기로 구분하는 동시에 각 시기별 특징을 바탕으로 간결한 명칭을 부여하였다. 그 첫 번째 시기는 19세기에 있었던 불교수용의 '여명기'로서 소수의 지식층을 중심으로 지적인 차원의 접근이 발생했던 시기인 동시에 신앙적 관점의 전환이 일어난 시기라 볼 수 있다. 두 번째는 2차 세계대전 이후부터 1970년대에까지의 '1차 부흥기'로서, 양대 세계대전 이후 새로운 정신적 대안으로서 불교가 각광을 받던 시기이다. 세 번째는 1990년대부터 현재에 이르기까지의 '2차 부흥기'로서, 전자·정보기술의 발전과 함께 불교가 서구사회에 급격하게 확산되던 시기이다.

1) 여명기: 지적 차원의 접근과 신앙적 관점의 전환기

19세기는 불교수용의 여명기로서 초창기였다는 단순한 의미 이외에도 결코 간과할 수 없는 중요성을 지니는 시기이다. 먼저 이 시기는 소수의 지식인층을 중심으로 한 지적인 차원의 접근 시기라는 특징을 지닌다. 다음으로는 기존의 그리스도교적 신앙관으로부터의 탈피현상이 나타나면서 이것이 불교라는 새로운 신앙체계로의 이동이 시작된 시기였다는 데 또 다른 의미를 부여할 수 있겠다.

필자는 이 시기가 갖는 위와 같은 의미들을 발생시킨 원인을 또다시 두 가지 차원으로 분석하였는데, 첫 번째가 유럽의 대외적 환경 변화에 의한 것이며, 두 번째가 유럽인들의 영적·정신적 각성에서 비롯된 것이다. 이 가운데 불교에 대한 지적인 차원의 접근은 유럽사회가 동남아시아 국가들―그 가운데 특히 인도―과의 교류 증가라는 대외적 환경 변화에 의한 것이었다. 이와 함께 그리스도교적 신앙관으로부터의 탈피와 함께 불교라는 새로운 신앙체계로의 이동이 시작된 것은 유럽인들의 영적·정신적 각성에 의한 것으로 볼 수 있다. 그리고 이들 두 현상은 각각 독립적 특성뿐만 아니라 상호간 긴밀한 연관성도 동시에 지니고 있다.

(1) 불교에 대한 지적 추구: 문헌학·철학적 연구

17세기 초부터 영국, 프랑스, 네덜란드를 중심으로 인도의 후추, 사탕수수, 면직물 등에 대한 무역 독점권을 차지하기 위해 동인도회사를 설립하였고, 이것이 훗날 인도를 비롯한 동남아시아 여러 국가들에 대한 식민지 지배의 발판으로 작용하였다는 것은 주지의 사실이다.

188

이 가운데 논지 전개상 초점을 인도로 좁혀본다면, 유럽의 여러 국가들
과 인도와의 교역이 교역 그 자체로 끝나지 않고 결국—최종적으로
영국에 의한— 식민지화로 귀결된다. 그리고 이 과정에서 자연스럽게
인도의 종교전통들과 이것들이 보유하고 있던 각종 경전을 위시한
다양한 문헌들에 대한 접촉과 연구로 이어지게 된다. 이 부분이 유럽사
회가 불교나 힌두교 등 인도의 종교전통들에 대한 관심을 갖게 만든
대외적 환경변화 요인이었다.

17세기부터 전개되기 시작했던 이와 같은 대외적 환경변화에서
기인한, 불교와 같은 인도의 종교전통에 대한 관심은 대부분 소수의
지식인들에 의한 지적인 차원에 머무르는 것이었다.[304] 그렇지만 이러
한 지적 활동이 피상적 수준에 머무르지 않고 시간이 흐름에 따라
점차 심도 깊은 학문적 연구로 발전하여 상당한 수준의 연구 체계와
성과로 이어지게 된다.

이 당시 학문의 성격은 자연스럽게 서구인들에게 이질적인 종교전통
속에 간직된 문헌에 대한 연구가 주를 이루게 된다. 따라서 산스크리트
어나 팔리어 자체에 대한 언어학적 연구를 바탕으로 불교경전에 대한
문헌학적 연구 및 해석학 등이 주요 영역을 형성하게 된다.[305] 이와
같이 불교에 대한 문헌학적 연구가 한 축을 이루었다면, 그 문헌의

---

304 Martin Baumann, "Buddhism in Europe," in Charles S. Prebish & Martin
Baumann, ed., *Westward Dharma* (Berkeley and Los Angeles: University
of California Press, 2002), p.86.

305 배상환, 「서구 문헌학적 연구방법론의 수용과 인도 불교학의 성립」, 『한국선학』
제24호(한국선학회, 2009), p.530.

내용에 대한 철학적 연구가 또 하나의 축을 형성하며 이질적인 전통에 대한 이해를 추구하며 발전하게 되었다.[306]

이 중 먼저 문헌학적 방면에서 가장 먼저 두각을 나타낸 제1세대 학자로 독일의 산스크리트어 학자, Friedrich Schlegel(1772~1829)과 프랑스의 문헌학자 Eugène Burnouf(1801~1852)를 들 수 있다.[307] Schlegel은 인도의 종교적·철학적 전통을 발굴하여 그 내면적인 가치를 선양했던 학자로서 스스로 명명했던 "동양의 르네상스(The Oriental Renaissance)" 기조의 초석을 놓았다.[308] 또한 Burnouf는 근대 불교학의 개창주로 평가받는 학자로서 불교학을 서구의 근대 동양학의 중요한 한 분야로 구축하였으며,[309] 불교를 힌두교 전통에서 분리시켜 하나의 독립된 종교로서의 위치를 정립시켰다는 평가를 받는다.[310] 이 가운데 특히 Burnouf의 저서, 『인도불교사 서설』(L'introduction à l'histoire du Bouddhisme Indien, 1844)은 서구 언어로 쓰인 최초의 불교 학술서로서 유럽 불교연구의 초석을 놓은 역작으로 평가된다.[311]

다음으로 이 시기의 2세대 학자로 영국의 Thomas. W. Rhys Davis (1843~1922), 독일의 Hermann Oldenberg(1854~1920)와 Max Müller

---

306 위의 논문, p.555.

307 Martin Baumann, 앞의 논문, p.86.

308 위의 논문.

309 이민용, 「근대 불교/학의 형성과 아카데미즘에서의 위상-서구 불교학 형성에 대한 반성적 성찰」, 『한국교수불자연합학회지』 제18권, 제1호(한국교수불자회, 2012), p.13.

310 위의 논문.

311 배상환, 앞의 논문, pp.534~535.

(1823~1900) 등의 활약이 돋보였다. 이 가운데 Davis는 1881년 런던에서 팔리성전협회(The Pāli Text Society)를 창설하여 팔리어 경전에 대한 체계적 연구를 기반으로 불교학 연구의 발전을 지향한 인물이다.[312] 다른 한편으로 그는 팔리성전협회를 통해 당시 저명한 학자들이 상호 교류하며 불교연구의 국제적 공조를 추구했는데, Oldenberg와 Müller도 그들 중에 속했다.[313] 특히 Oldenberg는 그의 저서, 『붓다: 그의 생애, 그의 교리, 그의 공동체』(Buddha: His Life, His Doctrine, His Order)를 통해 불교에 대한 대중적 관심을 끌어내는데 상당한 역할을 하였다.[314] 또한 Müller는 종교학의 개창주로 인정받는 학자로서, 『동양의 성서들』(Sacred Books of the East) 발간은 그의 주도하에 이루어진 것이다. 이상은 19세기에 이루어진 불교에 대한 문헌학적 활동의 개괄적인 서술이며, 이에 대한 여러 학자들의 다양한 연구 결과들이 이미 국내외 학계에서 발표된 바 있기에 필자는 이상과 같은 간략한 소개로 대신하는 바이다.

전술한 바, 서구유럽의 불교학이 산스크리트어와 팔리어 연구를 기반으로 불교문헌학의 형태로 발전하여 왔다면, 이 흐름에 또 다른 도약의 발판을 마련해 준 것이 불교에 대한 철학적 연구였다. 이 가운데 불교에 대한 유럽인들의 인식전환에 결정적 기여를 한 사람은, 앞서 소개된 Schlegel이나 Burnouf와 같은 학자들과 동시대에 활약했던 쇼펜하우어(Arthur Schopenhauer, 1788~1860)였다.[315] 그는 자신의 대

---

312 Martin Baumann, 앞의 논문, p.87.

313 배상환, 앞의 논문, p.535.

314 위의 논문.

표적 저서, 『의지와 표상으로서의 세계(The World As Will and Re-presentation)』(1819)에서 유대-그리스도교적 전통이 제공했던 구원의 확신이 무너져버린 폐허를 감싸는 도구로써 불교와 베단타를 사용하였다.[316]

우리는 인도인들이 행동하는 것처럼 '브라흐마'에 재흡수되거나 불교도의 '열반'과 같은 신화와 언어로써 무를 회피해서는 안 된다. …… 그러나 또한 역으로 의지가 스스로를 바꾸고, 스스로를 부정하여 버린 사람들에게도, 우리에게 그렇게도 사실적인, 태양과 은하수를 가진 이 세계가 바로 '무'(이것이 또한 불교도의 '반야바라밀'이며, '모든 인식의 피안', 즉 주관과 객관이 더 이상 존재하지 않는 경지이다)인 것이다.[317]

위의 내용을 통해서도 인식할 수 있듯이 그는 이 책을 통해 삶과 철학에 있어서의 다양한 주제에 대한 그의 견해를 피력하면서 인도의 베단타와 불교의 가르침에서 비롯된 여러 철학적 입장을 활용하고 있다. 물론 쇼펜하우어 철학의 테제가 칸트 철학의 범주론에 대한 비판적 수용에서 출발하지만,[318] '생의 철학'으로 명명되는 그의 철학

315 Gananath Obeyesekere, "Buddhism," in Mark Juergensmeyer, ed., *Global Religions* (New York: Oxford University Press, Inc. 2003), p.65.

316 위의 논문.

317 Arthur Schopenhauer, *The World As Will and Representation*, vol. I, E. F. J. Payne trans. (New York: Dover Publication, Inc., 1969), pp.411~412.

318 김진, 「쇼펜하우어와 초기불교의 존재 이해」, 『동서철학연구』 제30호, 2003,

속에 깃든 불교사상의 영향은 지대하다고 할 수 있다. 유고 태생의 불교학자로 고국에서 박사학위를 받은 후 스리랑카에서 승려가 되었던 나나지바코는 『의지와 표상으로서의 세계』는 불교적 관점에서 집필된 것으로서, 그 주제가 불교의 사성제설과 상당한 유사성을 가진다고 평가한다.[319]

오늘날 쇼펜하우어의 사상이 『의지와 표상으로서의 세계』를 통해 대변되고 있지만, 이 책에 앞서 이미 6년 전에 발표되었던 자신의 박사학위논문, 「충족이유율의 네 가지 근원에 관하여(Über die Vierfache Wurzel des Stazes vom Zureichenden Grunde)」(1813)에서 불교적 세계관과의 깊은 연관성을 지녔던 그의 사상적 핵심이 잘 나타난다. 여기서 '충족이유율'이란 "어떤 것도 그 자체로서 독립적으로 존재하지 않고, 독자적으로 존재하지 않는다"는 소위 "근거의 원칙"을 의미하는 데, 존재의 상호의존적 발현을 그 내용으로 하는 불교의 연기설과 상당한 유사성을 갖는 것이라 할 수 있다.[320]

비록 쇼펜하우어가 30대 초반에 『의지와 표상으로서의 세계』를 출간한 이후 수십 년간 당시 학계와 출판계로부터 외면을 당했지만, 이 책의 부록 정도라 할 수 있는 『인생을 생각한다(Parerga und Paralipomena)』(1851)가 대중들로부터 큰 인기를 얻게 되면서 그의 사상이 널리 주목을 받게 된다.[321] 이후 그의 사상은 프로이트, 니체, 키르케고

---

p.168.

319 위의 논문, pp.168~169.

320 위의 논문, p.169.

321 권기철, 「쇼펜하우어의 생애」, 쇼펜하우어, 『의지와 표상으로서의 세계』, 권기철

르, 비트겐슈타인 등 당대 또는 후대 학자들에게 지대한 영향을 주었다.[322]

쇼펜하우어 이외에 불교에 대한 지대한 관심을 표방했던 철학자로서 니체(Friedrich Nietzsche, 1844~1900)를 빼놓을 수 없을 것이다. 젊은 시절 쇼펜하우어의 『의지와 표상으로서의 세계』를 읽고 큰 감명을 받아 그의 철저한 신봉자가 되었던 니체는 불교를 "허무주의 종교"로 이해했으며, 불교에 내재한 "삶에 대한 의지의 부정"을 문제시했다.[323]

그러나 니체의 불교 이해가 쇼펜하우어의 입장을 답습하는 것에 머물지는 않았다. 쇼펜하우어와는 달리 불교에 대한 니체의 견해는 "부정적이면서도 긍정적"이며, "비판적이면서도 그 안에서 새로운 종교 및 사유의 가능성을 탐진하는 양가적인 모습"을 가졌다.[324] 가령 "삶과 현실로부터 도피하는 현실 부정적 세계관에 기초"해 있다는 측면에서 그리스도교와 불교 모두를 비판하고 있지만, 불교에 대해서는 "신 개념을 폐기한 진실한 무신론을 대변"하고 "삶의 현상에 충실하면서도 삶의 고통을 벗어나는 정신섭생의 방법을 알려주는 실증적"이라는 견해 등을 피력하며 우호적인 태도 또한 보이고 있다.[325] 후술하겠지만 그리스도교에 대해 극히 비판적이었던 니체의 견해는 동시대인들의 무신론적 세계관 형성에 큰 영향을 미쳤다. 19세기에 일어난 불교에

역(동서문화사, 2008), pp.536~537.

322 위의 책, p.553.

323 김정현, 「니체의 불교이해」, 『열린정신 인문학연구』 제6집(원광대학교 인문학연구소, 2005), p.69.

324 위의 논문, p.73.

325 위의 논문, pp.74~76.

대한 철학적 연구의 사례 또한 문헌적 연구와 마찬가지로 여러 학자들의 사례가 더 있지만, 논지 전개상 대표적으로 쇼펜하우어와 니체의 입장에 대한 소개만으로 대신하고자 한다.

(2) "신이 없는 종교"를 통한 내면적 자각

쇼펜하우어의 『의지와 표상으로서의 세계』보다 40년 뒤에 발표된 다윈(Charles R. Darwin, 1809~1882)의 『종의 기원(On the Origin of Species)』(1859)은 역사상 그리스도교 신앙에 대해 가장 강력한 충격을 준 저서 중 하나라고 지칭되기에 조금도 부족함이 없을 것이다. 이 책에서 다윈은 '자연선택설'을 바탕으로 생물의 진화를 주장하였는데, 진화에 관한 그 이전의 사상들을 종합하며 진화론이라는 개념을 당시 유럽사회에 확고하게 정착시켰다. 비록 그리스도교계로부터 심각한 비난을 받기는 했으나, 그로 인해 유일신 사상과 창조론을 주장하는 그리스도교 교리에 대한 회의론이 확산되었다. 이와 같이 다윈의 진화론은 그리스도교의 기반을 뒤흔드는 타격을 가했을 뿐 아니라, 정치·사회·문화 등 전 분야에 걸쳐 당시 유럽사회에 지대한 영향을 끼쳤다.

다윈이 과학이론으로써 그리스도교 신앙에 심각한 타격을 가했다면, 그와 동시대의 인물로서 앞서 불교에 대한 철학적 연구 사례로서 언급하였던 니체로 인한 충격 역시 만만치 않은 것이었다. 루터교 목사의 장남으로 태어났던 그는 역설적이게도 집안의 종교적 배경과는 전혀 상반된 이론으로써 동시대인들을 무신론의 절정으로 이끌었다. 니체는 역작, 『차라투스트라는 이렇게 말했다』(Thus Spoke Zarathustra, 1883~1885)에서 "신의 죽음"을 선포했다.

"'모든 신들은 죽었다. 이제 우리는 초인이 살기를 원한다.' - 이것이 그 위대한 정오에 우리의 마지막 의지이기를!" - 차라투스트라는 이렇게 말했다.[326]

이 책은 10년간의 은둔생활을 마치고 세상으로 나온 예언자 차라투스트라라는 가상의 인물이 설파하는 가르침을 기술하는 형식을 취하고 있는데, 결국 그를 통해 무신론을 기반으로 한 '초인 사상', '영원 회귀' 등 니체 본인의 사상을 역력히 드러내고 있는 것이다. 이 외에도 니체는 『안티 크리스트(The Anti-Christ)』, 『우상의 황혼(Twilight of the Idols)』, 『반시대적 고찰(Untimely Meditations)』 등 그의 저서 곳곳에서 그리스도교에 대한 신랄한 비판을 가했다.

이상과 같이 다원이즘과 신의 죽음 사상의 확산으로 말미암아 종교적 구심점을 잃게 된 유럽의 지성들에게 "신이 없는 종교(non-theistic religion)"로서의 불교가 매력적으로 다가온 것은 어쩌면 자연스러운 현상이라고도 볼 수 있겠다. 그들은 싯다르타의 각성을 Awakening이라는 표현대신 Enlightenment로 표현하며 불교가 용어 속에서 이미 계몽주의(the Enlightenment) 사조와 일치된 종교임이 드러내기도 했다. 이 때문에 당시 유럽의 지성들은 불교 속에 존재하는 신화적 요소, 비현실적 담론들은 철저히 배제하면서 불교를 수용하였다. 따라서 신비적·주술적 요소가 강한 대승불교(Mahāyāna Buddhism)보다는 상좌부불교(Theravāda Buddhism)가 더욱 환영받았다.[327]

---

326 Friedrich Nietzsche, *Thus Spoke Zarathustra*, Adrian Del Caro trans., (Cambridge: Cambridge University Press, 2006), p.59.

2) 1차 부흥기: 양대 세계대전 이후 새로운 정신적 대안

19세기가 유럽 불교수용의 여명기였다면, 1차 부흥기(1950년대~1970
년대)는 두 번에 걸친 세계대전이라는 초대형 충격파를 겪은 이후에
전개되었다. 비록 여명기가 지난 이후인 20세기 초반, 즉 1920~1930년
대에도 불교에 대한 지적·신앙적 관심과 참여는 꾸준히 확산되었지만,
세계대전—특히 2차 세계대전—을 거치는 동안 이러한 움직임은 급격히
쇠퇴하였다. 그러나 이후 2차 세계대전의 종식과 함께 불교와 연관된
다양한 활동이 유럽에서 다시 일어나게 되는데, 필자는 이 시기를
1차 부흥기로 지정하고자 한다.

20세기 초에 활동했던 다수의 불교단체와 사찰들은 2차 대전의
폐허가 채 사라지기도 전에 본격적인 활동에 돌입하였다. 그들이 이처
럼 신속하게 활동을 재개하게 된 데에는 당시 유럽인들의 정신적 요구가
상당한 원인으로 작용하였다. 즉 세계대전이라는 대규모 전쟁의 충격
은 유럽인들로 하여금 기존의 종교인 그리스도교를 대체할 수 있는
새로운 신앙적 돌파구를 모색하게 만들었던 것이다.[328] 속속 생겨나는
불교관련 강좌들은 큰 반향을 불러일으켰으며, 각종 불교서적에 대한
관심도 크게 증가하였다.[329] 이러한 현상에 대해 필자는 평화 지향적
종교라는 불교에 대한 인식이 큰 영향을 미쳤으리라 판단한다. 실제로
2차 세계대전 기간 중 불교인들은 독일의 나치에 의해 평화주의자로
지목되어 체포되기도 했었다.[330]

---

327 Obeyesekere, 앞의 책, p.66.

328 Martin Baumann, 앞의 논문, p.91.

329 위의 논문.

1차 부흥기 중 1950년대에 발생한 주목할 만한 현상 가운데 선불교가 Daisetz T. Suzuki(1870~1966)와 Eugen Herrigel(1884~1955)의 저서들을 통해 유럽사회에 처음으로 소개된 것을 들 수 있다.[331] 이후 선불교는 서구인들의 꾸준한 관심과 참여를 이끌어냈는데, 이러한 현상의 이면에는 불교를 더 이상 지적 관심의 대상으로만 생각하지 않고 영적·육체적으로 직접 체험하고자 하는 유럽인들의 성향 변화가 자리하고 있었다.[332]

이 시기에 또 하나의 주목할 만한 현상으로 1960년대 이후 티베트불교의 급격한 성장을 들 수 있다. 이러한 현상과 그 시기가 티베트라는 국가의 정치적 상황과 밀접한 관련이 있다는 것은 쉽게 추론 가능하다. 1950년 중국 인민해방군이 티베트를 점령함에 따라 정치·종교적 지도자였던 달라이 라마Dalai Lama와 그를 추종하는 세력들이 1959년 인도 다람살라에 망명정부를 세우게 된다.[333] 이후 달라이 라마를 위시한 티베트의 라마승(lama)들은 유럽을 비롯하여 전 세계를 순회하며 전법 활동을 펼치는 동시에 티베트의 독립운동을 전개하게 된다. 라마승들은 불교에 관심을 갖는 유럽인들의 정신적 스승으로서의 역할을 했으며, 그 중 특히 달라이 라마는 상징적인 존재로서의 역할을 충분히 해냈다. 1973년부터 시작된 그의 유럽 방문은 이후에도 유럽 전역으로

---

330 위의 논문, pp.89~90.

331 위의 논문, pp.91~92.

332 위의 논문, p.92.

333 김석근, 「티베트 불교와 '달라이 라마'의 역사정치학: '정치와 종교'의 얽힘과 분화를 중심으로」, 『동양정치사상사』 제4권, 제2호(한국동양정치사상사학회, 2005), p.209.

지속되었으며, 티베트불교의 승려들은 다수의 유럽인들에게 살아 있는 영성의 대명사가 되었다.[334]

3) 2차 부흥기: 전자·정보기술의 발전과 불교의 확산

유럽에서 불교에 대한 관심은 1990년대 초부터 기하급수적으로 증가하였다. 유럽의 어느 잡지는 불교를 일컬어 "2000년대 트렌드 종교"로까지 선언하기도 하였으며, 유명 영화배우, 스포츠 스타, 이 외 다양한 분야의 저명인사들이 저마다 불교 추종자임을 선언하기도 하였다.[335] 그렇다면 이 부분에서 우리는 왜 하필 1990년대에 불교가 유럽사회에서 이와 같이 폭발적인 반응을 얻게 되었는가에 관심을 가질 필요가 있다. 주지하다시피 1990년대는 컴퓨터와 인터넷을 기반으로 한 전자·정보기술이 급격하게 성장했던 시대였다.

우리는 전자시대를 살고 있다. …… 전자시대의 인간은 정보화된 문화적 기호들을 채집하는 떠돌이로 이곳에서 저곳으로 세계를 횡단하고 있다. 방송매체, 무역, 여행 등을 통해 보다 빈번해진 문화적인 접촉과 갈등의 경험은 정보채집의 공간을 세계화한다. 20세기 말의 현시대 문화는 코스모폴리탄적이다.[336]

---

334 Martin Baumann, 앞의 논문, p.92.

335 위의 논문, p.85.

336 김성례, 「탈식민시대의 문화이해-비교방법과 관련해서」, 『비교문화연구』 창간호, 서울대비교문화연구소, 1993, pp.79~80.

김성례 교수가 위에서처럼 당시 시대의 변화를 분석하고 있듯이, 전자·정보기술의 혁신을 기반으로 하는 세계화의 시대적 흐름은 "문화연구의 전통적 대상이었던 비서구사회의 문화를 서구문화와 동시대적인 차원에서 생각"하게 만들었다.[337] 앞서 설명한 바와 같이 유럽사회는 이미 18, 19세기부터 그리스도교보다 내면적 자유를 추구하는 성향이 강한 불교에 큰 매력을 느껴왔다. 이에 덧붙여 과학기술의 발달과 사상의 변화에 따라 신의 존재에 대한 회의감이 확산되면서 "신이 없는 종교"의 가능성을 불교에서 찾게 됨에 따라 불교의 파급력은 더욱 강력해졌다. 이러한 바탕 위에 이제 전자·정보기술의 혁신을 통해 실시간 대규모로 행해지는 문화적 접촉은 불교의 확산 속도를 더욱 가속화시킨 것이다.

이후 프랑스, 독일을 비롯한 유럽 각국에는 대승불교, 상좌부불교, 티베트불교 등 여러 불교 종파가 각자의 수행방법과 교리체계를 바탕으로 그 영향력을 확대시켜 나가고 있다. 다음은 1990년대 후반, 유럽 주요 국가의 불교단체나 학자들에 의해 불교신자들 가운데 각 종파가 차지하고 있는 비율을 파악한 통계자료이다.[338]

---

[337] 위의 논문, p.80.

[338] Baumann, 앞의 논문, p.94.

(단위: %)

종파 \ 국가	영국	프랑스	독일	스위스	네덜란드
상좌부 불교	18.5	6.5	15.2	21	14
대승불교(선불교)	18.1	53	35.6	29	44
티베트불교	36.9	36.8	42.2	48	37
비동맹(독립)종파	26.5	3.7	7	2	5

비록 위와 같은 통계자료 하나를 완성하는 것이 결코 쉬운 작업은 아니지만, 그 정확성 측면에서는-저자 또한 밝히고 있듯이- 대강의 비율 정도로만 받아들여야 할 것이다.[339] 그럼에도 불구하고 선불교와 티베트불교의 강세가 여러 국가에서 나타나고 있다는 점은 유의해서 봐야 할 부분이다. 왜냐하면 이들 종파에 대한 관심이 그만큼 높고 유럽 불교계에서 차지하는 영향력이 크다는 것을 입증하기 때문이다. 또한 간화선이 속해 있는 선불교보다 티베트불교가 더 높은 비율을 차지하고 있다는 점 또한 주지해야 할 부분이다. 그 이유는 이러한 현상의 원인이 된 티베트불교의 특징과 역사에 대한 보다 폭넓은 연구가 앞으로 수행될 필요가 있기 때문이다.

---

[339] 위의 논문, p.94.

3. 유럽의 불교수용 맥락에서 분석한 한국 간화선

1) 유럽의 불교수용 맥락에서 분석한 한국 간화선의 장점

불교가 서구에서 대중적인 큰 관심을 끈 지 2세기가 지나가고 있는 오늘날, 그래도 아직까지는 왠지 낯선 서구라는 종교·문화적 토양을 바라보며 불교라는 거대한 바다 속의 한 수행체계에 지나지 않는 간화선, 그 가운데 특히 한국 간화선의 미래를 어떻게 전망할 수 있을까?

사실 한국 간화선은 구산수련(九山秀蓮, 1909~1983) 선사나 숭산행원 선사 등을 통해 1970년대부터 이미 서구사회에 전파되기 시작하였다. 이 선사들을 통해 Robert Buswell과 현각스님 같은 걸출한 서양인 제자들이 배출되어 지금도 서방과 국내를 오가며 활발한 활약을 펼치고 있다.[340] 이 가운데 특히 숭산의 활약은 미국과 유럽 모두에 걸쳐 상당한 결실을 거두었다. 본서를 통해 상세히 연구되고 있는 부분이지만, 미국에만 29개, 세계적으로 32개국에 120개의 선수행 센터가 개설되어 숭산의 가르침대로 수행에 매진하고 있다.[341] 하지만 그럼에도 불구하고 서구사회에서 한국의 간화선은 아직도 그 영향력이 미미한 상황이다.

그러나 오늘날 서방이라는 새로운 토양에 그 뿌리를 깊고도 넓게 확산시켜야 하는 과제를 안고 있는 한국 간화선의 미래는 결코 어둡지 않다. 그 이유는 간화선이 다양한 장점을 갖추고 있기 때문이다. 특히 전술한 유럽의 불교수용 과정에 대한 고찰을 바탕으로 분석해 볼 때

---

340 미산스님, 앞의 논문, pp.260~261.
341 종호스님, 「미국의 간화선 수행」, pp.266~267.

간화선은 유럽사회의 종교적 특성과 역사적 배경에 상호 접목되는 여러 가지 장점들을 가지고 있다고 필자는 분석한다.

첫째는 간화선 자체가 지니고 있는 강한 학문적 성향이다. 비교해서 보자면, 간화선은 같은 불교 수행법이지만 상좌부불교의 위빠사나(Sk. vipaśyanā, Pā. vipassanā) 수행법과는 아주 다른 특성을 가진 것이다. 위빠사나 수행은 '관觀'이라는 문자적 의미를 통해서도 알 수 있듯이, 호흡의 관찰을 기초로 하여 몸의 여러 부분에서 일어나는 작용과 느낌 하나하나, 나아가 생각의 흐름에까지도 집중한다. 하지만 이것과는 달리 간화선은 불교수행법 가운데 학문적 요소가 아주 강한 특성을 가지고 있다.

일차적으로 간화선은 수행의 주된 매체인 화두가 문자로 형성되어 있는데, 이 점이 학문성으로 연결되기 용이한 특성을 가진다고 볼 수 있다. 그 이유는 하나의 화두라도 그 안에는 이미 상당한 의미의 불교적 역사와 교리를 간직하고 있기 때문이다.[342] 따라서 간화선 수행 자는 자연스럽게 화두에 대한 논리적 의문을 가지게 되고,[343] 선불교를 포함한 불교교리와 역사에 대한 전반적인 이해의 필요성을 인식하게 되며, 이에 대한 이해를 바탕으로 거듭 반복해서 화두를 고찰하게 된다.

---

342 서명원, 「간화선의 서양 전달과 그 수용—입실제도入室制度를 중심으로」, 『한국선학』 제26호(한국선학회, 2010), p.197.

343 대혜가 제시하는 간화선 수행 원칙 하에서는 화두에 대한 논리적 접근이 엄격히 금지되고 있으나, 현대 서구인들 입장에서 우선은 논리적인 접근을 통하여 화두를 이해해 나가며 점차적으로 간화선에 대한 이해의 폭을 넓혀나가야 할 것이기에, 이와 같이 "논리적 의문을 던지게" 되는 일종의 과정을 기술한 것이다.

앞서 고찰했던 바, 유럽 불교수용의 여명기였던 19세기에 불교에 대한 문헌학적·철학적 연구와 같은 지적인 접근이 불교의 유럽 정착에 견인차 역할을 했던 것이 사실이다. 그렇다면 간화선에 내재되어 있는 학문적 성향은 그들의 지적인 욕구를 충족시켜줄 수 있는 아주 매력적인 요소로 작용할 수 있을 것이다.

뿐만 아니라 이러한 간화선의 학문성은 합리성을 갖춘 종교를 체험하기를 갈구했던 서구인들에게 아주 매력적인 요소로 작용할 수 있다. 전술한 바와 같이 19세기 당시 유럽인들은 불교에 비합리적 요소가 다분히 존재함에도 불구하고, 불교 속의 합리적 요소만 선별하여 수용하면서까지 불교를 추종했다. 그처럼 종교 속의 합리성은 새로운 신앙적 돌파구를 찾는 그들에게 중요한 부분이었다.

둘째로 간화선은 서구인들에게 그들이 추구하는 진정한 정신적 자각(enlightenment)을 가져다줄 가능성을 아주 강하게 가지고 있는 수행법이다. 이미 서구사회에 거의 보편화되다시피 한 요가의 경우 주로 신체 건강과 정신적 평안의 증진을 목적으로 행해지고 있다. 비록 그 파급효과나 대중적 관심도 측면에서 간화선과는 비교할 수 없을 정도로 우위에 있기는 하지만, 요가는 정신적 평안을 넘어선 정신적 자각을 체험하게 하는 측면에서는 간화선에 비해 그 효력이 아주 약하다고 필자는 판단한다.

간화선은 지눌이 경절문涇截門이라는 별칭을 붙이며 극찬했을 정도로 깨달음의 측면에서 갖는 효용성은 대단하다. 더욱이 앞서 고찰했듯이 유럽 불교수용의 여명기를 지나 양대 세계대전 이후 1차 부흥기에 접어들면서 유럽인들에게 불교는 더 이상 지적 관심의 대상만이 아니었다. 영적·육체적으로 직접 종교적 체험을 하고자 하는 유럽인들의 열망이 더욱 강렬해졌고, 이것이 선불교에 대한 수요를 증진시킨 동력이 되었다. 따라서 그리스도교 이외의 종교에서 진정한 정신적 각성을 추구하고자 하는 서구인들에게 간화선은 아주 매력적인 수행법이 될 수 있다.

마지막으로 간화선은 서구에 만연되어 있는─세계화의 확산으로 인해 서구만의 문제가 아닌, 전 세계적 문제이기도 한─ 개인주의와 자본주의의 병폐에서 기인한, 개인의 정신적 고통을 유발하는 요소들을 치유할 수 있는 기능을 간직하고 있다.

르네상스 이후 근대유럽에서 태동한 개인주의의 풍조는 상당히 많은 장점을 갖고 있지만, 대부분의 사상이나 이념이 그러하듯 적잖은 문제점 또한 표출해 왔다. 그 대표적 사례로 군중 속의 고독감 확산, 우울증의 증가나 이로 인한 자살률의 상승 등을 들 수 있다. 자본주의 또한 개인주의와 마찬가지로 다양한 장점들 이면에 여러 문제점들을 양산해 왔는데, 인간이 자본의 가치에 예속됨으로써 발생하는 인간의 가치성 상실, 극심한 빈부격차에서 비롯되는 가지지 못한 자의 상대적 상실감이나 패배감 등이 그것이다. 특히 2천 년대로 접어든 이후 서구사회는 2007년 "서브프라임 모기지 사태(sub-prime mortgage crisis)"로 촉발된 미국 발 금융위기와 2010년 그리스와 이탈리아의 국가부도 위기 등으로 인해 상당한 곤경에 처해 있다. 대량 실업사태가 발생하고 이에 따른 경제적 위기감이 사회 전반으로 확산됨에 따라 이전에 비해 정신적 긴장과 압박감이 더욱 증가하였다.

간화선 수행체계는 이처럼 서구사회에서 다양하게 표출되고 있는 개인의 정신적 차원의 문제점들을 해소시켜 줄 수 있는 훌륭한 기능들을 자체적으로 간직하고 있는데, 먼저는 간화선 수행이 갖는 공동체적 행위의 특성을 들 수 있다. 비록 화두 참구의 과정은 철저한 개인의 내면적 행위이기는 하지만, 간화선 수행의 전체적 과정이 공동체 속에서 이루어지기 때문에 '우리'라는 공동체 의식을 배양시켜 개인적 고독감을 줄이는 작용을 할 수 있다.

　다음으로 간화선 수행체계 속에 있는 '입실제도入室制度'의 전통 또한 개인의 심리적 불안감이나 기타 내면적 문제점 등의 치유에 상당한 효과를 줄 수 있다. '화두 참구'라는 매개체를 통해 스승과 제자 사이에 지속적으로 갖는 점검의 과정은 마치 상담을 통한 심리치료의 과정과도 같은 역할을 하게 된다. 따라서 개인의 정신적 건강상태에 문제가 발생하는 것을 미연에 예방할 수 있으며, 또한 문제가 발생한 이후라면 치유할 수 있는 기능도 가능할 수 있다.

2) 유럽의 불교수용 맥락에서 분석한 한국 간화선의 문제점
(1) '일평생 오직 하나의 화두만 참구'하는 전통
① 화두의 정의와 본질적 기능[344]

간화선을 그 문자적 의미대로 해석해본다면, '화'는 화두話頭를 의미하므로[345] '화두를 보는 선수행법'이라고 간단히 정리해 볼 수 있다. 그러나

---

344 비록 유사한 설명이 반복되기는 하나, 본장의 논지 전개상 앞서 설명한 바 있는 '화두'와 '간화선'에 대한 정의를 간략하게 다시 언급하고자 한다.

345 여기서 두頭는 의미가 없는 단순한 조사일 뿐이다(이철교, 일지, 신규탁 편찬, 월운 감수, 『선학사전』, 불지사, 1995, p.742); "화두話頭는 화話와 같고, 두頭는

여기서 본다는 의미는 우리가 일상생활 가운데 사물을 단순히 바라본다고 할 때의 본다는 것을 의미하는 정도가 아니라, 이른바 "오매일여寤寐一如"의 경지에 이를 정도로 한결같은 상태로 화두를 보아야 함을 의미한다. 따라서 수행자들은 "화두를 든다"거나 "화두를 잡는다" 또는 "화두를 참구參究한다"는 등의 표현을 주로 사용한다. 그런데 이 화두의 특징이 결코 평범하지가 않다. 간화선을 집대성한 대혜선사가 가장 빈번하게 사용하였으며, 흔히 "화두의 어머니"라고도 칭해지는, 조주선사의 '무자無字' 화두만 봐도 그 독특함이 쉽게 드러난다.

한 승려가 조주선사에게 묻기를 "개에게도 불성이 있습니까? 없습니까?" 하니, 조주선사가 대답하기를 "없다"고 했다.[346]

이 대화에서 조주선사의 대답은 대승불교사상의 가장 핵심적인 가르침 중 하나라고 할 수 있는, "모든 삼라만상에는 불성이 내재하고 있다"는 "일체중생一切衆生, 실유불성悉有佛性"의 입장에 위배되는 것이다. 따라서 수행자는 조주선사의 이 '무'라는 대답을 통해 상당한 충격과 혼란스러움에 휩싸이게 되며, 자연스럽게 이것에 대한 의구심을 갖게 된다. 이때 발현된 의심을 간화선 수행에서는 '의정疑情'이라고 부른다. 결국 이 의정을 키울 수 있게 하는 것이 화두 참구의 일차적인 목적이다.[347]

접미어"(大慧宗杲, 『大慧普覺禪師語錄』 제6권, 김태완 역, 소명출판, 2011, p.186).
346 『無門關』(『大正藏』 48, 292c) "趙州和尚因僧問, 狗子還有佛性, 也無 州云無."
347 Robert E. Buswell, Jr., "Short-cut Approach of K'an-hua Meditation," p.351

여기서 수행자는 오직 화두에만 근거해 발생하는 의정을 추구해야 하며, 이러한 과정이 인간의 보편적인 논리적 인식작용이 차단되는 기능을 함으로써 오직 화두에만 의지하여 정신을 집중시킬 수 있게 만든다. 이러한 이유로 『대혜보각선사어록大慧普覺禪師語錄』에는 논리적 인식작용, 즉 "사량분별思量分別"을 금기시하는 표현을 숱하게 접할 수 있는 것이다. 이때 수행자가 이 "무"와 같은 화두에 일념으로 집중하게 되면 '자기성찰적 초점'을 얻게 된다. 이러한 과정이 결국 수행자로 하여금 자기 마음속의 깨달음의 원천으로 향하게 만드는데, 이것이 화두의 본질적 기능인 것이다. 이와 같은 과정을 선가의 용어로 "회광반조廻光返照"라고 한다. 일단 수행자가 이 회광반조를 통해 마음속의 원천을 회복하게 되면, 조주선사가 마음에서 마음으로 전하고자 한 가르침의 의미를 알게 되며, 나아가 깨달음의 상태에 도달하게 된다.[348]

② 한 개의 화두만 들 때와 여러 개의 화두를 들 때의 차이

일평생 하나의 화두만 들어야 한다. …… 화두 하나만 타파하면 모든 화두가 타파되는 것이니만큼 여러 화두를 바꾸어가며 참구할 필요가 없다.[349]

참조.

[348] 위의 책, p.347.

[349] 대한불교조계종 포교원 포교연구실, 『간화선 입문』(조계종출판사, 2006), pp.162~163.

208

위에서처럼 조계종에서 출간한 간화선 지침서에서부터 볼 수 있듯이, 한국 간화선 전통에서는 일평생 오직 하나의 화두만을 참구할 것을 철저히 강조한다. 이와 같이 오직 하나의 화두 타파를 강조하는 입장은 이 수행법을 정립했던 대혜의 사상을 아주 잘 반영하고 있는 것이라고 할 수 있다. 대혜는 본인의 스승인 원오극근의 가르침에 따라 "한 의심 타파가 천만 가지 의심 타파"라는 기치 아래 하나의 화두를 제대로 타파하는 것이 중요하다는 점을 매우 강조하였다.

천 가지 의심과 만 가지 의심이 단지 하나의 의심입니다. 화두 위에서 의심을 타파하면, 천 가지 의심과 만 가지 의심을 일시에 타파할 것입니다. …… 옛사람의 공안 위에서 의심을 일으키거나, 일상에 작용하는 번뇌 가운데 의심을 일으키면 모두 다 사악한 마귀의 무리입니다.[350]

위와 같은 대혜의 언구가 분명히 의미하듯이 간화선에서는 오직 한 가지 화두 타파를 통해 증득에 도달할 것을 강조한다. 여기에 추가해 한국 간화선 전통에서는 스승이 간택해 준 화두의 적절성에 대한 시시비비를 논하는 것을 엄히 금해 왔다.[351] 이렇게 되면 수행자가 그 하나의 화두에 투여하는 정신적 집중력의 크기가 더욱 극대화될 수 있는 장점이

---

350 『大慧普覺禪師語錄』,「答呂舍人(居仁)」(『大正藏』47, 930a). "千疑萬疑, 只是一疑 話頭上疑破, 則千疑萬疑一時破, …… 古人公案上起疑, 日用塵勞中起疑, 皆是邪 魔眷屬."
351 조계종 교육원 불학연구소·전국선원수좌회 편,『간화선, 조계종 수행의 길(개정판)』(조계종출판사, 2008), pp.169~170.

있고, 따라서 앞서 언급한 '자기성찰적 초점'을 얻을 수 있는 힘이
더욱 커지게 된다고 할 수 있다.

　그런데 위와 같이 하나의 화두 참구만을 강조했던 대혜의 전통이
일본으로 전래된 이후 그곳에서는 아주 다른 형태로 변화되어 갔으며,
그 변화의 중심에는 "일본 임제선의 중흥조"로 추앙받는 백은혜학이
있다. 일본 임제종은 그 개조인 명암영서가 송나라에 가서 법을 이어온
이후 가마쿠라시대와 도쿠가와시대 초기에 이르기까지 크게 위세를
떨쳤지만, 막부의 외호를 받은 것이 오히려 선풍의 쇠퇴를 초래하며
점차 세력이 약화되어 오직 대응파大應派만이 선풍을 전승하게 된다.[352]
하지만 도쿠가와시대 중기에 나타난 백은혜학에 의해 새로운 중흥의
기회를 맞게 되고, 이 백은이 공안 참구에 관한 새로운 형태의 수행법을
정립하였는데, 그 수행법이란 바로 공안을 체계화하여 참선수행 과정
을 일종의 커리큘럼 형태로 만든 것이다.[353]

　이상에서 서술한 일본 임제종의 사례와 같이 일련의 화두를 참구하게
되는 경우, 한 개의 화두 참구만을 강조하는 전통에 비해 상대적으로
자기성찰적 초점을 얻을 수 있는 집중력의 강도가 약화될 가능성이
증가할 수 있다. 절대적인 한 가지가 아닌, 일련의 화두들 가운데
수행자 자신을 증득에 도달하게 할 것이 어떤 것일지에 대해 반신반의할
여지가 발생할 수 있기 때문이다. 이에 반해 다양한 화두를 참구하게
됨에 따라 수행자로 하여금 의정이 발현되는 화두를 찾을 수 있는

---

[352] 니시무라 에신(西村惠信), 「일본 간화선의 전통과 변용」, 『보조사상』 제25집(보조
　　사상연구원, 2006), p.109.
[353] 위의 논문, p.113.

가능성이 증가한다는 장점이 발생할 수도 있다.

③'일평생 오직 하나의 화두만 참구'하는 전통의 문제점

간화선이 아무리 훌륭한 수행법이라 하더라도 완벽하지는 않을 수 있다. 그리고 만약 창안될 당시에는 그 시대적 상황에 알맞게 형성된 수행법이었다 하더라도, 천여 년의 기나긴 세월이 지난 오늘날에는 시대의 변화에 맞게 수정해야 할 부분 또한 존재할 수 있다. 그런 의미에서 한국의 간화선 전통에 대해 필자가 가장 먼저 지적하고 싶은 것은 '일평생 오직 하나의 화두만을 참구'하는 전통을 지나치게 강조하는 한국 간화선의 선풍에 관한 부분이다. 물론 이러한 선풍은 앞서 언급한 바와 같이 대혜의 사상을 더 잘 반영하고 있는 입장이라 하겠다. 하지만 우리는 이러한 그의 주장을 태동시킨 당시의 사회적 정황을 살펴볼 필요가 있다.

수많은 공안집들이 발간되면서 그것이 '송고문학頌古文學'으로까지 번성하게 되었지만, 역으로 선이 오히려 문자에 얽매이고 송고문학의 문학성에 매료되어 오히려 이것이 깨달음에 장애물이 되어버린 상황 속에서 대혜는 선종의 쇄신을 위한 아이디어를 결국 선종 속에서 찾아내었다. 즉 공안집의 분량이 중요한 것이 아니고, 참구하고 있는 공안의 개수가 중요한 것이 아니라, 한 개의 공안이라도 제대로 타파하는 것이 중요하다는 가르침에 방점을 둔 것이다.[354]

---

354 최용운, 「보조지눌의 간화선관에 내재된 문제점 연구」, 『한국선학』 제26호(한국선학회, 2010), p.22.

　대혜 당시 많은 불자들은 선수행의 본질은 뒤로 한 채 공안집의 문학적 가치 분석에만 매몰되어 있었고, 심지어 당시 사대부들이 공안집의 연구를 과거 준비를 위한 수단으로까지 여겼던 현상마저 나타나기도 했었다. 이러한 '문자선文字禪의 폐단'을 척결하고자 대혜가 제시하였던 방안이 한 가지 화두만이라도 제대로 참구하여 깨달음에 이르게 하는 간화선 수행이었던 것이다. 그렇지만 대혜의 이러한 입장마저도 하나의 방편적 처방이었음을 인식할 필요가 있다. 그 이유는 대혜 본인조차 "동산수상행東山水上行이나 유구무구有句無句 등의 화두로 심지개발心地開發을 했다"는 내용이 『인천보감人天寶鑑』에 나타나기 때문이다.[355] 게다가 이제 시대는 완전히 변했고, 더군다나 이 간화선을 서구인들까지 아우를 수 있는 세계화된 수행법으로 만들고자 한다면 새로운 문화적 토양에 맞는 대응이 필요하다. 이것은 또한 서구사상과 문물이 자유롭게 왕래하는 현대 한국사회에도 동등하게 적용될 수 있는 것이다.

　혹자는 어쩌면 이렇게 반문할지도 모른다. 한 가지 화두만을 타파함으로써 증득에 이를 수 있다는 가르침이 오히려 기나긴 수행 과정을 겪어야 하는 번거로움도 줄이며, 하나의 화두만으로 간결하고 분명하게 수행할 수 있기에 현대 서구인들에게 더 매력적으로 보일 수 있지 않겠느냐고. 물론 이러한 주장도 그 나름대로의 타당성은 가지고 있다. 하지만 당장의 결과만을 생각하는 근시안적인 안목으로써가 아니라 서구인들의 성향과 그들이 불교를 수용하게 된 역사적 배경을 함께

---

355 박영재, 『붓다도 없고, 미륵도 없네』(본북, 2011), p.97.

고려해본다면, 그 선택은 달라질 것이다.

　앞서 설명했듯이 18세기 이후 많은 서구인들의 발길을 그리스도교에서 불교로 돌리게 만든 핵심적 원인 가운데 하나가 바로 그리스도교 내에 합리성이 결여된 부분이 다수 존재했던 점이었다. 17세기 계몽주의의 태동 이후 과학기술이 지속적으로 발전하고 자유분방한 사상들이 활성화됨에 따라 그리스도교의 입지는 점점 더 좁아지게 되었다. 이 때문에 당시 많은 유럽인들은 불교에 비합리적인 부분들이 상당수 존재함에도 불구하고 그 부분을 배제해 가면서까지 불교를 수용할 정도로 그리스도교의 대안을 불교에서 찾고자 하였다. 그렇다면 한 개의 화두를 타파하여 얻는 깨달음으로 부처님의 경지에 도달할 수 있다는 이 말이 서양인들에게 과연 얼마나 합리적으로 들리겠는가?

　일례로, 오늘날 유럽에서 가장 성공적으로 간화선 수행을 보급하고 있다는 평가를 받고 있는 일본의 삼보교단三寶敎團[356]에서는 한 가지 화두 참구만을 강조하지 않는다. 오히려 공안집 속의 수많은 화두 하나하나를 지속적으로 참구해 나갈 것을 강조한다. 그렇다면 한 개의 화두 타파를 통해 증득에 이를 수 있음을 강조하는 한국 간화선은 왜 유럽에서 삼보교단만큼의 성공을 거두지 못하고 있는 것인가? 하나의 화두만을 타파함으로써 그 높은 깨달음의 수준에 도달할 수 있다는 파격적인 제안을 하고 있는데도 말이다. 물론 상황이 이렇게 된 데에는 한국보다 서방사회에 더욱 일찍 그들의 선수행법을 전파한 역사적인 이유도 있다. 그럼에도 불구하고 그것만으로 다 설명할 수

[356] 삼보교단에 대해서는 서명원, 「歐羅巴의 看話禪 修行」,『보조사상』제25집(보조사상연구원, 2006), pp.185~190참조.

없는 이유가 있을 수 있다는 주장은 충분히 제기될 만하다.

서명원 교수 또한 필자와 마찬가지로 한국 간화선의 '일평생 오직 하나의 화두만 참구'하는 전통을 지적하고 있다. 그의 주장은 특히 본인 스스로가 서구인이며, 오랜 기간 서구 현지인들을 대상으로 직접 간화선을 지도한 경험에서 우러나오는 것이라 더욱 의미심장하게 다가온다. 간화선을 서구사회에 보다 효과적으로 전달하기 위한 다양한 방안을 담고 있는 그의 논문[357]에서 자신의 주장에 대해 논거로 제시하는 것들 가운데 『무문관』의 맨 마지막 칙인 제48칙 건봉일로乾峯一路에 있는 게송을 바탕으로 한 주장은 주목할 만하다.

발걸음을 내딛기도 전에 이미 도달했고, 혀를 움직이기도 전에 이미 설법을 마쳤네. 설령 (바둑에서) 착착 묘수妙手를 두어 기선을 잡았다고 할지라도, 모름지기 다시 향상의 비결이 있음을 알라![358]

위의 게송에 대한 본인의 해석과 함께 "한 칙의 화두만으로 충분할 수 있다"는 주장에 대해 서명원 교수는 다음과 같이 반론한다.

(위의) 의미는 만약 『무문관』의 수행 과정을 마친 이가 타인이나 스스로를 놀랍게 할 정도로 기가 막힌 재치를 갖고 있더라도, 계속

---

357 서명원, 「간화선의 서양 전달과 그 수용—입실제도入室制度를 중심으로」, 『한국선학』 제26호(한국선학회, 2010).

358 『無門關』(『大正藏』 48, 299a) "未擧步時先已到 未動舌時先說了 直饒著著在機先 更須知有向上竅."

더 올라갈 수 있는 가능성이 틀림없이 있기에, 그것만으로 만족할 바가 아니라는 것이다. 그러므로 『무문관』을 통한 화두 과정을 마친 수행자는 스승의 지시에 따라서 마무리 과정을 시작하든지, 『무문관』 과정을 처음부터 또 다시 하든지, 아니면 다른 공안집의 수행 과정 안으로 들어갈 수 있다.[359]

최근 국내 불교계에는 소위 깨쳤다고 주장하는 승려들의 삶의 모습에 대해 의구심을 제시하는 주장이 승단과 학계 모두에서 지속적으로 출현하고 있다. 특히 이 가운데는 재가 불교학자들 이외에 불교계에 널리 알려진 승려 학자들도 포함되어 있기에 더욱 관심을 가질 필요가 있다. 다음은 그 가운데 하나인 마성스님의 주장인데, 도법스님의 주장을 통해 자신의 입장을 피력하고 있다.

도법스님은 "(조계)종단 출가 수행자가 비구·비구니를 포함하여 대략 1만 2천 명이라고 한다. 50여 년 전체를 합치면 연인원 50여만 명이 수행에 진력해온 셈이다. …… 그동안 깨달음을 이루었다고 하는 사람을 만나기도 하고 함께 살기도 하고 쟁쟁한 소문을 듣기도 했다. 그런데 세월이 한참 지나고 나면 깨달았다고 큰소리쳤던 사람이 이상하게 된 경우가 의외로 많다. 실제 괜찮게 된 경우는 50만 명 중에 20여 명 정도를 넘지 않는다. 그 20여 명도 본인의 주장과는 달리 대중이 반신반의하는 것을 보면 깨달은 도인이 기대했던 것처럼 매력적이지 않은 듯하다. 그렇게 볼 때 수행하여 이루어낸 결과가 너무 초라하

---

359 서명원, 「간화선의 서양 전달과 그 수용—입실제도入室制度를 중심으로」, p.189.

고 허망하다"[360]고 탄식하고 있다.[361]

위와 같은 강도의 비판이 나올 정도의 현 상황에서 조계종은 한국 간화선의 세계화를 추진하기 위한 구호만 외쳐서는 안 될 것이다. 마치 간화삼요를 바탕으로 한 맹렬한 기세로 화두를 직시하듯 현재의 간화선 수행체계 속에 내재한 문제점을 직시해야 할 것이며, 그 가운데서도 특히 "일평생 한 칙의 화두만으로 충분할 수 있다"는 원칙에 있어서는, 비록 이것의 장점은 분명 존재하지만, 한국 간화선의 세계화를 위해서는 보다 유연한 입장을 취할 필요성은 없는지 재고해 볼 가치가 있다. 앞서 고찰한 바, 역사상 한국 간화선을 가장 널리 세계에 알린 숭산의 관음선종이 일명 '십문관十門關'이라 하여 10개의 화두를 지속적으로 참구해 가는 방식을 취하는 수행체계를 가진다는 점은 우리에게 시사하는 바가 크다 하겠다.

(2) 화두의 내용

일평생 오직 하나의 화두만을 참구하는 전통에 개선이 필요하다는 주장에 이어, 필자는 '화두의 내용'과 관련한 문제점과 개선책을 제시하고자 한다. 바로 서구 문화와 현대 사회에 적합한 새로운 화두의 개발에 관한 것이다. 이 부분에 있어서는 필자가 처음으로 문제의식을 품는

---

360 도법스님, 「수행 결사, 무엇을 해야 할 것인가」, http://www.bulgyofocus.net/news/articleView.html?idxno=62654 마성스님, 「한국불교의 수행법, 무엇이 문제인가」, 『불교평론』 제48호(2011, 가을), p.227에서 재인용.
361 마성스님, 위의 논문, p.227.

것이 아니라 이미 조계종에서도 이에 대한 필요성을 인식한 후 나름대로의 입장을 제시하고 있으며, 또한 다른 학자들의 문제제기와 그 해결책도 발견할 수 있다. 먼저 이와 관련한 조계종의 입장은 다음과 같다.

오늘날에는 이 시대에 맞는 새로운 공안이 필요하다고 주장하는 사람도 있다. 공안은 언어나 지식으로 이해하는 것이 아니기에 좋은 공안이 있고 나쁜 공안이 따로 있는 것은 아니다. 그러기에 현대인들의 특징을 감안하여 명안종사에 의하여 말길과 생각의 길이 끊어진 새로운 공안이 제시될 수도 있다. 다만 "옛 공안은 열등하고 새로운 공안은 뛰어나다"라는 식으로 생각해서는 안 된다. 공안에 '옛 공안'이 있고 '새로운 공안'이 있어 그 시대에 맞는 공안이 따로 있다는 식의 생각은 잘못이라는 말이다.[362]

이상으로 판단해 보았을 때 조계종은 새로운 공안의 필요성은 인정하면서도 동시에 이것으로 인해 자칫 전통적 공안의 가치가 훼손되지 않을까 하는 염려를 하고 있음을 감지할 수 있다. 결코 틀린 말이 아니다. 필자 또한 새 공안의 출현으로 인해 옛 공안의 가치가 저하되는 현상이 나타나서는 안 된다고 생각한다. 다만 여기서 필자가 다소 아쉽게 여기는 것은 조계종이 새 공안의 필요성에 공감은 하면서도 아직까지 그 구체적인 범례範例를 제시한다든가 하는 적극적 행보를 보이지는 않고 있다는 점이다. 이와 같은 태도는 한국 간화선의 대중화

---

362 조계종 교육원 불학연구소·전국선원수좌회 편, 『간화선, 조계종 수행의 길(개정판)』, pp.182~183.

와 세계화를 동시에 천명하고 있는 이 시점에 걸맞지 않다고 할 수 있다. 위의 주장은『간화선, 조계종 수행의 길』초판에서도 동일하게 나타나고 있는데,[363] 이 책이 출간된 해가 2005년이었으니 거의 7년이 되도록 종단 차원에서 주도적으로 적극적인 새로운 시도를 하고 있지 않다는 의미이다. 옛 공안의 가치도 중요하지만, 이와 함께 새 공안이 출현할 필요성도 결코 간과할 차원의 것이 아니다. 이 부분과 관련하여 윤원철 교수의 다음과 같은 주장에도 주목할 필요가 있다.

간화선 자체가 아무리 수행법으로서 타당성이 있다 하더라도 효율성이 없다면 존폐의 문제가 야기된다. …… 무엇보다도 우선 공안이 공안으로서 기능하기가 어려워졌다. 공안은 대개 옛 조사들의 즉흥적인 문답의 일화에서 나온 것이다. …… 즉흥적이되 질문자의 의식상태에 대한 통찰을 바탕으로 하여 적절하게 처방한 약이라 할 수 있다. 그리고 그 약의 효용은 질문자의 '알음알이'가 '꽉 막히게 하는 것'이다. …… 즉흥성을 상실하고 하나의 전형典型, 의례儀禮가 된 공안은 공안으로서 기능을 할 수가 없다는 것이다. 온갖 전형적인 공안들이 그 주인공들과 함께 배경이 낱낱이 까발려진 상황에서는 그 공안의 갈고리가 아무래도 무디어질 수밖에 없다는 것이다. …… 공안에 관한 각종 정보가 낱낱이 제공되어 있는 요즘에는 공안의 기능 상실이 그야말로 극에 달했다는 느낌이다.[364]

---

363 조계종 교육원 불학연구소·전국선원수좌회 편,『간화선, 조계종 수행의 길(초판)』(조계종출판사, 2005), pp.174~175.
364 윤원철,「한국불교의 수행 전통과 그 현대적 의미」,『東洋哲學研究』第23輯(東洋

고봉원묘가 '간화삼요' 가운데 하나로서 그렇게도 강조한 '대의정'을 체험하기 위해서는 사구死句가 아니라 활구活句를 참구해야 함은 화두 참구에 있어서 가장 기본적인 사항이다. 또한 여기서 사구와 활구를 구분하는 기준 잣대가 바로 참구하는 화두가 '의심의 발현'을 가능하게 해주는 것이냐의 여부이다. 따라서 어느 한 수행자에게 제시될 공안이 윤원철 교수의 주장과 같이 즉흥성을 상실한 하나의 전형이나 의례가 된 것이 아닐지에 대한 고민과 연구의 과정이 더욱 절실히 요구된다고 하겠다. 또한 이러한 문제점을 타개할 수 있는 하나의 대안으로 현대인들에게 적합한 새로운 공안을 지속적으로 연구·개발하는 작업이 필요하다는 입장은 충분히 타당성을 가진다고 볼 수 있다.

다만 이와 같은 주장을 자칫 옛 공안은 대체로 즉흥성을 상실한 전형이나 의례가 되기 쉽기에 오늘날에는 새로운 공안을 위주로 해야 한다는 뜻으로 받아들일 필요는 없다. 새 공안이라고 할지라도 그것을 받을 사람에 따라 의심이 전혀 발현되지 않을 수도 있으며, 마치 문학이나 철학의 고전과도 같이 오랜 세월에 걸쳐 검증된 옛 공안의 가치는 결코 경시될 수 없는 것이기 때문이다. 따라서 옛 공안이나 새 공안임을 불문하고 수행자의 상황이나 근기에 따른 면밀한 대응이 수반될 때 그 가치가 십분 발휘될 것이라고 할 수 있다.

그리고 이와 함께 간화선의 세계화 측면에서 중국문화권을 벗어난 지역의 사람들—특히 서구인들—에게 전통적 공안을 활용한 수행지도가 어떤 어려움을 수반할 수 있는지에 대해서는 최소한의 문제인식이라도

哲學研究會, 2000), pp.68~69.

필요하다는 점을 강조하고 싶다. 이 부분과 관련한 서명원 교수의
견해를 참고해 볼 필요가 있다.

> 얼핏 보면 제2칙인 백장야호百丈野狐가 무자화두無字話頭에 비해서
> 어렵지 않은 것처럼 보이지만, 막상 참구할 때 그 화두의 내용과 문맥을
> 제대로 파악하려면, 그 수행자에게 상당한 배경지식이 필요하다. 간단
> 히 예를 들자면, 중국문화권에서는 여우가 사람으로 둔갑할 수 있는
> 특별한 동물이라는 사실을 만일 서양인이 모른다면, 그가 아무리
> 심혈을 기울여 열심히 참구할지언정, 그는 천 년이 가더라도 그 화두의
> 주제조차 파악하지 못할 것이다. …… 그런데 '조주무자'와 '백장야호'
> 란 화두만이 서양인에게 예외적으로 어려운 것이 아니라, 다른 모든
> 화두들도 마찬가지다. 이는 간단히 말하자면, 화두 한 마디만 들어도
> 불교 전체가 그 안에 담겨 있기 때문이다.[365]

간화선 수행을 통해 깨달음에 도달하는 시간적 차원을 언급하면서
대혜는 심지어 10일 정도면 깨달을 수 있다고까지 말하기도 했으나,[366]
그것이 오늘날 현대인들-그것도 서양인들-에게까지 적용될 수 있을지
는 의문이다. 서명원 교수의 지적과 같이 문화적 맥락이 전혀 다른
서구인들이 어떤 화두에 대한 역사·문화적 배경에 대한 지식이 전혀

---

365 서명원, 「간화선의 서양 전달과 그 수용-입실제도入室制度를 중심으로」,
pp.196~97.

366 『大慧普覺禪師語錄』, 「答張提刑(暘叔)」(『大正藏』 47, 927a). "居士試如此做工夫
看, 只十餘日便自見得."

없이 그것을 참구하게 된다면 깨달음의 달성은 요원한 과제가 될 것이기 때문이다. 이렇듯 현대인들과 외국인들을 위한 새로운 화두의 고안이나 전통적 화두를 이해시키기 위한 불교 교리적 교육체계의 구성 등의 과제는 한국 간화선의 세계화를 위해 진지하게 고려해야 할 사항임에는 재론의 여지가 없다고 판단된다.

(3) 입실제도(혹은 입실참문)

대혜가 깨달음을 향한 도상에서 스승 원오선사로부터 지도를 받는 과정 중에 하루에도 서너 번씩 입실참문入室參問하기를 반 년 동안 지속하며 본인의 수행 정도를 지속적으로 점검받았을 정도로[367] 간화선의 수행 전통이 형성되는 데 있어서 입실제도의 중요성은 큰 비중을 차지하였다. 간화선 수행에 있어서 입실을 통해 깨침을 위한 과정을 꾸준히 점검받는 행위는 학인의 수행이 올바른 방향으로 진전되고 있는지, 어떤 병통에 시달리고 있지나 않은지, 혹은 화두를 더 철저하게 들기 위하여 또 다른 어떤 방법이 필요한지 등등 여러 가지 측면에서 중요한 역할을 하는 요소이다.[368]

이와 더불어 앞서 다룬 '유럽의 불교수용 맥락 속에서 간화선이 가지는 장점' 부분에서 필자가 의견을 피력하였듯이, 입실제도는 간화

---

367 『大慧普覺禪師語錄』, 「禮侍者斷七請普說」(『大正藏』 47, 881c) "老和尙却令我在
擇木寮作不釐務, 侍者每日同士大夫, 須得三四回入室, 只擧有句無句如藤倚樹,
纔開口便道, 不是, 如是半年間, 只管參."

368 조계종 교육원 불학연구소·전국선원수좌회 편, 『간화선, 조계종 수행의 길(개정
판)』, p.364

선 수행체계 내에서 서구 개인주의의 병폐를 치유할 수 있는 중요한 요소로 작용할 수 있다. 스승과 지속적으로 갖는 독대의 시간과 이것에 수반되는 추가적인 상담의 과정은 현대인들에게 더할 나위 없이 필요한 제도라 하겠다. 이것과 관련하여 서명원 교수는 실참實參의 체험을 바탕으로 다음과 같이 말한다.

> 그 기나긴 수행의 길을 처음 걸을 때, 초보자는 자주 입실에 대한 두려움을 느끼면서 그것을 극복해야 하는 부담감을 안게 되지만, 얼마 지나지 않아 오히려 입실에 대한 자신감이 생겨서 어느덧 스승과의 만남을 학수고대하게 된다.[369]

동·서양을 막론하고 현대인은 극심한 심리적 압박감과 정신적 부담 속에 시름하고 있다. 간화선 수행 전통 속에 자리 잡고 있는 입실제도의 존재는 이러한 상황을 타개해 나가게 해주는 작지만 아주 유용한 방안이 될 수 있다. 게다가 서구인들에게 한국 간화선을 전파하는 데 있어서는 이 제도가 더욱 강조될 필요가 있다. 조계종의 간화선 지침서에서도 입실제도를 통한 점검의 중요성을 강조하고 있다.

> 스승과 제자 사이에 점검이 잘 이루어지지 않을 경우 수행자들은 화두 참선에 재미를 못 붙이거나 엉뚱한 길로 빠질 수 있다. 그러니 점검은 중요한 것이다.[370]

---

[369] 서명원, 「간화선의 서양 전달과 그 수용—입실제도入室制度를 중심으로」, pp.185~186.

위와 같이 공식적으로는 조계종이 입실의 중요성을 역설하고 있지만, 안타깝게도 오늘날 한국 간화선 실참 현장에서는 이 전통이 거의 유명무실해진 상태이다.[371] 이와 같은 수행현장의 현실과 관련하여 법현스님은 다음과 같이 주장한다.

수십 년 수행을 했는데도 인격의 향상을 경험하거나 보여주지 못했다면, 그것은 수행을 한 것이 아니다. 이는 성불확신의 부재로 이어진다. 문제의 원인은 간화선 수행자나 지도자들의 전통인 입실면수入室面授, 거량擧量, 조참석취朝參夕趣 등의 과정을 통해 행해졌던 수행자에 대한 지도와 점검 및 인가認可하는 전통이 사라졌기 때문이다.[372]

법현스님의 견해는 한국불교 수행 전통에서 입실제도의 전통이 사라진 현실이 단순히 그것의 결핍에만 머무르는 것이 아니라, 수행의 이력에 따른 인격의 향상과 나아가 궁극적으로 '깨달은 자'다운 모습을 갖추는 데 있어서까지 영향을 미치고 있다는 점을 강조하고 있다.

---

370 조계종 교육원 불학연구소·전국선원수좌회 편, 『간화선, 조계종 수행의 길(개정판)』, p.364.

371 신규탁 교수 역시 그의 저서를 통해 대한불교조계종의 문제점에 대해 거론하는 가운데 '참선의 문제' 부분에서 입실점검의 부재에 대해 지적하고 있다. 그는 또한 조계종 승려들이 『승가오칙』 중 첫째인 간화선을 얼마나 충실히 실천하고 있는가에 대해서도 반문하고 있다(신규탁, 『한국 근현대 불교사상 탐구』, 새문사, 2012, p.54).

372 법현스님, "수행의 확신과 회통을 위하여", 〈현대불교〉 제867호(2011년 12월 21일자) 제31면.

입실제도의 가치가 이렇게까지 확장될 정도로 중요한 역할을 할 수 있는가에 대해서는 또 다른 기회가 된다면 더 심도 깊게 연구해 볼 문제이지만, 그만큼 입실제도의 제대로 된 회복은 오늘날 한국 간화선의 발전을 위해, 그리고 한국 간화선 세계화를 위해서도 중요한 요소라고 할 수 있다.

(4) 사제師弟관계

앞서 제4장을 통해 면밀하게 고찰되었던 바, 한국 간화선 수행법의 변화 과정을 볼 때 몽산선풍의 영향에 의해 '오후인가'의 과정이 강조되었으며, 고봉선풍의 영향에 의해 '본분종사에 대한 믿음'이 극히 중요시되었다. 이러한 영향들이 융합되면서 한국불교의 전통 속에서 형성된 스승의 위상은 가히 절대적이라 해도 과언이 아닐 정도가 되었다. 여기에 깨달음을 추구하는 제자들을 대함에 있어 스승의 친절함이나 섬세함보다는 투박함이나 냉담함을 앞세우는 조사선의 전통적인 제접법提接法까지 가세하기에 이른다. 조사선의 전통에서 "수행과 깨달음은 개인적 증득證得의 문제이므로 친절하게 일러주는 것은 자발적 증득을 방해하는 것"[373]으로 여겨져 왔기 때문이다.

　스승을 귀하게 여기고 존중하는 행위야 오히려 권장되어야 하겠지만, 스승의 위상을 지나치게 절대화한 나머지 선사들이 제자들에게 절대적인 권한을 남용하는 현상이 한국 간화선 선풍 속에 고착화되어 있다면 이 점은 재고해 볼 필요가 있지 않을까? 이와 함께 조사선의

---

373 서재영, 「看話禪 대중화의 문제와 과제」, 대한불교조계종 교육원 불학연구소 편저, 『간화선 수행의 성찰과 과제』(조계종출판사, 2007), p.495.

제접법은 의당 불친절해야한다는 식의 논리를 계속 고집한다면 이것을 어떻게 봐야 할 것인가? 김종명 교수는 한국 간화선의 전통 속에 나타나는 이 같은 폐단을 다음과 같이 지적한다.

　전통적으로 한국의 선승들은 선사의 도제徒弟로서, 그들에게 선사는 절대적 군림자였다.[374]

　한국 간화선을 세계화하기 위해서는 세계인이 호감을 갖고 수용할 수 있는 체계를 가지고 있어야 한다. 간화선 세계화의 구호만 외치며 "우리 것은 좋은 것"이기에 무조건 수용하라는 입장만을 내세워서는 안 될 것이다. 본장은 특히 서구인들을 대상으로 시각의 범위를 집중하고 있는데, 과연 그들이 이와 같이 "절대적 군림자"로 행세하며 불친절하기 짝이 없는 스승의 자세를 수용할 수 있을 것인가? 이 부분과 관련하여 서명원 교수의 다음과 같은 제안에 주목하고자 한다.

　서양인을 위한 입실을 진행시키는 법사는 사제師弟관계에서 '깨달은 자'와 '깨닫지 못한 자'로 구분하여 이를 지나치게 강조하기 시작한다면, 점검받는 수행자로 하여금 상당한 거부감을 불러일으킬 수 있다. 그러한 이원론에 빠지기보다는 입실제도를 통하여 스승과 제자가 각각 자기 위치를 지키면서도 서로 일깨워가는 과정, 즉 같이 배워가며 서로 성장함으로써 더욱 깊은 통찰을 얻어가는 상생의 과정으로 생각하

374 김종명, 「현대 한국의 간화선: 이슈와 분석」, 『불교연구』 제33집, 한국불교연구원, 2010, p.249.

는 것이 서구문명에 알맞은 입실제도의 정신이다.[375]

위와 같은 서명원 교수의 견해는 비록 서양에서 간화선을 지도할 때 입실을 진행시키는 스승의 자세에 대한 것이지만, 그 기저에 흐르는 정신은 간화선 수행 전반에 걸쳐 적용시키기에 충분할 가치가 있는 것이라 하겠다. 김종명 교수 또한 아래와 같이 새로운 차원으로 의식전환이 이루어져야 할 것을 강조한다.

선사는 자신의 제자들에게 절대적 권한을 휘두를 어떠한 권리도 가지고 있지 않다. 따라서 스승과 제자 사이의 관계는 도제에서 불교정신에 맞는 도반의 관계로 재정립되어야 할 것이다.[376]

4. 소결

전 세계 어디에도 간화선이라는 수행 전통이 한국에서와 같이 전국적 규모로 활성화되어 있는 나라는 없다. 이처럼 잘 지켜온 전통이기에 앞으로도 더욱 발전시키고 개선시켜나가야 할 것이다. 하지만 이 간화선을 시대의 변화에 맞게, 그리고 새로운 문화적 토양에 맞게 변화·개선시켜나가지 않으면 시대에 뒤떨어져 도태되어버리는 수행법으로 만들고 말 것이다. 그리고 이렇게 개선·발전시켜야만 간화선을 우리 한국만

---

375 서명원, 「간화선의 서양 전달과 그 수용―입실제도入室制度를 중심으로」, pp.193~194.
376 김종명, 「현대 한국의 간화선: 이슈와 분석」, p.249.

의 것이 아닌 전 세계인의 자산으로 만들 수 있을 것이다.

　본장은 유럽의 불교수용 맥락에서 한국 간화선의 세계화를 위해 발견되는 문제점을 고찰해 보고 그 해결책을 강구하는 데 초점을 두고 있다. 이를 위해 서구사회가 불교를 접하고 또한 심취하게 된 과정을 역사적으로 조명하였다. 그 결과 유럽사회의 불교수용 과정은 크게 세 시기로 구분할 수 있었다. 19세기 '여명기'를 거쳐 20세기 중반의 '1차 부흥기', 그리고 20세기 후반부터 오늘날에 이르는 '2차 부흥기'가 그것이다.

　그 첫 번째 시기인 19세기 불교수용의 여명기는 소수의 지식층을 중심으로 지적인 차원의 접근이 발생했던 시기인 동시에 신앙적 관점의 전환이 일어난 시기였다. 먼저 지적인 접근은 다시 문헌학 및 철학적 연구로 구분될 수 있는데, 불교에 대한 수준 높은 학문적 활동이 행해졌다. 다음으로 신앙적 측면에서는 과학기술의 발전과 이로 인한 합리성 추구 성향이 확산됨에 따라 신의 존재 자체에 대한 회의감이 더욱 증가하게 되었고, 불교에서 "신이 없는 종교"의 가능성을 찾게 됨에 따라 불교에 대한 관심이 더욱 증대되었다.

　두 번째는 2차 세계대전 이후부터 1970년대에까지의 1차 부흥기로서, 두 차례에 걸친 세계대전 이후 새로운 정신적·신앙적 대안으로서 불교가 각광을 받던 시기였다. 이 시기에 특히 선불교의 저서가 소개되며 서구인들의 상당한 관심과 참여를 불러일으켰다. 이러한 현상은 불교를 더 이상 지적 관심의 대상만이 아닌, 영적·육체적으로 직접 체험하는 대상으로 접근하고자 했던 유럽인들의 성향 변화가 그 원인이 되었다고 볼 수 있다.

세 번째 2차 부흥기는 1990년대부터 현재에 이르기까지의 시기이다. 1990년대 들어 전자·정보기술의 빠른 발전으로 말미암아 서구와 비서구간의 정보교류가 더욱 빈번해진 현상이 그 시발점이 되었다. 이로 인해 비서구적 가치 또한 동등한 정신적 산물로 여기는 풍조가 서구에서 보다 더 강해지면서 불교에 대한 관심을 더욱 촉발시켰다. 뿐만 아니라 개인주의 및 자본주의의 폐해가 증가함에 따라 그리스도교에서 얻을 수 없었던 영적·정신적 위안을 불교로부터 얻고자 했던 서구인들의 요청이 불교에 대한 관심과 참여를 더욱 증대시켰다.

불교가 이와 같은 다양한 이유와 과정을 거치며 서구사회에 접목되었다는 사실을 근간으로 하여 세계화라는 관점에서 한국 간화선을 분석해 볼 때 다음과 같은 여러 장점들을 가지고 있다고 하겠다. 첫째로 간화선에 내재되어 있는 강한 학문적 성향인데, 이 점은 그리스도교의 신비적·초월적 요소를 대체해줄 수 있는 합리적 종교를 갈구했던 서구인들의 영적 욕구를 충족시켜줄 수 있는 중요한 요인이 될 수 있다. 둘째로 그리스도교의 타력적 신앙에서 벗어나 서구인들이 추구하고자 했던, 개개인의 내면에서 비롯되는 진정한 정신적·영적 자각을 체험하게 해줄 높은 가능성을 가진다고 하겠다. 셋째로 오늘날 서구사회에 만연되어 있는 개인주의와 자본주의의 병폐에서 비롯되는 개인의 정신적 고독과 고뇌를 치료할 수 있는, 예를 들면 입실제도와 같은 유용한 요소들을 간직하고 있다.

그러나 이러한 여러 장점들에도 불구하고 한국 간화선에는 여러 가지 문제점 또한 함께 표출하고 있는데, 그 내용과 이에 대한 대안은 다음과 같다. 첫째는 한국 간화선에서 고수하고 있는 '일평생 오직 하나의 화두만을 참구'할 것을 지나치게 강조하는 전통이다. 이 전통이 비록 대혜부터 강조한 것이기는 하나, 당시 시대적 정황에서 비롯된 것임을 인식하여 합리성이 팽배해 있는 현대사회, 그리고 서구사회에 걸맞게 변화시킬 필요가 있다. 그렇게 할 때 오늘날 전 세계인의 의식 속에 공통분모로 자리 잡고 있다고 할 수 있는 '글로벌 합리주의(Global rationalism)'와 공존하기도 용이할 것이다.

둘째는 화두의 내용에 관한 것인데, 서구 문화에 적합한 새로운 화두의 개발이 필요하다. 조계종 또한 새로운 공안의 필요성은 인정하지만, 이것으로 인해 자칫 전통적 공안의 가치가 훼손되지 않을까 하는 염려로 인해 적극적 행보를 보이지는 않고 있다. 복잡 다변한 현대사회 속에서 화두가 "즉흥성을 상실한 하나의 전형이나 의례"가 될 수 있다는 점에 대한 고민과 연구의 과정이 요구된다. 또한 문화적 맥락이 전혀 다른 서구인들에 대한 고려도 필요하다.

셋째는 '입실제도'의 전통을 회복시켜야 한다. 조계종이 종단 차원에서 공식적으로 내놓은 간화선 수행 지침서에도 그 중요성이 강조되고 있는 사항이 실참 현장에서는 거의 자취를 감추어버리고 수행의 최종 결과만을 확인하는 인가(印可)에만 치중하고 있다. 이러한 행위는 과정을 무시하고 결과에만 집착하는 것으로밖에는 보이지 않는다. 필자는 이 전통이 특히 현대 서구사회에 한국 간화선을 전파하는 데 있어 없어서는 안 될 중요한 요소임을 논증하였다. 이 전통이 국내에서부터 회복되어야 그 운영의 방법과 지혜를 터득하여 해외로까지 확산시킬 수 있는 것이다.

마지막으로 '권위적이고 불친절한 스승의 지도법'을 개선해야 한다.

국내에서 스승의 역할을 하는 모든 선사들이 다 권위적이고 불친절한 것은 아니겠지만, 이 점은 간화선의 모태가 되었던 조사선의 전통에서부터 전해져오며 실참 현장에 깊숙이 뿌리내리고 있는 관행이다. 이 부분을 개선시키지 않은 채 현재의 지도 문화를 그대로 서구사회에 이식시키고자 한다면 많은 역효과를 초래하게 될 것이다.

본장의 도입부분에서도 언급되었듯이 지금 서구사회가 보여주는 불교에 대한 관심은 "세속성의 역설"이 느껴지기에 충분할 정도로 열정적이다. 이러한 시대적 기류는 항상 찾아오는 것이 아니다. 지금까지 전해 내려오는 전통적 모습 그대로를 전파해야만 한다고 생각한다면, 그 전통이라는 모습도 끊임없이 변화되어 온 것임을 본서 제4장의 연구를 통해서도 확인할 수 있었다. 게다가 입실제도처럼 훌륭한 전통임에도 불구하고 현재 제대로 시행하지 않는 부분도 있었다. 조계종이 시대의 흐름에 맞게, 그리고 서구적 토양에 맞게 간화선을 적극적으로 개선시켜 나가길 바라마지 않는다.

제6장 한국 간화선의 대중화·세계화와 숭산행원이 한국불교계에 남긴 과제

1. 도입

지금까지 숭산의 선사상과 수행론에 대한 연구를 비롯하여 포교적 관점에서 그가 이룩한 업적의 의미를 재조명하였다. 그리고 지눌의 간화선관에 대한 비판적 조명을 통한 한국 간화선의 대중화를 위한 이론적 기반의 재정립을 시도하였다. 또한 유럽의 불교수용 맥락에서 한국 간화선의 장단점을 분석함으로써 그것의 세계화를 위한 수행법의 개선안도 제언하였다. 뿐만 아니라, 한국 간화선 수행법 개선의 역사적 의미를 재고하기 위해 과거 고려 중기 간화선의 한반도 도래 이후 고정되어 있지 않고 수차례 주요한 변화를 거듭해 왔던 한국 간화선 수행법의 역사적 변천 과정까지도 고찰해 보았다. 이제 마지막으로 제6장에서는 한국 간화선의 대중화·세계화 과제에 비추어본 숭산 간화선관의 특징과 그것이 한국불교계에 부여하는 과제에 천착할 것이다.

우선 본서의 제3장에서 거론된 바, 지눌이 한반도에 간화선을 도입하면서 수립한 개인적인 간화선관에는 오늘날 한국불교계의 간화선 대중화 기조와는 조화를 이루기 어려운 측면이 존재했는데, 숭산은 간화선 대중화 측면에서 어떠한 입장을 견지하고 있었는가에 대해서 고찰해 보고자 한다. 또한 본서의 제5장에서 필자는 한국 간화선의 세계화를 위한 구체적인 수행법의 개선책을 제언하였는데, 그 개선안의 측면에서 조명해 보았을 때, 숭산이 해외포교활동 중에 실제로 적용시켰던 수행체계는 어떤 특징과 의미를 지니는가에 대해서도 고구할 것이다. 뿐만 아니라, 이 연구를 바탕으로 한국 간화선의 세계화를 위해 숭산으로부터 얻을 수 있는 교훈은 무엇인가에 대해서도 천착할 것이다.

다음으로 숭산의 해외포교 추진 과정의 장단점에 대해 분석할 것이다. 이미 본서의 제2장에서 숭산이 일본포교를 추진하게 된 것이 본인의 계획과 의지에 의한 것이 아니었다는 것을 확인하였다. 그렇지만 숭산은 그 상황에 순응하며 일본행에 올랐고, 그곳에서의 포교활동 또한 성공적으로 이끌어가게 된다. 그리고 그러한 행보를 확장시켜 서양포교의 일차 관문이자 가장 핵심적 지역 중 하나라고 할 수 있는 미국으로 진출하며 결국 세계포교로 그 영역을 확대시키게 된다. 이러한 과정에 대한 보다 자세한 고찰을 통해 세계포교에 있어 그만이 가진 강점은 무엇이며, 또한 취약한 부분이 있었다면 어떤 것이었는지에 대해서도 고찰하고자 한다.

마지막으로 숭산이 해외포교 과정 중에 행했던 새로운 시도가 한국불교계에 남긴 과제에 천착할 것이다. 필자는 승단 내 남녀차별 및 출재가 구분 관행의 개선, 그리고 일본 임제종 공안선 수행법 도입이라는 두 가지 측면에서 숭산이 오늘날 한국불교계에 적지 않은 과제를 남기고 있다고 판단한다.

그 첫 번째로 1970년대 여성평등 의식이 서구사회에 확산될 당시 미국 내 포교현장에서 숭산이 추진했던, 남녀차별적 요소를 가진 한국불교의 관행에서 벗어난 과감한 시도는 오늘날에 이르기까지 국내불교계에서 논란거리가 될 수 있다. 또한 승단 내 출재가의 구분을 철폐했던 그의 시도 역시 한국불교계에 상당한 논란거리를 제공하는 것일 수 있다. 두 번째로 일본 임제종의 공안선 수행법을 상당 부분 도입했다는 점 역시 다양한 반론을 초래하고 있는 상황이다. 이 두 가지 측면에서 그의 새로운 시도가 한국불교계에서 갖는 의미를 조명하며, 또한 한국불교계가 취해야 하는 자세에 대한 필자의 입장을 피력하고자 한다.

2. 한국 간화선의 대중화·세계화와 숭산의 간화선 수행법

1) 숭산의 간화선 대중화 관점

조계종은 간화선의 대중화를 간절히 원한다. 그러나 간화선을 한반도에 도입한 지눌에 따르면 간화선은 대중화되기 용이한 수행법이 아니다. 그 이유는 간화선은 최상근기에 적합한 수행법이라고 지눌이 주장하기 때문이다. 따라서 조계종의 목표와 지눌의 간화선관은 상호 모순적인 관계를 갖고 있다. 이 점이 본서 제3장의 문제의식이었으며, 필자는 간화선을 집대성한 대혜 당시의 시대적 상황을 분석하고, 간화선을 한반도에 수용할 당시 지눌 개인의 구도적求道的 상황 등을 분석하였다. 이를 바탕으로 지눌의 간화선관에 내재된 문제점을 지적하였고, 이러한 논지 전개를 통해 간화선의 대중화가 가능하다는 이론적 토대를 재정립하였다. 그렇다면 숭산은 간화선 대중화의 측면에서 어떠한 입장을 견지하고 있었을까?

간화선과 대중화, 이 두 가지 개념 간에 형성되는 상관관계를 기술함에 있어 숭산의 견해는 다음과 같았다. 우선 그는 일반인들도 간화선을 통해 깨달음에 도달할 수 있다고 주장하였는데,[377] 필자의 입장 역시 이와 동일하다. 다만 그는 일반인들은 승려들보다 깨달음에 도달하기가 더욱 느리고 어렵다는 단서但書를 제시하기는 한다.[378]

그가 비록 일반인들은 깨달음을 이루기 어렵고 시간적으로 느릴 수 있다는 입장을 취하고 있었지만, 이것이 간화선은 최상근기에 적합한 수행법이라고 주장하는 지눌의 입장과는 다른 것이다. 게다가 숭산은 일반인들이 깨달음을 성취하기가 느리고 어려운 것이 근기가 하등한 이유 때문이 아니라, 일반인에게는 승려로서보다 마음을 산란하게 만드는 일이 더 많이 발생할 수 있기 때문이라는 점을 지적한다.[379] 가정을 책임지기 위해 필요한 소임을 다하고, 복잡·다변한 사회의 구성원으로서 요구되는 다양한 기대치에 부응하기 위해 노력하는 과정에는 마음을 산란하게 하는 일이 빈번하게 발생할 수 있다는 것이다.

---

[377] 이 부분과 관련된 숭산의 언급은 그의 서양인 제자 중 국내에 아주 널리 알려진 현각의 자전적 에세이에서 나타난다. 이 책이 비록 전문학술서적은 아니지만, 숭산의 언행을 알게 해주는 중요한 정보가 다수 포함되어 있기 때문에 본서에서 활용하는 바이다(현각, 『만행·하버드에서 화계사까지』 2권, p.31).

[378] 위의 책.

[379] 위의 책.

숭산은 선禪에 대해 설명하기를, 우리의 말과 생각과 행동이 하나가
되는 것이 바로 선이며, 이것은 특별하거나 어려운 것이 아니라고
했다.[380] 미국 캠브리지 선원에서 어느 날 숭산이 법문을 한 후, 한
심리학자가 그에게 선禪이 왜 어려워 보이는가라는 질문을 한 적이
있었다.[381] 이때 숭산이 강조한 것은 어렵다, 쉽다는 생각을 짓지 말고,
오히려 순간순간을 "오직 할 뿐!"이라는 자세로 수행하라고 강조하
였다.[382]

이처럼 여러 상황에서 숭산이 언급한 바를 종합해 볼 때, 그는 간화선
수행이 적합한지 여부를 결정하는 데 있어서 한 개인의 근기가 높고
낮음을 중요한 요소로 생각하지 않았다. 그가 강조한 것은 선에 대한
'개방성'이었으며, 이와 함께 인간의 인지단계에서 발생하는 개념화의
과정을 지양하고 "오직 모를 뿐!"의 자세로 직접적인 수행을 추구하게
했던 '실천성'이었다.

2) 한국 간화선의 세계화와 숭산의 간화선 수행법

앞서 필자는 오늘날 한국불교계 실참 현장에서 행해지고 있는 간화선
수행법의 개선을 위해 4가지 측면에서 의견을 개진한 바 있다. '일평생
오직 하나의 화두만 참구하는 전통', '화두의 내용', '입실제도', 그리고
'사제師弟관계'가 바로 그 각각의 측면이었다. 그렇다면 이들 4가지
측면에서 조명해 보았을 때, 숭산이 세계포교 현장에서 구체적으로

---

380 현각, 『만행·하버드에서 화계사까지』 1권(열림원, 1999), p.188.
381 숭산, 『부처를 쏴라』, 현각 엮음, 양언서 옮김(김영사, 2009), p.63.
382 위의 책, p.65.

실천한 간화선 수행법은 어떤 특징을 가지고 있었을까? 또한 그것이
갖는 의미는 무엇일까?

(1) '일평생 오직 하나의 화두만 참구하는 전통'의 측면

전술한 바와 같이 숭산 간화선 수행법의 특징 가운데 가장 뚜렷하게
드러나는 것이 '십문관'이라 불리는 그의 화두수행체계였다. 이것은
일련의 10가지 화두를 상호보완적으로 참구해 나가는 수행법으로,
이미 본서의 제1장에서 자세히 고찰되었으므로 여기에서 더 이상의
부가적인 설명을 하지는 않을 것이다. 다만 현 단계에서는 한국 간화선
의 세계화 관점에서 숭산의 십문관이 어떤 의미를 갖는가에 초점을
두고자 한다.

　필자는 이미 제5장에서 한국 간화선의 세계화를 위해 현행 일평생
오직 하나의 화두 참구를 강조하는 전통을 개선할 필요가 있다는 의견을
개진하며, 숭산이 창안한 십문관의 가치성을 고찰할 필요성에 대해
간략하게 언급한 바 있다. 그 판단의 근거는 전통적 공안집의 수많은
공안을 지속적으로 참구해 나가는 방식을 추구하는 일본의 삼보교단이
서구에서 교세 확장을 성공적으로 해내가고 있다는 사실이었다. 물론
한국불교보다 앞서 서구사회에 진출한 삼보교단이 교세확장의 우선권
을 선점한 이유가 일부 혹은 상당 부분 작용한 결과라고 판단할 수도
있을 것이다. 그러나 합리성을 강조하는 서양에서 일평생 오직 하나의
화두만 참구하는 한국 간화선의 방식보다는 삼보교단의 방식이 오히려
더 타당성을 확보하는 원인으로 작용할 수 있다는 것이 필자의 또
다른 판단 근거였다.

그렇다고 한국의 전통적 간화선 수행법이 아직 서구사회에 본격적으로 뿌리내리지도 않았는데, 무작정 일본 삼보교단의 방식을 추종하여 그것에 맞추어 우리 것을 변형시키자는 말인가라는 비판이 제기될 수 있을 것이다. 여기에서 바로 십문관의 가치성이 발휘된다. 전술한 바, 십문관을 중심 수행체계로 하는, 숭산이 설립한 관음선종은 이미 30년이 넘는 역사를 자랑하며 서구사회에서 하나의 어엿한 선수행 단체로 자리매김하고 있다. 그리고 이 관음선종의 자체 웹사이트를 통해서도 쉽게 확인할 수 있듯이, 한국불교 전통과 숭산의 가르침을 근간으로 하고 있다는 점을 분명히 표방하고 있다.[383] 따라서 한국불교계가 이 관음선종을 일본 임제종 선풍을 도입한 이질적인 선수행단체로 배척하기보다는, 한국 간화선 전통에서 20세기에 출현한 새로운 선풍의 하나로 포용하며 한국 간화선 세계화의 전진 기지로 활용하는 방안을 고려해 볼 수 있을 것이다.

흔히들 한국불교의 특성을 일컬어 '회통불교'라 하여 '포용성'과 '융합성' 등을 그 특징이자 자랑으로 삼고 있다. 이에 비해 일본불교는 '종파불교'라고 지칭되는데, 어느 한 분야를 선택하여 집중적으로 수행하는 특성을 가지고 있다.[384] 그렇다면 한국불교가 진정으로 회통불교를 지향한다고 할진대, 숭산의 십문관 수행법 또한 한국 간화선이라는 큰 '회통적' 범주 안에 포함시킬 수 있는 것이 아닐까 생각한다. 어쨌든 이 부분과 관련해서는 후술하는 바, '숭산이 한국불교계에 남긴 과제'

---

383 http://www.kwanumzen.org/about-us/our-lineage/

384 한국의 회통불교적 특성과 일본의 종파불교적 특성을 비교한 내용은 김호성의 저서, 『일본불교의 빛과 그림자』(정우서적, 2007) 참조.

부분에서 좀 더 논의하고자 한다.

(2) '화두의 내용' 측면

화두의 내용과 관련해서도 이미 제1장에서 숭산의 십문관 속에 담긴 공안의 내용에 대해 자세히 연구하였으므로 더 이상의 설명은 필요하지 않겠지만, 그것의 특성에 대해서는 좀 더 고찰할 필요가 있다. 화두의 내용에 있어서 앞서 필자가 제안한 사항은 현대인과 서양인의 입장에서 이해하기 용이한 새로운 화두의 개발이 필요하다는 점이었다. 그렇다면 십문관 속의 10가지 공안(전술한 바, 오늘날은 12가지 공안)은 이러한 측면에서 어떤 특성을 가진다고 할 수 있을까?

관음선종에서 오늘날 '십이문관'으로 명명하는 수행체계 속에 있는 12가지 공안 가운데 7가지는 『무문관』에서 비롯되었다는 점은 이미 제1장에서 자세히 분석한 바 있다. 그 외 나머지 5가지 공안은 현대적 입장에서 새롭게 고안된 것이므로 현대인들이 대하기에 전통적 공안집에서 비롯된 것보다는 보다 쉽게 받아들여질 가능성이 크다. 물론 아무리 현대에 새롭게 형성된 공안이라고 할지라도, 공안 그 자체의 특성상 쉽게 이해될 수 있는 것이 아니다. 그럼에도 불구하고 전통적 공안에 비해 동·서양을 막론하고 현대인이 공통적으로 이해할 수 있는 대상이나 상황 등이 담겨 있다는 점은 부인하기 힘들 것이다.

가령 십이문관 가운데 제6문에 해당하는 '부처님 손 위에 담뱃재를 떨어뜨림'이라는 공안은 시대나 장소를 불문하고 그 상황 자체를 이해하기는 그리 어렵지 않다. 제10문의 '고양이 밥그릇이 깨졌다'도 또한 마찬가지이다. 물론 그 속에 담긴 깊은 의미에 대한 깨달음이야 또 다른 차원의 것이겠지만, 필자가 앞서 '화두의 내용'과 관련하여 제기한 문제점이 현대인·서구인들이 공안의 표면적인 의미 자체에 대한 접근조차 힘들다는 것이었다. 따라서 간화선의 세계화 측면에서 현대 서구인들이 표면적으로 이해할 수 있는 공안을 개발하여 적용시키고 있다는 측면에서 숭산의 십문관(또는 십이문관)은 상당한 진전을 이루었다고 할 수 있다.

　다만 한 가지 지적될 수 있는 사항은 제5장 '화두의 내용' 부분에서 필자가 윤원철 교수의 주장에 동의하며 제시한 문제점과 연관된 것이다. 그것은 화두가 사구死句가 아닌 활구活句가 되게 하기 위해서는 의심을 발현시키기 위한 즉흥성을 유발하기 위해 새로운 화두의 개발이 필요하다는 것이다. 십문관이든 십이문관이든 그것에 대한 정보는 이미 너무도 자세히 노출되어 있는 상황이다. 따라서 그것에 대한 정보를 미리 접한 사람에게는 관음선종의 공안수행체계가 그리 새롭게 느껴질 수 없게 되며, 따라서 화두의 즉흥성을 통한 의심의 발현이라는 기능이 제대로 작동할 수 없게 된다. 이에 필자는 관음선종이 조사선 전통에서 유래하는 1,700 공안을 폭넓게 수용하고[385] 또한 지속적으로 현대적 차원의 새로운 공안을 개발함으로써 공안의 즉흥성을 더욱 극대화시킬 필요성이 있다고 판단한다.

---

[385] 일본 임제종에서 개발된 참선 교과 과정에서는 1,700 공안 모두를 폭넓게 사용하도록 권장되어 있다. 그러나 Robert E. Buswell 교수가 일본 사찰에서 광범위한 현장연구를 했던 T. Griffith Foulk로부터 전해 들을 바에 따르면, 1,700 공안을 모두 참구하려는 일본 승려는 없었다고 한다(Robert E. Buswell, Jr. The Zen Monastic Experience: Buddhist Practice in Contemporary Korea, p.158; 로버트 버스웰, 『파란 눈 스님의 한국 선 수행기』, 김종명 옮김, p.200).

240

(3) '입실제도'의 측면

숭산의 간화선 수행법에서 입실제도(혹은 입실참문)가 적극적으로 활용되었다는 점은 필자가 이미 앞서 누차 강조한 것이다. 숭산이 입실제도와 관련하여 제자들에게 설명하기를, 현대인들, 그 가운데 특히 서구인들의 삶은 지나치게 복잡한 사회 속에서 엄청난 분량의 자유를 누리는 동시에 너무 많은 결정과 선택 앞에 놓여 있기 때문에 한국불교의 전통적 공안수행 방식인 오직 하나의 화두만 붙잡고 좌선하는 방식은 적절하지 않다고 했다.[386] 대신 "공안 인터뷰[387]를 통해 복잡하게 얽힌 생각들을 탁탁 끊어내야 한다"고 말했다.[388] 이는 현대인들, 그리고 서구인들과 직접 함께 생활하며 온몸으로 부딪히는 과정에서 얻게 된 통찰에서 비롯된 판단이라 생각한다.

필자는 또한 본서의 제5장을 통해 현대인들, 그리고 서구인들에게 있어서 스승과 수행자 사이에 개별적으로 행해지는 입실제도의 과정이 깨달음을 이루기 위해서 뿐 아니라, 심리적 치유작용의 측면에 있어서도 상당한 효력을 발휘할 수 있으리라고 분석했었다. 동·서양을 불문하고 현대인들이 겪고 있는 상당한 정신적 부담과 심리적 압박이 입실 과정에서 행해지는 스승과의 독대의 시간을 통해 해소되는 효과를 기대할 수 있을 것이라는 판단이었다. 그런 측면에서도 숭산의 간화선 수행법이 오늘날 한국 간화선 세계화를 위해 갖는 의미가 크다고 할 수 있다. 세계적으로 불교적 명상에 대한 관심이 더욱 고조되고 있는

---

386 현각, 『만행·하버드에서 화계사까지』 1권, pp.177~178.
387 관음선종에서 입실제도를 지칭하는 또 다른 표현.
388 현각, 『만행·하버드에서 화계사까지』 1권, p.178.

작금의 시기에 입실참문을 통해 그 효과를 더욱 증대시킬 수 있는
수행법이라는 점은 세계인들에게 더 큰 강점으로 작용할 수 있을 것
이다.

　이와 더불어 역사적으로 입실제도가 간화선 전통에서 오히려 그
중요성이 강조되어 왔음에도 불구하고, 현행 한국 간화선의 실참 현장
에서 유명무실해져버린 상태에 놓여 있다는 점을 앞서 필자가 지적한
바 있다. 그렇다면 당연히 입실제도의 회복에 초점을 맞추어야 할
필요가 있는데, 숭산의 간화선 수행법에는 이미 입실제도가 확연히
자리 잡고 있으니 더할 나위 없이 좋은 상황이다. 따라서 입실제도를
부활시킨다는 측면에서도 한국불교계 차원에서 숭산의 간화선 수행법
에 대한 더욱 적극적인 관심과 연구가 행해질 필요가 있다.

(4) '사제師弟관계'의 측면

사제관계 측면에서 한국 간화선의 세계화를 위해 필자가 앞서 제5장에
서 거론한 것은 한국불교계에 잔존해 있는 권위적이고 고압적인 스승의
태도에 대한 것이었다. 과거 고려 후기와 조선 초기를 거치며 한국
간화선 수행법의 주요한 변천이 발생하는 과정에서 지대한 영향을
주었던 것이 몽산덕이와 고봉원묘의 선풍이었다. 이들 선풍의 영향으
로 인해 각각 '오후인가' 및 '본분종사에 대한 절대적 믿음'이 강조되었으
며, 이것이 원인이 되어 간화선 수행에 있어 스승은 절대적 위치를
갖게 되었다는 점을 앞서 제4장 한국 간화선 수행법의 변천 과정에
대한 고찰에서 필자가 이미 분석한 바 있다. 여기에 덧붙여 조사선
특유의 불친절한 제접법의 관행까지 가세하게 되었다는 점 또한 함께

언급하였다.

　여기서 이러한 전통의 좋고 나쁨을 판단하는 행위를 떠나서 한국 간화선 세계화의 관점에서 생각해 볼 때 이것은 재고의 여지가 있다. "도제의 관계"가 아닌 "도반의 관계"로 개선시킬 필요가 있다는 것이 김종명 교수의 주장과 궤를 같이 하는 필자의 제안이었다. 그런데 이러한 측면에서 판단했을 때 숭산이 보여준 태도는 상당히 복합적인 측면을 갖고 있다고 할 수 있다.

　한마디로 말해 사제관계의 측면에서 숭산은 한국 간화선의 전통적 방식의 장점을 살릴 뿐 아니라, 서구의 문화적 맥락과도 적절하게 조화시키는 접근 방법을 취했다고 볼 수 있다. 환언하면 긍정적 의미에서 스승의 권위와 존중받는 위치를 극대화시키며 지켜야 할 전통적 가치를 부각시키는 동시에, 제자들에게 도반의 관계와도 같이 친근하게 대했다는 것이다. 이러한 필자의 판단을 증명할 수 있는 숭산의 일화는 어렵지 않게 찾을 수 있다.

　미국 프라비던스 젠센터에서 숭산이 법문을 하던 어느 날, 연배가 높은 어느 미국인 지도법사가 법당의 뒤쪽에서 나이 어린 제자들과 함께 앉아 있는 것을 숭산이 발견한 후, 다른 지도법사들이 자리하고 있는 앞줄로 와서 앉을 것을 권하였다.[389] 만약 그것이 한국에서의 상황이었다면, 그 지도법사는 오히려 죄송한 마음을 가지고 스승의 권고에 순순히 응했을 것이다. 하지만 그는 미국적 사고방식에 근거한 자신의 논리를 주장하며 그대로 뒷자리에 있겠다는 입장을 고수하며

---

389 현각, 『만행·하버드에서 화계사까지』 2권, p.199.

오히려 숭산이 형식에 집착하고 있다는 지적을 하였다.[390] 숭산의 추가
적인 설명에도 불구하고 자신의 주장을 굽히지 않던 그 지도법사로
인해 법당의 분위기는 냉랭해지고 긴장감이 감돌기까지 했으나, 숭산
은 특유의 웃음으로 분위기를 누그러뜨리는 동시에 세세한 설명으로
그 법사를 설득하는 데 성공하고 만다.[391]

나라들마다 약간의 차이는 있을 수 있겠지만, 대체적으로 서구인들
은 자신들의 사고방식에 근거하여 이해되지 않는 것을 그냥 쉽게 받아들
이지 않는 경향이 많다. 새로운 지식을 받아들이기 전에 동양인, 그것도
특히 한국인들에 비해 월등히 많은 질문들을 스승에게 쏟아낸다. 이러
한 상황에서 스승의 권위로 무조건적으로 새로운 가르침을 수용하라는
입장을 내세우게 되면 오히려 부작용만 커질 수 있다. 숭산은 서구의
제자들을 가르치는 데 있어 특유의 친화력을 바탕으로 그들의 다양한
질문에 섬세하고 친절하게 응대하고자 노력하였다. 그러면서 동시에
반드시 지켜야 할 의미가 큰 전통적 가치에 대해서는 다양한 소통의
방법을 동원하여 서구의 제자들이 그것을 지킬 수 있도록 이해시키고자
노력하였다.

서구의 제자들을 제접함에 있어 숭산은 특히 수고로움을 무릅쓰고
온몸으로 솔선수범하는 모습을 보여줌으로써 그의 헌신과 열정이 제자
들에게 그대로 전달되게 하였고, 이러한 그의 행동으로 인해 새롭게
헌신하는 제자들이 출현하게 되었다. 미국 프로비던스에 선방을 마련
하고 참선을 가르치기 시작하던 초창기 시절, 근처 대학의 학생들이

---

390 위의 책, pp.200~201.
391 위의 책.

선을 배우겠다고 서서히 모이기 시작한 숫자가 수십 명에 이르게 되었다. 처음에는 그 학생들이 돈을 내고 참석하는 것이 아니기 때문에 그들에게 식사와 좌복 등을 제공하면서 숭산이 개인적으로 갖고 있던 돈을 모두 써버리게 되었다.[392] 하는 수 없이 숭산은 세탁소에 세탁기계 수리공으로 취직까지 하면서 받은 월급으로 그 학생들을 대접했으며,[393]

---

392 숭산행원선사문도회 엮음, 『世界一化(1)-가는 곳마다 큰스님의 웃음』, p.73.

393 숭산스님이 미국포교 초창기에 세탁소에서 세탁기계 수리공으로 일했던 일화는 한국불교의 해외포교사에서 지금까지도 유명한 일화로 남아 있다. 그런데 필자가 이 부분에 관해 고찰하던 과정에 『숭산행원선사전서』와 현각스님의 저서 『만행』의 내용 사이에 다소간의 차이가 발생함을 발견하였다. 『숭산행원선사전서』에서는 스님이 프로비던스에서 선방을 시작한 지 얼마 지나지 않아 브라운대학의 프루덴 교수를 알게 되었고, 그가 통역에 도움을 주어 더욱 법문을 왕성하게 펼 수 있었다. 그리고 이로 인해 참여자들의 숫자가 증가하게 되면서 포교활동비용으로 갖고 있던 돈을 다 써버리게 되자 경제적 이유로 스님이 세탁소의 수리공으로 일하게 되었다고 기록하고 있다. 반면 『만행』에서는 스님이 세탁소에서 일하던 중 손님으로 온 프루덴 교수를 만났던 때가 스님이 미국에 온 지 2년이 되었을 때이고, 프루덴 교수가 먼저 스님을 알아보게 되면서 두 사람 간의 만남이 시작되었다고 적혀 있다. 필자의 판단으로는 현각스님이 프로비던스 젠센터에서 숭산스님과 처음으로 조우한 것이 90년 2월이었으므로 70년대 초반의 일화에 대한 기록을 위해서는 다른 사람들을 통해 전해들은 20여 년 전 일화를 근거로 했을 가능성이 크다. 따라서 그 과정에 오류가 발생했을 수 있으므로 『숭산행원선사전서』의 기록이 더 사실에 가까울 가능성이 크다고 판단하며, 따라서 이후 본서를 기록함에 있어서 『숭산행원선사전서』와 『만행』의 내용 사이에 차이가 발생하는 부분이 추가로 생길 경우 『숭산행원선사전서』의 기록을 바탕으로 할 것이며, 내용의 차이에 대한 추가적인 설명을 덧붙일 것이다 (숭산행원선사문도회 엮음, 『世界一化(1)-가는 곳마다 큰스님의 웃음』, p.73; 현각, 『만행·하버드에서 화계사까지』 2권, pp.197~198).

급기야 숭산과 함께 선방에 기거하며 살겠다는 학생들까지 나타나게
된 것이다.[394]

　이상의 일화들을 근거로 판단해 볼 때, 숭산은 스승으로서 범접하기
힘든 위엄을 지니는 동시에 제자들과 친근한 관계를 유지하는 방식을
취했다고 평가할 수 있다. 이것은 스승의 권위를 중요시하는 한국불교
의 전통과, 제자들과 수평적 관계를 중요시하는 서구적 전통, 양자
간의 특징을 모두 수용한 경우라 하겠다. 어찌 보면 이것은 서로 상반되
는 입장을 동시에 유지한 역설적인 경우라고 볼 수 있는데, 아무나
좀처럼 쉽게 성취할 수 없는 경지라고 할 수 있다. 그럼에도 불구하고
이러한 접근 방식은 오늘날 한국의 선사들이 지향해야 할 점이라고
판단되며, 나아가 그 수준을 뛰어넘을 수 있는 선사들 또한 출현하기를
기대하는 바이다.

3. 숭산의 해외포교 경위와 특징

1) 숭산의 해외포교 경위

전술한 바와 같이 숭산은 그의 스승 고봉선사로부터 인가를 받을 당시부
터 그의 법이 세계에 크게 퍼질 것이라는 말을 들었던 인물이다. 그
후 숭산은 자신을 두고 한, 스승의 예언과도 같은 말을 성취하기라도
하듯이 불법佛法을 전하며 전 세계를 주름잡고 다녔다. 비록 고봉선사
가 자신의 제자가 그런 놀라운 포교활동을 하는 모습을 보지 못하고

394　숭산행원선사문도회　엮음,　『世界一化(1)-가는　곳마다　큰스님의　웃음』,
　　　pp.73~74.

입적하였다는 사실이 아쉽기는 하지만, 숭산과 세계적 포교활동은 상호간 불가분의 관계가 존재하는 것만은 분명하다고 하겠다. 그런데 이런 불가분의 인연이 의외로 우연한 기회를 통해 숭산에게 다가왔다는 점과 그 내용에 대해서 이미 앞서 자세히 기술한 바 있지만, 이 부분에서는 이어질 '숭산의 해외포교 특징과 장단점'에 대한 분석을 위해 간략하게나마 다시 한 번 더 다루고자 한다.

1960년대 중반 동국대 기숙사 건물을 공사하던 중, 수천여 구의 일본군 유골이 발견되었는데, 그 당시 한국을 식민 지배했던 일본군의 유골이기에 없애버리자는 주위의 의견을 숭산이 만류하였고, 그의 주도하에 화계사에 그 유골들을 안치했던 자비행慈悲行이 중요한 계기가 되었다. 그 후 오래지 않아 한·일간 국교정상화가 성립되었고, 방한했던 당시 일본 수상을 수행했던 일본 기자들에게 그 유골에 관한 소식이 전해지며 숭산은 한·일간 화해의 상징적인 인물이 되었다. 상황은 여기에서 그치지 않고 그가 일본에서 교화활동을 해줄 것을 바라는 재일동포사회의 요구, 동포들을 북송하는 조총련계의 행위를 막아야한다는 조계종단의 권유 등 당시 정치·시대적 상황은 숭산의 일본행을 재촉하였다.

마침내 1966년 재일 홍법원이 설립되기에 이르는데, 이 또한 모든 것이 준비된 여건에서 시작한 것이 아니었다. 해외포교의 명목으로 한국정부에서 주기로 약속한 지원금이 제때에 나오지 않아 사찰로 사용하기 위해 구입할 계획이었던 집을 살 수 없었고, 하는 수 없이 월세로 작은 집을 얻어 법당을 갖추고 포교를 시작하였다.[395] 그곳에서 숭산은 일요일마다 법회를 열었는데, 한 사람이 참여하든 두 사람이 참여하든 참여자의 수효에 개의치 않고 한국의 전통적 선사상을 전파하는 데 총력을 기울였다.[396] 이러한 숭산의 노력은 결국 결실을 맺게 된다. 재일동포들뿐만 아니라 일본인 불자들까지도 그로부터 한국의 참선을 배우고자 헌신적으로 법회에 참여하게 되었고, 이들이 다시 재일동포들에게 홍법원을 소개하기도 하였다. 고바야시 보살의 경우가 대표적인 사례로서, 장관급 지도층 인사 부인들이 만든 자선단체인 범양부인회의 사무총장직을 맡고 있었던 그녀는 여러 일본인 불자들뿐 아니라 재일동포들까지도 숭산에게 소개함으로써 홍법원의 확장에 큰 매개체 역할을 한 인물이었다.[397]

다음으로 숭산에게 있어 한국불교의 서양 포교를 위한 일차적 관문이자 어떤 측면에서는 가장 핵심적 국가 중 하나라고 할 수 있는 미국포교의 과정은 어떻게 이루어졌는지 살펴보고자 한다. 필자가 숭산의 미국포교 과정에 대한 자세한 정보를 접하기 전에는 일본포교의 인연과는 달리 미국포교는 그의 장기적인 계획과 준비 과정을 바탕으로, 그리고 종단의 적극적인 지원 하에 성사된 것이리라 예상했었다. 현대 한국불교사에서 숭산의 미국포교활동이 차지하는 중요성이 원체 크다 보니 많은 사람들이 그렇게 예상하기 쉬울 것이다.[398] 그러나 필자를 포함하

395 위의 책, p.56.
396 위의 책, pp.56~57.
397 위의 책, pp.58~61.
398 한국 스님들의 해외포교활동을 소개하고 있는 논문에서도 이러한 사례를 발견할 수 있었는데, 숭산스님이 미국행을 감행하기 이전에 미국에서 그곳 청년들에게 불교를 전파할 것이라는 포교활동에 대한 확실한 의지와 계획을 미리 갖고 있었을 것이라는 내용이었다. 그러나 필자가 서술한 바와 같이 실제는 그 예상과

여 다른 많은 사람들의 예상과는 달리 미국포교의 경우 또한 숭산이 세운 원력과 그에 따른 철저한 준비에 의해 이루어진 것이 아니었다. 숭산과 미국과의 인연 또한 우연한 기회에 찾아오게 되었는데, 그것이 형성되게 만든 매개체 역할을 한 것은 바로 그의 동창인 재미 사업가 유영수 씨였다.[399] 뉴욕에서 사업을 하고 있던 그는 숭산이 한국에 있을 때부터 숭산에게 미국포교의 중요성을 누차 강조해 왔던 인물이었는데, 숭산이 일본과 홍콩의 홍법원에 관한 일이 정리되지 않았다는 이유로 미국행을 차일피일 미루는 사이에 그가 숭산에게 초청장과 비행기 표를 보내왔던 것이다.[400]

결국 숭산의 미국행은 성사되기는 하였지만, 이때에도 그는 장기적인 포교 계획을 가지고 출국한 것은 아니었으며, 3개월가량 체류하면서 포교의 견문을 넓히려는 계획만을 갖고 있었다고 한다.[401] 그렇다면

달랐다(진우기, 「불교, 서양에서 꽃피다」, 『불교평론』 제6호, 만해사상실천선양회, 2001, p.147).

[399] 숭산행원선사문도회 엮음, 『世界一化(1)-가는 곳마다 큰스님의 웃음』, p.65.
[400] 위의 책.
[401] 이 부분에 있어서는 『숭산행원선사전서』의 기록과 현각스님의 저서, 『만행』의 내용 사이에 상당한 차이가 존재한다. 『만행』의 내용에는 숭산스님이 불법을 전하기 위해 혈혈단신으로 그냥 홀쩍 미국행을 감행해 로드아일랜드 주 프라비던스의 빈민 지역에 작은 아파트를 얻어 미국생활을 시작하였고, 참선수행을 하는 동시에 세탁기계 수리공으로 일하는 힘든 삶도 마다하지 않았다고 나와 있다. 반면 『숭산행원선사전서』의 기록에는 필자가 서술한 바와 같이 숭산스님의 동창으로부터 초청장과 비행기 표를 받고 3개월 정도 기간의 계획으로 미국을 방문한 것으로 나타나 있다(위의 책, pp.65~70; 현각, 『만행·하버드에서 화계사까지』 2권, pp.194~195).

미국에서 숭산을 장기적으로 체류하며 포교를 지속하게 했던 결정적
계기는 무엇이었을까? 이것에 대한 일차적인 기폭제 역할을 한 것은
숭산이 여러 미국 방문지에서 만났던 재미동포들이었다. 숭산을 만났
던 재미동포들마다 그에게 미국에서 함께 사찰을 지어 포교활동을
시작하자고 종용하였다.[402] 그럼에도 불구하고 숭산은 당시의 방문이
견문을 넓히기 위한 한시적인 여행일 뿐임을 강조했었다. 그러나 결정
적으로 그가 뉴욕을 방문했을 때 일본 승려들이 그곳에서 선방을 운영한
다는 소리를 듣고 강한 자극을 받아 미국에 선을 보급해야겠다는 의욕을
품게 되었다.[403]

　그 후 숭산은 미국으로 올 때 비행기에서 만났던 로드아일랜드대학
김정선 교수에게 연락하였고, 프로비던스에 위치한 김 교수의 집에서
한국불교의 전통적 참선을 가르치기로 했다.[404] 처음에는 숭산이 온다
는 소식에 찾아온 학생들을 대상으로 김 교수의 통역 과정을 거쳐
참선 교육이 이루어졌다.[405] 그런데 그 과정에서 한 가지 흥미로운
일화가 발생했다. 김 교수가 불교의 교리를 깊이 이해하고 있는 상태가
아니었기 때문에 통역에 문제가 생기게 되었다. 하는 수 없이 숭산이
참선을 가르치기에 앞서 최면술을 가르치는 것으로 방향을 수정하게
되었는데, 그의 최면술 효력에 학생들이 지대한 관심을 갖게 되었다.[406]

---

402 숭산행원선사문도회 엮음, 『世界一化(1)-가는 곳마다 큰스님의 웃음』, p.69.
403 위의 책, p.70.
404 위의 책.
405 위의 책, pp.70~71.
406 위의 책, pp.71~72.

김용옥은 이 상황을 다음과 같이 해석하고 있다.[407]

여기 1972년 빈털터리 숭산의 체험을 털어놓는 이 아주 진솔한 어구들
은 인류종교의 발달사, 그리고 선교(전도)사史의 가장 보편적 패턴을
말해 주는 귀중한 자료를 제공하고 있다. …… 어떠한 경우에도 민중이
나 이방의 대중에게 고등한 언어체계나 고도의 사유체계가 처음부터
먹혀들어갈 수가 없다. …… 숭산에게는 언어(영어)가 없었고 재력이
없었으며 또 폭력(대사관 같은 것)의 뒷받침이 없었다. 그에게는 대중에
게 과시할 일체의 권위라든가 위력이 없었다. 이러한 그가 할 수 있었던
일은 무엇이었을까? 숭산은 처음에 괴력난신(怪・力・亂・神)을 행하는
괴승으로 밖에는 보이질 않았다. 그리고 그는 영력을 소유한 선승으로
이미지가 순화되어 갔고 지금은 "부처님 대가리에 담뱃재를 터는"
것을 가르치는 젠 마스터 철인이 되어 있다.[408]

---

407 숭산에 관한 저술은 대부분 본인의 설법, 불교사상, 또는 관련된 일화 등을
숭산 본인이나 제자들이 기록한 것이다. 따라서 외부인의 시각에서 숭산의
행적을 다룬 기록은 아주 드문 상황인데, 도올 김용옥의 저서 중 하나에 숭산에
대해 여러 페이지에 걸쳐 기록한 부분이 있다. 필자는 이 책이 한국의 역사적
인물이나 사건에 대한 아주 예리하면서도 신랄한 비판을 담고 있음을 인정하는
동시에, 이 책의 전체 내용 중 잦은 비속어나 김용옥 본인의 극단적 시각 등이
다수 담겨져 있어 참고문헌으로 삼는 데 있어서 많은 고민을 하였다는 점도
있었음을 밝힌다. 그러나 그럼에도 불구하고 김용옥 개인이 겪은 숭산과의
인연과 그것을 바탕으로 한 기록은 다른 학자들의 저서를 통해서 찾을 수 없었던
귀중한 것이었기에 여기에 그 부분의 가치를 인정하여 참고문헌으로 삼는 바이
다. 현각스님의 책에서도 김용옥의 이 책에서 기술된 내용이 다수 인용되고
있다(김용옥, 『나는 불교를 이렇게 본다』, 통나무, 1989, pp.110~111: 현각, 『만행・하버
드에서 화계사까지』 2권, pp.206~214).

김용옥의 위 해석은 상당한 의미를 지닌다. 그 이유는 비록 포교의
대상이 평범한 민중이나 타국의 대중이 아니라고 할지라도, 대부분의
인간에게 있어서 "고등한 언어체계나 고도의 사유체계"를 통한 접근은
지적으로 상당한 부담감을 주기 때문이다.[409] 이후 그들은 점차로 최면
술뿐 아니라 참선이나 불교 그 자체에도 또한 관심을 갖게 되었으며,
숭산은 마침내 방 두 칸짜리 작은 아파트를 얻어 본격적으로 선방을
시작하게 되었다.[410] 공교롭게도 일본 홍법원의 시초가 월세로 얻은
작은 집이었던 것과 유사하게, 미국 홍법원의 시초 또한 월세로 얻은
작은 아파트였다.

2) 숭산의 해외포교 특징과 장단점

전술한 바와 같이 숭산의 해외포교 추진은 그 이전부터 원력을 세운
후, 장기적인 준비 과정을 거쳐 체계적으로 이루어진 것이 아니었다.
오히려 우연한 기회를 통해 형성된 시대적 상황에 의해서, 혹은 개인적
친분관계에 있는 사람을 통해서 급작스럽게 이루어졌다. 최초의 포교
국가였던 일본과의 인연이 그러했으며, 서구권 포교의 출발 국가였던
미국과의 인연 또한 동일했다. 비록 아시아에서 일본 홍법원의 설립
이후에 추진한 홍콩이나 대만포교의 경우와 서구권에서 미국 이후
유럽 여러 국가들로 포교활동을 확대하게 되면서 상황은 많이 달라졌다
고 할 수 있지만, 숭산의 해외포교 추진은 우연히 조성된 상황이나

---

408 위의 책, pp.110~111.
409 위의 책, p.110.
410 숭산행원선사문도회 엮음, 『世界一化(1)-가는 곳마다 큰스님의 웃음』, p.72.

개인적 인연에 의해 성립된 것, 환언하면 '우연성'을 다분히 내포하고 있다고 특징지을 수 있겠다.

　이처럼 우연한 기회를 통해 철저한 준비 과정 없이 추진한 해외포교의 과정은 자연히 포교활동을 하는 당사자인 숭산으로 하여금 상당한 고난과 역경을 겪게 만들었다. 물론 철저한 준비 과정을 거쳐 추진된 해외포교활동이라 하더라도 녹록지 않기 십상이겠지만, 준비가 안 된 경우는 그 정도가 더욱 심할 것이다. 사실상 일본포교의 경우는 한국정부로부터 지원금이 약속되는 등 어느 정도 준비된 상태라고 볼 수도 있었지만, 지원금의 지급이 늦어지는 바람에 결국 별다른 준비 없이 착수된 것이나 다름없는 지경이 되고야 말았다. 미국의 경우는 더욱 갑작스럽게 조성된 것이어서, 결국 포교활동의 비용 충당을 위해 숭산이 직접 세탁소 기계수리공으로 일하게 되는 처지에까지 처하게 되었다.

　그런데 이와 같이 우연적 촉발에서 비롯된, 포교지에서의 악조건에도 불구하고, 숭산의 뜨거운 열정과 헌신적 자세는 그러한 상황을 오히려 여러 가지 긍정적 결과가 발생하도록 전환시키는 원동력으로 작용하였다. 즉 숭산 본인이 이러한 상황을 온몸으로 부딪치며 당당하게 극복함으로써, 극적인 반전뿐 아니라 더 많은 감동을 선사하게 되는 효과를 낳게 했던 것이다. 향후 한국불교계의 후학들이 포교현장에서 숭산이 직면했던 것과 같은 우연적 상황에 의존하는 자세를 갖는 것은 문제를 발생시킬 수 있을 것이다. 하지만 포교지에서 빈번히 발생하게 되는 갖가지 예기치 못한 상황 속에서 숭산이 보여준 적응력과 헌신적 자세로부터 많은 것을 배울 수 있다고 하겠다.

4. 숭산이 한국불교계에 남긴 과제

비록 숭산이 해외포교 측면에서 달성했던 지대한 업적이 한국불교계에 있어서 대단한 자랑거리이기는 하지만, 동시에 포교 과정에서 그가 추진했던 새로운 시도들은 한국불교계에 큰 과제를 남겼다고도 할 수 있다. 그 첫 번째는 '남녀차별 및 출재가 구분 관행의 개혁'으로 인한 것이며, 또 다른 한 가지는 '일본 임제종 수행법의 수용'으로 인한 것이다.

1) 남녀차별 및 출재가 구분 관행의 개혁

숭산이 미국 홍법원을 설립·운영하면서, 한국의 사찰에서와는 다른 방식을 적용하게 된 부분이 있는데, 그 대표적인 것 중 하나가 홍법원 내 여성의 지위와 관련하여 남녀차별적 관행을 개혁한 것이었다. 그리고 그것에 대한 책임으로 한국불교계에서 상당한 비판의 대상이 되었다. 이와 관련하여 현각은 다음과 같이 서술하고 있다.

내가 한국에 와 살면서 깜짝 놀란 것은 숭산 큰스님이 외국에서 평가를 받는 것만큼 한국에서는 그다지 주목을 받고 있지 못하다는 것이다. 아예 큰스님의 업적이 과소평가되는 것은 물론, 어떤 스님들은 '큰스님이 한국불교를 버렸다'고 내 앞에서 드러내놓고 혹독한 비판을 하기도 한다. 아연실색할 일이 아닐 수 없다. 그리고 그 비판의 중심 내용은 주로 큰스님의 포교 스타일에 있다는 것을 알게 되었다. 신도와 승려가 젠센터에서 같이 먹고 자고 생활하면서 비구와 비구니가 격의 없이 한 방에서 수행하고 비구니가 비구 대신 지도법사가 되어 법문을 하고 하는 이 모든 것들이 한국불교의 전통 포교방식과는 너무도 큰 차이가 있기 때문이다.[411]

미국의 자유분방한 문화적 토양에서 성장한 현각으로서는 자신이 존경하는 스승이 그의 고국에서 비판받는 이유가 미국에서 개설한 젠센터 내에서 여성의 지위에 차별을 두지 않았던 것과 남성과 여성 수행자가 공동으로 한 방에서 수행하는 생활방식을 도입했다는 점 때문이라는 것이 도저히 이해하기 어려운 일이라고 여겼을 법도 하다. 그러나 현각이 서술한 미국 홍법원의 생활방식은 그가 본인의 책을 저술할 당시인 1999년보다 10년이 더 지난 오늘날의 한국 내 사찰에서 조차 생각하기 힘든 일들이다.

한국 사찰에서는 여전히 비구와 비구니가 같은 방에서 수행할 수도 없으려니와, 비구니가 비구를 대상으로 설법을 하는 것은 더더욱 용납될 수 없는 것이다. 이 가운데 비구와 비구니가 같은 방에서 수행할 수 없는 부분에 대해서는 필자의 개인적인 관점에서 이 점이 꼭 여성차별적인 규정은 아니며, 또한 문화적 인식의 차이에서 비롯될 수 있는, 용인 가능한 범위의 규범이라고 판단한다. 그러나 비구니가 비구를 대상으로 설법을 해서는 안 된다는 규범은 꼭 서구적 관점이 아니라 오늘날 일반인의 관점에서도 납득하기 어려운 부분이다. 그런 일들을 숭산은 이미 수십 년 전부터 미국 홍법원 운영에 과감하게 시도했으니,

---

411 현각, 『만행·하버드에서 화계사까지』 2권, p.217.

현각이 국내에서 접했던, 자신의 스승에 대한 한국불교계의 비판은
어쩌면 당연한 결과인지도 모른다. 이러한 비판에 대해 현각은 다음과
같은 입장을 표명하고 있다.

결론부터 말하자면 그러한 큰스님에 대한 비판은 종교가 한 사회에서
다른 사회로 옮겨질 때 어떻게 변화 발전되었는지에 대한 통찰이
부족한 데서 비롯된 비난이라고 감히 생각한다. ······ 큰스님이 미국포
교를 시작했던 1970년대는 이미 미국에서 '성의 혁명'이 일어나고
난 뒤였다. 여성의 지위는 급격하게 향상되었고 '성'과 무관하게 동등한
인간으로 대접해야 한다는 사회적 공감대가 이미 형성되었다. 큰스님
도 처음엔 비구, 비구니를 구분하는 한국불교의 전통적 방식을 도입하
셨다. 그러나 곧장 반발이 왔다. 큰스님은 이들의 말을 경청했고 미국적
상황에 맞게 바꾼 것이다. 큰스님뿐만이 아니다. 일본의 스즈키 로쉬,
사사키 로쉬, 마에즈미 로쉬를 비롯해 티베트의 달라이 라마, 촉얌
트룽파 등등 포교를 위해 미국으로 온 불교 선사들 모두 가르침 공동체
안에 남자와 여자를 구별하지 않았다.[412]

현각의 분석처럼 젠센터 내에서의 여성의 지위나 수행방식 등에
대한 숭산의 입장은 한국불교의 수행문화를 미국이라는 새로운 문화적
토양에 접목시키기 위한 불가피한 선택이었을 것이다. 현각은 또한
그러한 선택은 숭산뿐 아니라 세계적으로 저명한 다른 여러 선사들에
의해서도 동일하게 행해졌다는 근거도 제시하고 있다. 이러한 그의

412 위의 책, pp.218~221.

주장은 상당한 '합리성'을 근거로 하고 있기에 한국불교계에서 반론을 제기하기 힘든 측면을 가지고 있다. 그럼에도 불구하고 숭산이 시도했던 새로운 수행문화는 서구권 국가 포교의 목적에 한해 방편적으로 적용되는 사항이지, 한국에는 한국 고유의 불교적 전통이 있기에 결코 해외의 사례가 국내에 영향을 주어서는 안 된다는 반론 또한 제기될 수 있을 것이다.

여성의 지위에 관한 한, 한국불교는 여전히 수많은 논쟁과 변화의 과정을 겪어야 할 필요성을 지니고 있다.[413] 전술한 바, 비구니가 비구를 대상으로 설법할 수 없는 전통을 비롯해, 구족계에 있어서 비구니가 지켜야 할 계율이 비구의 그것에 비해 월등히 많은 전통을 오늘날까지도 그대로 답습하고 있다는 점 등은 이미 익히 알려진 것들이다. 이 외에도 여성불성불설女性不成佛說이나 비구니팔경법比丘尼八敬法 등과 같은 남녀차별적인 교리나 계율의 잔재들을 불교계 내에서 얼마든지 발견할 수 있다.

여성불성불설의 경우만 하더라도 부파불교시대에 제기된 하나의 이론적 입장일 뿐이었다는 지적이 있다.[414] 고타마 붓다 재세 시에 그의 가르침에 의해 여성의 지위가 상당히 격상되었지만, 남성과 동물

---

413 이 부분에 있어 한국불교계뿐 아니라 세계 각국의 불교계들 또한 그 정도의 차이는 있겠지만 여성의 지위 문제와 관련하여 저마다의 논쟁과 변화의 과정이 필요하리라 생각한다. 다만 본서는 숭산이 확산시킨 수행문화와 한국불교계와의 관계에 집중하고 있는 관계로 그 범위를 한국불교계의 수행풍토에 집중시키는 바이다.

414 이창숙, 「불교에서 여성은 열등한가」, 『불교평론』 제52호(만해사상실천선양회, 2012), pp.270~272.

사이에 위치한 중간적 존재 정도로밖에 여기지 않던, 당시 인도사회의 뿌리 깊은 차별적 인식이 완전히 소멸되지 않은 채, 붓다의 입멸 후 여성차별적 의식이 다시 부상하게 된다.[415] 따라서 이러한 의식이 부파불교시대의 불신관佛身觀과 결합하여 여인오장女人五障의 개념이 등장하게 되었으나, 당시는 남성에게조차 성불의 도에는 엄격한 제한을 두었던 교리적 특성을 가진 시대였으므로 여성불성불설 자체가 큰 의미를 가질 수 없는 것이라고 이창숙은 주장한다.[416] 비구니팔경법의 경우에도 붓다가 직접 정립한 계율이라기보다는 1차, 2차 결집 당시 주도적인 역할을 했던 비구 교단이 비구니 교단을 하위에 두기 위해 의도적으로 제정한 것일 수 있다는 주장이 여러 학자들에 의해 제기되기도 했다.[417]

부파불교시대를 지나 대승불교시대가 전개되면서 많은 대승불교 문헌들에서 여성성이 부정적으로 묘사되기도 하지만, 동시에 완전한 인간으로서의 여성성을 강조하며 불교수행의 궁극적 지향점을 달성할 수 있는 존재로 묘사하는 대승경전 또한 상당수에 이른다.[418] 이러한 대승경전 내부에 존재하는 이중성만 보더라도 여성의 지위에 대한 경전의 입장이 고정된 절대적인 진리가 아닌, 시대에 따라 변화하는 것임을 쉽게 알 수 있다.[419]

---

415 위의 논문, p.271.

416 위의 논문, pp.271~272.

417 위의 논문, pp.265~266.

418 하정남, 「불교와 페미니즘, 공존 가능한가」, 『불교학연구』第2號(불교학연구회, 2001), p.114.

419 위의 논문.

앞서 필자는 19세기 유럽사회에 불교가 처음으로 일부 지식층 사이에서 상당한 관심의 대상이 되었던 가장 큰 이유 가운데 하나가 바로 그리스도교에서 경험하지 못했던, "신이 없는 종교"로서의 합리적 요소 때문이었다는 분석을 제시한 바 있다. 당시 유럽인들은 불교 속에 신화적·비현실적 요소들이 다수 존재함에도 불구하고 합리적 부분만을 선별하면서까지 불교를 추종했었다. 그러한 합리성에 대한 강조는 오늘날에 이르러서는 '글로벌 합리주의'로까지 확대되어 전 세계에 강력한 파장을 형성하고 있다. 결국 한국불교계에도 점차 그 영향이 미칠 것은 어쩌면 시간문제뿐일 수도 있다.

한국불교계에서 여성의 지위 문제 또한 합리성의 차원에서 서구인들을 비롯한 외국인들이 어떻게 볼 것인가를 고려할 필요성이 있다. 서구인의 시각에서 현재의 한국불교계를 보았을 때 표면적으로는 비구니 스님들이 독자적으로 운영하는 사찰이 존재하며, 그들이 불교계에서 다양한 활약을 하는 것을 볼 수 있기 때문에 상대적으로 여성차별적 의식이나 계율을 크게 느끼지 못할지도 모른다. 하지만 내부적으로 여전히 존재하는 상당한 차별의식이나 계율들을 속속들이 알게 된다면 한국불교에 대해 큰 실망감을 갖게 될 수도 있을 것이다.

앞서 현각이 서술한 바와 같이, 숭산 역시 미국포교를 시작할 때까지만 해도 여성의 지위와 관련하여 한국불교의 전통적 의식 속에서 벗어나지 못했지만, 현대 서구문화 속에서 생활하면서 여성에 대한 그의 패러다임이 완전히 변화되었다고 볼 수 있다. 그 이후로 제자들에게 비친 숭산의 모습은 항상 그들을 남녀차별 없이 평등하게 대하기 위해 노력하는 모습이었다.[420] 그러면서 동시에 그는 제자들에게 "오직 모를

뿐"인 마음에는 남녀의 구분이 없기에 남·여성을 구분하는 분절적
사고를 하기보다는 오히려 '참나'를 찾을 것을 강조하였다.[421]

비록 여성의 지위에 있어서의 숭산의 의식 변화가 해외포교 과정
중에 발생한 불가피한 선택이었다고 치부할 수도 있지만, 여하튼 그것
은 새로운 시대와 문화적 토양을 향한 의식의 발전이요 진보였다.
따라서 한국불교계가 이것에 대해 해외에서만 적용되었던 특수한 사례
로 인식하는 차원에 머무른다면, 스스로를 국가적 한계 내에 구속시키
는 형상이 되는 것이다. 이것은 힌두교가 후발 주자인 불교와 달리,
인도라는 국가적 한계에 갇혀 세계적으로 확산되지 못했던 역사적
사례를 연상시키는 행위라고 하겠다. 이런 측면에서 수십 년 전에
한국불교계에 보여준 숭산의 혁신적인 변화의 모습이 한국불교계에
전해 주는 의미는 크다고 할 것이다.

이 외에도 숭산은 관음선종의 내부 조직을 편성하는 데 있어서,
남·여성의 구분뿐 아니라 출·재가의 구분까지도 없애는 새로운 시도를
하였다. 구체적으로는 승단 구성원들의 체계를 법사, 선도법사, 지도법
사, 선사라는 네 단계로 조직화하였는데, 여기에 남녀와 출재가의
구분 모두를 없앴던 것이다. 숭산의 이러한 혁신적인 시도에 대해,
필자는 앞서 제2장에서 서구문화에 적응하기 위한 불교의 토착화 과정
중에 나타난 새로운 시도라고 분석하였다. 승단 내 남녀차별적 관행을
철폐하는 것에 더하여, 그 조직을 출재가의 구분 없이 편성했던 그의
시도 역시 현재 한국불교계에는 상당한 의미와 과제를 부여하는 것이라

---

420 숭산, 『부처를 쏴라』, p.85.
421 숭산, 『부처님께 재를 털면: 숭산스님의 가르침』, pp.163~164.

고 할 수 있다.

　제2장에서 서술한 바와 같이 남녀차별 및 출재가 구분의 관행을 개혁했던 숭산의 시도가 서구사회에서 불교 선사로서 행한 최초의 시도는 아니었지만, 한국 선사로서는 최초의 시도였던 것이니만큼 이것 역시 한국불교계에 또 하나의 과제를 부여하는 것이라고 하겠다. 그리고 이 가운데 출재가 구분 없이 승단 내 조직 체계를 구성했던 숭산의 시도는 승려 지원자 수의 급감으로 인하여 심각한 위기감을 느끼고 있는 오늘날 한국불교계의 현실과[422] 관련하여 그 해결책의 일환으로 진지하게 고민해 보아야 할 부분일 것으로 판단된다.

2) 일본 임제종 수행법의 수용

필자는 앞서 숭산이 미국을 필두로 한 서구권 국가에서 포교활동을 하는 과정 중 일본 임제종의 간화선 수행법을 다분히 수용한 점에 대해 두 가지 차원의 해석을 시도하였다. 그 첫 번째가 숭산의 일본 임제종 수행법 도입은 단순히 방편적인 것에 불과했으며, 진정으로 그가 강조한 수행법의 핵심은 한국의 전통적 선수행법과 유사한 것이었다는 해석이었다. 이것은 숭산이 민족적 토대를 강조하는 입장을 유지했다고 보는 시각이었다. 두 번째는 삼국시대와 통일신라시대를 거치며 한국불교가 역동적 발전을 거듭하던 시기에 당시 한국불교계와 승려들이 지녔던 자아의식에 기반을 둔 해석이었다. 즉 그 당시 승려들이 그랬던 것처럼, 숭산은 단순히 민족이나 국가적인 범주에서 한국불

---

[422] 유민환, "조계종, 내달 인재양성 포교 프로그램 논의" 〈문화일보〉(2015년 1월 29일자) 23면.

교, 일본불교라는 한계를 정한 것이 아니라, 임제종이라는 큰 틀에서 하나의 불교 공동체이자 "공동 협력자"로 인식하며 한·일 불교 상호간 수행법을 자유롭게 교류했다는 것으로 볼 수 있다는 해석이었다. 이것은 숭산이 민족적 토대를 초월하여 동아시아 불교전통 전체를 포괄하는 입장을 유지했다고 보는 시각이었다.

그러나 위의 두 가지는 숭산이 추진했던 새로운 시도에 대한 필자의 개인적 해석에 불과하며, 한국불교계에서 숭산의 그러한 행적은 앞서 언급한 승단 내 남녀차별적 관행의 개혁에 관한 부분과 더불어 여전히 비판의 대상이 되고 있다. 따라서 숭산의 일본 임제종 수행법 수용에 대한 부분은 지금도 여전히 한국불교계에 또 하나의 과제를 부가하는 것이라고 할 수 있다. 그리고 여기에는 그 대상 국가가 다른 나라가 아닌, 바로 일본이기 때문에 상황의 심각성을 심화시키는 측면이 존재한다고 봐도 무방할 것이다.

앞서 제2장에서 필자는 오늘날 한국불교계가 품고 있는 대일감정의 경우 거의 대부분의 한국인들 의식 속에 존재하는 반일감정뿐 아니라, 한국불교계만이 가지고 있는 고유한 반일감정까지 더해져 있는 상태라고 분석한 바 있다. 이로 인해 일본 임제종 수행법을 도입한 숭산의 시도를 용납하는 것이 쉽지 않은 과제가 될 수 있다는 점 또한 충분히 이해할 수 있다. 게다가 다른 것도 아닌, 전 세계 앞에 자랑할 수 있는 우리 간화선의 영역에서, 면면히 지켜오고 있는 훌륭한 수행법이 존재함에도 불구하고, 일본불교의 수행법을 도입한다는 사실은 더더욱 받아들이기가 쉽지 않을 것이라는 점 역시 이해 불가능한 것은 아니다. 하지만 그럼에도 불구하고 다른 영역도 아닌 종교의 영역이기에, 불교적 관점에서 용서와 포용의 자세를 보인다면 해결의 실마리를 찾을 수 있을 것이다. 나아가 향후 한·일 양국 관계에서 전향적인 변화를 이끌어내는 데 있어서 한국불교계가 큰 역할까지도 할 수 있으리라 기대한다.

　일본의 경우 여러 극우단체들을 비롯하여 실권을 쥐고 있는 주요 정치인사들 대부분으로부터는 과거 일제강점기 동안의 만행에 대한 참회의 기색을 찾기 힘든 것이 작금의 현실이다. 더욱이 이러한 상황 하에서 일본과의 독도영유권에 대한 갈등이 더욱 격렬하게 불거지며 양국 관계는 악화일로로 치닫기도 하였다.[423] 제1장에서도 언급한 바와 같이 2차 세계대전 당시 일본군 종군 위안부 문제 역시 양국 간 해결해야 할 핵심 현안으로 여전히 남아 있는 상태이다. 대다수의 한국인들은 2차 세계대전 종전 이후 유대인들과 주변국들을 상대로 전쟁의 책임을 처절하게 통감하며 사죄했던 독일의 경우와 비교하며, 일본정부의 행태에 대해 도저히 납득할 수 없다는 입장이다.

　다행히도 일부 일본인 단체나 지성인들을 중심으로 과거 한국에 가했던 일본의 만행에 대한 공개적인 참회를 표명한 사례는 그동안 여러 차례 언론에 보고된 바 있다. 또한 일제강점기 동안 자행된 일본의 행적에 대한 참회와 관련하여 반가운 소식이 일본불교계로부터 전해져

---

[423] 독도영유권에 대한 한·일 양국 간의 갈등은 1948년 대한민국 정부 수립 이후부터 오늘날에 이르기까지 지속적으로 존재해 오고 있는 문제이다. 그러나 지난 2012년 8월 10일 이명박 대통령이 대한민국 헌정 사상 대통령으로서는 최초로 독도를 전격 방문하자 일본 정부는 주한 일본대사를 자국으로 소환하는 등 극도로 예민한 반응을 보이며 강하게 항의하였다.

오기도 했다. 내용인즉 일본 조동종 측에서 일제강점기 하에서 자신들의 과오와 "첨병 노릇"을 뉘우치는 참회비를 국내 유일의 일본식 사찰인 동국사에 건립할 예정이라는 소식인데, 한국사회에 화제가 되기도 하였다.[424]

숭산으로서도 미국에서 포교활동을 추진하던 중 일본 임제종의 수행법을 도입하고자 마음먹기가 결코 쉽지 않았을 것이다. 전술한 바, 그는 일제 식민지 치하에서 독립운동으로 옥고를 치른 바 있는 열혈 애국청년이었다. 하지만 그럼에도 불구하고 앞서 필자가 해석한 이유들에 기반을 두었거나, 아니면 또 다른 이유로 인해서든 결과적으로 과감하게 새로운 방법론을 도입하여 서구권 국가에서 선수행의 대중화·세계화의 흐름을 진작시켰다. 이 부분 또한 앞서 승단 내 여성의 지위에 관한 숭산의 과감한 시도와 더불어 한국불교계에 강한 의미를 전하는 것이라고 하겠다.

주지하다시피 불교라는 거대한 종교적 사상체계 내에는 초기불교에서부터 정토불교에 이르기까지 상호간에 극단적으로 대비되는 교리적 스펙트럼이 혼재하는 상황이다. 그래서 혹자는 "정토불교는 더 이상 불교가 아니다"라고 한탄하지만, 오늘날, 그것도 한국불교와 일본불교에서 정토불교를 배제한 불교를 생각할 수 있을까? 밀교전통의 티베트불교는 또한 어떤가? 오늘날 전 세계적으로 가장 널리 파급되어 있으면서 동시에 서구권 국가에서 특히 그 영향력이 우세한 티베트불교가 그 속에 티베트의 토착종교인 본Bon교와의 교섭 과정에서 남겨진

---

[424] 이재형, "일본불교계, 전쟁 참회비 세운다: 조동종 9월 16일 동국사에 비 제막" 〈법보신문〉(2012년 9월 12일자) 3면.

264

자취들을 상당 부분 간직하고 있다는 사실이 본서를 서술하는 이 시점에
또 무엇을 말해 주고 있을까?[425]

불교는 애당초부터 대기설법이며 응동보화應同普化이다. 중생의 근기
와 수준·처지에 맞게 불법은 설해지는 것이며, 물을 어떤 그릇에
담더라도 이유없이 담겨지듯이 불법은 때(時)와 곳(處), 그리고 사람
(人)에 따라 계속 발전적인 적응을 하는 것이다.[426]

위와 같은 미찌하타 료우쥬우(道端良秀)의 주장처럼 수천 년 불교의
역사가 시대와 장소를 따라 현상과 상황에 적응하며 널리 교화하는
대기설법적 성향을 잘 보여줘 왔다면, 한국불교계가 간화선 수행에
있어서 다양한 방법의 수용에 대해 지나치게 예민하게 반응하고 있지는
않은지 생각해 볼 필요가 있다. 불교에 이미 방편적 진리(속제俗諦)와
궁극적 진리(진제眞諦)가 시설되어 있는 것이 주지의 사실이니,[427] 진제
적 차원의 궁극적 깨달음 앞에 수행법의 다양성은 속제, 즉 방편적
진리에 불과하다 하겠다. 최근 한국 불자들 사이에서 증대되고 있는
위빠사나 수행에 대한 수요로 인해 조계종을 중심으로 한 한국불교계에
는 이에 대한 대응책의 마련을 위한 움직임 또한 보이고 있다.[428] 그러한

425 불교와 티베트의 토착종교인 본교와의 교섭 작용에 관해서는 민병삼, 「티벳불교
의 형성과 토착화」, 『인문과학논집』 제13집(강남대학교, 2004) 참조.
426 미찌하타 료우쥬우(道端良秀), 「중국불교의 도교적道敎的 전개」, p.186.
427 월폴라 라훌라 원저, 『붓다의 가르침과 팔정도(개정판)』, 전재성 역저(한국빠알리
성전협회, 2005), p.166.
428 한국불교계 내의 위빠사나 수행의 성장 과정과 그 원인에 대한 분석으로는

때에 간화선 내에서 한국의 전통적 방식과 일본 임제종식 수행법으로 다시 구분하고, 나아가 일본식을 배제한다는 것은 한국의 간화선을 너무 좁은 범위에 묶어두는 행위는 아닐까?

제2장에서 다루었던 바, 일찍이 불교철학의 세계적 석학 다카쿠스 준지로(高楠順次郎)는 불교철학의 근본원리를 여섯 가지로 체계화하였다.[429] 그 중 하나가 바로 '회통의 원리(The Principle of Reciprocal Identification)'인데, 그에 따르면 대승불교의 특성 자체가 상호 대립적인 관념들을 회통하려는 경향이 강하다는 것이다.[430] "완전과 불완전, 하나와 여럿, 특수와 일반, 영원과 순간 등을 동일시하는 그러한 관념들이 모두 이 회통의 이론을 통해 달성"[431]되는데, 더더군다나 한국불교는 대승불교에 속하면서 동시에 회통불교를 표방하고 있으니, 그 어떤 대립적인 것을 수용하는 데 오히려 더욱 적극적이어야 하지 않을까

Ryan Bongseok Joo, "Countercurrents from the West: 'Blue-Eyed' Zen Masters, Vipassanā Meditation, and Buddhist Psychotherapy in Contemporary Korea" *Journal of the American Academy of Religion,* September 2011, Vol. 79, No. 3, pp.624~627 참조.

[429] 다카쿠스 교수가 분류한 불교철학의 6가지 원리는, 연기의 원리(The Principle of Causation), 비결정론과 불확정의 원리(The Principle of Indeterminism of the Differentiated), 회통의 원리(The Principle of Reciprocal Identification), 참된 실재의 원리(The Principle of True Reality), 총체성의 원리(The Principle of Totality), 그리고 완전한 자유의 원리(The Principle of Perfect Freedom)이다(Junjirō Takakusu, *The Essentials of Buddhist Philosophy,* Delhi: Motilal Banarsidass Publishers Private Limited, 1975, pp.23~54; 다카쿠스 준지로[高楠順次郎], 『불교 철학의 정수』, pp.39~72).

[430] 위의 책, p.57.

[431] 위의 책, p.58.

하는 생각이 든다.

　필자는 제4장을 통하여 지눌이 고려 중기 간화선을 한반도에 수용한 이래로 고려 말기와 조선 초기를 거치며 수행법 측면에서 상당한 변화의 과정을 거쳤다는 점을 구체적인 수행법의 변화 내용을 열거하며 그 과정을 상세히 고찰하였다. 그렇다면 그 당시에 여러 측면에서 수행법의 변화가 발생했을진대, 오늘날에 수행법의 변화가 일어나는 것을 받아들이지 못할 이유는 없다.

　이뿐만 아니라 숭산이 일본 임제종의 수행법을 통해 다시금 중요성을 자각하게 된 부분 가운데 하나가 바로 입실점검의 강조였다. 이것은 간화선을 집대성한 대혜 당시부터, 그리고 심지어 그 이전 조사선의 전통에서부터 강조되었던 내용이다. 즉 퇴색되어 가던 중요한 전통을 다시 회복시킨 것이나 진배없다 할 수 있다. 이제 대승불교의 회통의 원리에 덧붙여 한국불교만의 회통성을 발휘할 때이다. 숭산이 보여주었던 대승적이며 한국불교적 회통의 자세를 보다 확대시킨 전향적인 한국불교계의 향배를 기대해 본다.

　끝으로 대만 출신으로, 숭산과 유사하게 서구사회에 선불교를 확산시키는 데 혁혁한 성과를 거두었던 성엄(聖嚴, 1930~2009) 선사의 다음과 같은 언급은 현 시점의 한국불교계에게 의미심장한 메시지로 각인될 수 있을 것이다.

　불교의 기본 원리는 만물이 변한다는 것입니다. 선 전통이라고 해서 이러한 근본 원리가 적용되지 말란 법이 있습니까? …… "중국선은 이렇게 하고 일본선은 이렇게 한다"고 말해 봐야 쓸데없습니다. 그러면 불가피하게 불공정한 비교, 의견 대립, 언쟁, 경쟁을 가져오게 됩니다. …… 그런 행동은 어리석은 것입니다. 수행자들은 자기 자신의 수행과 남들을 돕는 일에 신경 써야 합니다.[432]

5. 소결

이상으로 한국 간화선의 대중화·세계화 측면에서 숭산은 어떤 간화선 관을 견지하고 있었으며, 그의 간화선 수행법이 갖는 특징과 그 의의는 무엇인가에 대해 조명해 보았다. 이와 더불어 숭산이 한국불교계에 주는 과제에 대해서도 고찰하였다.

우선 숭산은 일반인들 또한 간화선을 통해 깨달음에 이를 수 있다고 주장하였다. 다만 일반인들은 대체로 복잡한 현대사회 속에서 한 가정과 일터의 구성원으로서 살면서 갖게 되는 다양한 책임 하에 놓여 있기 때문에, 이러한 것들로부터 비교적 자유로운 승려에 비해 선수행에 집중하기 어렵게 되고, 따라서 깨달음을 달성하기가 상대적으로 어렵다는 입장이었다. 하지만 그럼에도 불구하고 숭산은 간화선이 최상근기에 해당하는 수행법이라는 입장을 취하지는 않았다.

다음으로 조계종에서 추진하고 있는 한국 간화선의 세계화 현안을 위해 본서에서 필자가 제시한 4가지, 즉 일평생 오직 하나의 화두만 참구하는 전통, 화두의 내용, 입실제도 및 사제관계의 측면에서 숭산의 간화선 수행법을 조명하였다. 그 결과 숭산의 간화선 수행법은 한국불

---

432 성엄, 『선의 지혜』, 대성 옮김(탐구사, 2011), p.203.

교의 전통적 방식에 얽매이기보다는 새로운 변화를 추구했던 것으로 파악되었다. 그런데 그 변화의 방향이 일본 임제종의 수행법을 상당 부분 도입하는 편이었다고 볼 수 있기 때문에, 후술하는 바와 같이 한국불교계에 새로운 과제를 부여하고 있다.

그러나 비록 숭산이 한국불교와 일본 임제종의 수행법을 연관시키며 한국불교계에 새로운 과제를 부여하고 있는 것은 사실이지만, 우리는 그의 수행법이 갖는 상당한 의의 한 가지를 찾을 수 있다. 바로 한국불교계에서는 유명무실하지만, 조사선 전통에서, 그리고 간화선을 집대성한 대혜 또한 그 중요성을 강조했던 입실제도를 복원시켰다는 것이다. 필자는 이미 제5장에서 오늘날 현대사회에서 입실제도가 얼마나 다양한 측면에서 중요성을 가질 수 있는지에 대해 기술한 바 있다.

숭산은 또한 십문관이라 불리는 새로운 화두수행체계를 창안함으로써, 일평생 오직 하나의 화두만 참구하는 한국불교의 전통적 수행방식을 탈피하는 새로운 시도를 하였다. 그런데 이 방식이 중국이나 한국의 간화선 전통에서는 찾기 힘들며, 유독 일본 임제종에서만 개발되었던 것인 관계로 그들과의 연관성 문제로 인해 한국불교계에서 특히 논란을 초래한 점이 있다고 하겠다.

이 부분은 다시 화두의 내용 측면과도 직접적인 관련을 맺게 되는데, 오늘날 십문관 내에 담긴 12개의 연속된 화두 중 5개가 현대적 관점에서 새롭게 제작된 것이라는 점에서 간화선의 세계화 관점에서 그 의의를 찾을 수 있다고 할 수 있다. 그러나 이 또한 역시 이미 그 정보가 노출되어 있기 때문에, 그것이 활구로서 기능하기 위해서는 조사선 전통의 1,700개 공안을 보다 폭넓게 사용하면서도 현대적 관점의 새로운 화두를 지속적으로 고안할 필요성을 가지고 있다.

그 이외에 사제관계의 측면에서 숭산이 보여주었던 면모는 반드시 일본 임제종의 영향 때문이라기보다는 숭산 개인의 특성과 역량 그 자체가 최대한 발휘되어 빛을 발한 경우라고 볼 수 있다. 즉 그는 스승의 권위를 강조하는 한국선의 특징을 부각시키면서 동시에 제자들과 친근한 관계를 유지하며 서구의 문화적 맥락에 맞는 적응력을 발휘하였다. 이것은 사제지간의 수직적 측면과 수평적 측면 모두의 장점을 고루 드러낸 아주 탁월한 경우라고 평가할 수 있다.

이와 같이 새로운 변화를 추구하며 다양한 장점을 드러내었던 숭산의 해외포교활동은 전 세계적으로 큰 성공을 거둔 사례라고 평가할 수 있다. 그렇지만 그런 큰 성과를 낳게 했던 그의 포교활동이 의외로 많은 사람들이 예상하는 것과는 달리 철저한 준비와 오랜 세월 동안의 원력을 바탕으로 시작되었던 것은 아니었다. 해외포교의 출발점이었던 일본포교는 당시 한국불교계와 한국정부 및 재일동포사회 등의 요청을 숭산이 수용하지 않으면 안 되는 상황이 전개되면서 불가피하게 이루어진 측면이 있었다. 또한 서구권 포교의 시발점이 되었던 미국포교 역시 그의 옛 친구의 초청으로 성사된 미국 여행에서 도중에 만났던 미국동포 불자들의 권유와 그곳에 이미 설립되어 있었던 일본선원의 활동 상황을 보고 숭산이 자극을 받게 되면서 추진되었던 것이다.

이렇듯 상황이 '우연성'에 의해 발생한 경우가 많다 보니 포교활동의 당사자였던 숭산 본인이 겪게 되는 고초는 더욱 커지게 된 단점을 노출하게 되었다. 따라서 향후 해외포교를 준비하는 후진들은 그런 부분에서 시행착오를 겪지 않아야 할 것이다. 그렇지만 숭산이 매번

고비를 극복하면서 보여준 그의 상황대처능력과 뜨거운 열정, 그리고 불굴의 의지는 후진들에게 또 다른 감동을 선사했는데, 이 부분은 긍정적으로 볼 수도 있다.

관음선종을 통해 추진했던 숭산의 새로운 시도들은 한국불교계에 적지 않은 과제들을 부과하고 있는데, 그 첫 번째가 승단 내 남녀차별 및 출재가 구분 관행의 혁신과 관련한 것이며, 다음으로 일본 임제종 수행법의 수용과 관련한 것이다. 이 가운데 후자에 대해서는 본 소결의 전반부에서 그 내용을 정리한 바 있으며, 한국불교계로서는 대승적 차원의 회통성을 발휘하여 숭산의 시도를 포용할 것인지의 여부가 관건이라고 할 수 있다. 그리고 전자의 항목 가운데 출재가 구분 관행의 혁신과 관련하여 숭산이 한국불교계에 과제를 부여함과 동시에 하나의 대안을 제공하는 것이라고 볼 수도 있다. 즉 오늘날 승려 지원자 수의 급감에 의해 발생하는 한국불교계의 문제점을 해결할 수 있는 한 가지 대안이 될 수도 있다는 것이다.

마지막으로 숭산이 추진한, 남녀차별의 관행 혁신과 관련한 부분에 대해서만 좀 더 언급하고자 한다. 서구사회를 시작으로 '여성평등'을 부르짖기 시작한 지 수십 년이 지난 오늘날까지도 한국불교계는 여성평등의 측면에서 아직도 넘어야 할 관문이 많아 보인다. 이러한 상황에서 승단 내 여성의 지위와 관련하여 숭산이 추진한 시도들은 한국불교계에 상당한 의미와 과제를 부여하는 것이라 할 수 있다. 특히 한국 간화선의 세계화를 위해서는 이 부분에 있어 한국불교계의 보다 전향적인 행보가 요구된다고 하겠다.

참고문헌

일차문헌

『看話決疑論』, 『普照全書』, 普照思想研究院 編, 불일출판사, 1989.

『居士分燈錄』(卍續藏 권86).

『高峰原妙禪師禪要』, 洪喬祖編(卍續藏 권122).

『狗子無佛性話看病論』, 無衣子述(韓佛全 第六冊).

『大慧普覺禪師語錄』, 蘊聞編(大正藏 권47).

『大慧普覺禪師普說』, 蘊聞編(卍正藏 권59).

『大慧普覺禪師年譜』, 祖詠編(佛教藏 권73).

『夢山和尙法語略錄諺解』, 韓國學文獻研究所 編, 亞細亞文化社, 1980.

『無門關』(大正藏 권48).

『法集別行錄節要幷入私記』, 『普照全書』, 普照思想研究院 編, 불일출판사, 1989.

『禪家龜鑑』, 休靜述(韓佛全 第七冊).

『禪林寶訓』(大正藏 권48).

『宋史』, 脫脫 等 撰, 北京: 中華書局, 1997.

『修心訣』, 《普照全書》, 普照思想研究院 編, 불일출판사, 1989.

「昇平府曹溪山修禪社佛日普照國師碑銘 幷序」, 金君綏 撰, 『普照全書』, 普照思想研究院 編, 불일출판사, 1989.

「昇平府曹溪山修禪社佛日普照國師碑銘 幷序」, 金君綏 撰, 朝鮮總督府 編, 『朝鮮金石總覽』(下), 東京: 圖書刊行會, 1971.

『長阿含經』(大正藏 권1).

「曹溪山第二世故斷俗寺住持修禪社主贈諡眞覺國師碑銘 幷序」, 李奎報 撰, 『東文選』(권118).

「海東曹溪山修禪社第十世別傳宗主重續祖燈妙明尊者贈諡慧鑑國師碑銘幷序」, 李齊賢, 『益齋亂藁』(卷第七).

연구서 및 번역서

고봉원묘 원저, 『선요禪要』, 전재강 역주, 고우 감수, 운주사, 2006.

길희성, 『지눌의 선사상』, 소나무, 2001.

김원중, 『중국 문화사』, 을유문화사, 2001.

김용옥, 『나는 불교를 이렇게 본다』, 통나무, 1989.

김태완, 『간화선 창시자의 선』(상, 하), 침묵의 향기, 2011.

김호성, 『일본불교의 빛과 그림자』, 정우서적, 2007.

다카쿠스 준지로(高楠順次郞), 『불교 철학의 정수』, 정승석 옮김, 대원정사, 1989.

대한불교조계종 교육원 불학연구소 편저, 『간화선 수행의 성찰과 과제』, 조계종출판
　　사, 2007.

대한불교조계종 포교원 포교연구실 편, 『간화선 입문』, 조계종출판사, 2006.

대한불교조계종 포교원, 『한국불교사─조계종사를 중심으로』, 조계종출판사, 2011.

대한불교조계종 화계사, 『삼각산 화계사』, 문예마당, 2009.

라훌라, 월폴라 원저, 『붓다의 가르침과 팔정도(개정판)』, 전재성 역저, 한국빠알리성
　　전협회, 2005.

무량, 『왜 사는가(1, 2)』, 열림원, 2004.

무문혜개, 『무문관』, 박영재 엮음, 본북, 2011.

미산, 「간화선 국제화의 전망과 과제: 간화선 국제화를 위해 무엇을 어떻게 할
　　것인가?」, 대한불교조계종 교육원 불학연구소 편저, 『간화선 수행의 성찰과
　　과제』, 조계종출판사, 2007.

박영재, 『두 문을 동시에 투과한다』, 불광출판부, 1996.

_____, 『붓다도 없고, 미륵도 없네』, 본북, 2011.

불교신문 편, 『불교신문 50년사: 한 장의 불교신문, 한 사람의 포교사』, 불교신문,
　　2010.

성엄, 『선의 지혜』, 탐구사, 2011.

소운, 『하룻밤에 읽는 불교』, 랜덤하우스중앙, 2004.

숭산, 『부처님께 재를 털면: 숭산스님의 가르침』, 스티븐 미첼 엮음, 최윤정 옮김,
　　여시아문, 1999.

____, 『부처를 쏴라』, 현각 엮음, 양언서 옮김, 김영사, 2009.

____, 『선의 나침반』(1권, 2권), 현각 엮음, 허문명 옮김, 열림원, 2001.

____, 『오직 모를 뿐: 숭산선사의 서한 가르침』, 현각 편집, 은석준 옮김, 물병자리, 1999.

숭산행원선사문도회 엮음, 『世界一化(1)-가는 곳마다 큰스님의 웃음』, 불교춘추사, 2000.

_____, 『世界一化(3)-산은 푸르고 물은 흘러간다』, 불교춘추사, 2000.

스미스, 윌프레드 캔트웰, 『종교의 의미와 목적(The Meaning and End of Religion: A New Approach to the Religious Tradition of Mankind)』, 길희성 역, 분도출판사, 1991.

신승하, 『중국사』, 대한교과서, 1998.

신규탁, 『한국 근현대 불교사상 탐구』, 새문사, 2012.

심재룡, 『지눌연구: 보조선과 한국불교』, 서울대학교출판부, 2004.

_____, 편저, 『중국 불교 철학사』, 철학과 현실사, 1998.

인경, 『쟁점으로 살펴보는 간화선』, 명상상담연구원, 2011.

____, 『몽산덕이와 고려후기 간화선사상 연구』, 명상상담연구원, 2009.

장윤희, 『몽산법어언해』, 채륜, 2011.

장휘옥·김사업, 『무문관 참구』, 민족사, 2012.

정대스님, 「축사: 세계에 한국 선을 전한 숭산 큰스님의 35년간의 자취」, 『世界一化 (1)-가는 곳마다 큰스님의 웃음』, 불교춘추사, 2000.

정성본, 『간화선의 이론과 실제』, 동국대학교출판부, 2005.

정영식, 『韓國看話禪의 源流』, 한국학술정보, 2007.

조계종 교육원 불학연구소·전국선원수좌회 편, 『간화선, 조계종 수행의 길』, 조계종 출판사, 2005.

조계종 교육원 불학연구소·전국선원수좌회 편, 『간화선, 조계종 수행의 길(개정판)』, 조계종출판사, 2008.

조성택 편, 『퇴옹성철의 깨달음과 수행』, 예문서원, 2006.

청위·장허성, 이원길 역, 『중국을 말한다』, 신원문화사, 2008.

태진스님, 『鏡虛와 滿空의 禪思想』, 민족사, 2007.

퇴옹성철, 『선문정로禪門正路』, 장경각, 1987.

한자경, 『불교철학의 전개, 인도에서 한국까지』, 예문서원, 2003.

허흥식, 『고려에 남긴 휴휴암의 불빛 몽산덕이』, 창비, 2008.

현각, 『만행·하버드에서 화계사까지』(1 & 2권), 열림원, 1999.

____, 『부처를 쏴라』, 양언서 옮김, 김영사, 2009.

大慧宗杲, 『大慧普覺禪師語錄』(1권~6권), 김태완 역, 소명출판, 2011.

範文瀾, 『中國通史』(下), 박종일 역, 인간사랑, 2009.

馮友蘭, 『중국철학사』(하), 박성규 역, 까치글방, 1999.

翦伯贊, 이진복·김진옥 역, 『中國全史』(下), 학민사, 1990.

Buswell, Robert E., *The Zen Monastic Experience: Buddhsit Practice in Contemporary Korea*, Princeton: Princeton University Press, 1992.

_____, 『파란 눈 스님의 한국 선 수행기』, 김종명 옮김, 예문서원, 1999.

Eck, Diana L., *A New Religious America*, New York: HarperCollins Publishers, 2001.

Junjirō, Takakusu, *The Essentials of Buddhist Philosophy*, Delhi: Motilal Banarsidass Publishers Private Limited, 1975.

Matthews, Bruce, ed. *Buddhism in Canada*, Oxon: Routledge, 2006.

Prebish, Charles S. and Kenneth K. Tanaka, ed. *The Faces of Buddhism in America*, Berkeley and Los Angeles: University of California Press, 1998.

연구논문

강경부, 「철학: 숭산선사의 법어집 산은 푸르고 물은 흘러간다-숭산행원 유불회(唯不會, Only don't know)론」, 『문학/사학/철학』 제4호, 한국불교사연구소, 2005, pp.22~36.

김경집, 「滿空月面의 사상과 활동」, 『불교학연구』 第12號, 불교학연구회, 2005, pp.275~298.

김나미, 「깨달음과 열반이 상관관계」, 『불교평론』 제46호, 만해사상실천선양회, 2011, pp.195~213.

김방룡, 「여말 三師의 간화선 사상과 그 성격」, 『보조사상』 제23집, 보조사상연구원, 2005, pp.180~223.

김범년, 「숭산행원의 선사상 연구」, 동국대학교 불교학과 석사학위논문, 2014.

김석근, 「티베트 불교와 '달라이 라마'의 역사정치학: '정치와 종교'의 얽힘과 분화를 중심으로」, 『동양정치사상사』 제4권, 제2호, 한국동양정치사상사학회, 2005, pp.181~255.

김성례, 「탈식민시대의 문화이해-비교방법과 관련해서」, 『비교문화연구』 창간호, 서울대비교문화연구소, 1993, pp.79~111.

김정현, 「니체의 불교이해」, 『열린정신 인문학연구』 제6집, 원광대학교 인문학연구소, 2005, pp.63~90.

김종명, 「깨달음의 신화 재검토」, 『불교학연구』 제12호, 불교학 연구회, 2005.

_____, 「만공의 선사상: 특징과 역할」, 『宗敎硏究』 第34號, 한국종교학회, 2004, pp.203~232.

_____, 「현대 한국의 간화선: 이슈와 분석」, 『불교연구』 제33집, 한국불교연구원, 2010, pp.227~264.

남권희, 「蒙山 德異와 高麗 人物들과의 交流-筆寫本 『諸經撮要』의 수록내용을 중심으로」, 圖書館學論輯 제21집, 韓國圖書館情報學會, 1994, pp.363~399.

니시무라 에신(西村惠信), 「일본 간화선의 전통과 변용」, 『보조사상』 제25집, 보조사상연구원, 2006, pp.105~152.

마성, 「한국불교의 수행법, 무엇이 문제인가」, 『불교평론』 제48호, 만해사상실천선양회, 2011, pp.224~248.

문광, 「'숭산행원의 업적에 대한 포교적 관점의 연구'에 대한 논평문」, 『삼각산 화계사 역사의 안팎과 인물의 앞뒤』, 삼각산 화계사 제2차 학술세미나 및 한국불교사연구소 제6차 집중세미나 자료집, 2013년 12월 7일, pp.108~109.

미찌하타 료우쥬우(道端良秀), 「중국불교의 도교적道敎的 전개」, 보현진열 편역, 『僧伽』 제8집, 중앙승가대학교, 1991, pp.180~186.

민병삼, 「티벳불교의 형성과 토착화」, 『인문과학논집』 제13집, 강남대학교, 2004, pp.195~228.

박재현, 「한국불교의 간화선 전통과 정통성 형성에 관한 연구」, 서울대학교 대학원 철학과 박사학위논문, 2005.

배상환, 「서구 문헌학적 연구방법론의 수용과 인도 불교학의 성립」, 『한국선학』 제24호, 한국선학회, 2009, pp.529~563.

변희욱, 「大慧 看話禪 硏究」, 서울대학교 대학원 철학과 박사학위논문, 2005.

_____, 「간화선 연구의 현황과 과제」, 『불교평론』 제45호, 만해사상실천선양회,

2010, pp.305~322.

서명원, 「간화선의 서양 전달과 그 수용-입실제도入室制度를 중심으로」, 『한국선학』 제26호, 한국선학회, 2010, pp.181~215.

_____, 「性徹스님 理解를 위한 考察-그분의 面貌를 어떻게 西洋에 소개할 것인가?」, 『불교학 연구』 제17집, 불교학연구회, 2007, pp.33~54.

_____, 「歐羅巴의 看話禪 修行」, 『보조사상』 제25집, 보조사상연구원, 2006, pp.153~243.

_____, 「대한불교조계종의 간화선 세계화를 위한 캠페인에 관한 비판적 성찰」, 대한불교천태종 총무원 원각불교사상연구원 편저, 『上月圓覺大祖師 탄신100주년 기념 佛學論叢, 믿음과 수행』(제2권), 대한불교천태종 출판부, 2011, pp.151~177.

_____(Senécal, Bernard), "A Critical Reflection on the Chogye Order's Campaign for the Worldwide Propagation of Kanhwa Sŏn看話禪" *Journal of Korean Religions*, Vol. 2, No. 1, March 2011, pp.75~105.

_____(Senécal, Bernard), "La vie et l'oeuvre du maître Sŏn T'oeong Sŏngch'ŏl (1912~1993)(退翁性徹 禪師의 全書 및 生涯)," Ph.D. dissertation, Université Paris 7, 2004.

서재영, 「看話禪 대중화의 문제와 과제」, 『한국선학』 제15호, 한국선학회, 2006, pp.475~526.

승진, 「백상원, 혜광사의 현실」, 『釋林』 第40輯, 동국대학교 석림회, 2006, pp.255~278.

안동일, 「釋林 30년을 앞두고: 釋林 30年 略史」, 『釋林』 第27輯, 동국대학교 석림회, 1993, pp.121~142.

오경후, 「鏡虛·滿空의 法脈과 韓國佛敎에 미친 영향」, 『東學硏究』 第26輯, 韓國東學學會, 2009, pp.23~55.

월암, 「한국불교 전통선원의 현황과 수행」, 『간화선, 세계를 비추다』, 제1회 간화선 국제학술대회 자료집, 제2권, 2010, pp.187~238.

유형숙, 「高麗後期 禪宗史 硏究」, 동국대학교 대학원 선학과 박사학위논문, 1993.

윤원철, 「한국불교의 수행 전통과 그 현대적 의미」, 『東洋哲學硏究』 第23輯, 東洋哲學硏究會, 2000, pp.57~71.

_____, 「성철스님의 돈오돈수와 오매일여」, 『돈오돈수와 퇴옹성철의 수증론』, 성철스님 탄신 100주년 기념 제6차 학술포럼 자료집, 2012, pp.54~73.

_____, 강은애, 「종교언어(宗敎言語)로서의 공안(話頭)」, 『종교와 문화』 제7호, 서울대학교 종교문제연구소, 2001, pp.59~79.

_____(Yun, Won-Cheol), "On the Theory of Sudden Enlightenment and Sudden Practice in Korean Buddhism: Texts and Contexts of the Subitist/Gradualist Debates Regarding Sonmun chongno," Ph.D. dissertation, State University of New York at Stony Brook, 1994.

이기운, 「西山大師 休靜의 法華經 수용과 신행」, 『한국선학』 제15호, 한국선학회, 2006, pp.143~181.

이민용, 「근대 불교/학의 형성과 아카데미즘에서의 위상-서구 불교학 형성에 대한 반성적 성찰」, 『한국교수불자연합학회지』 제18권, 제1호, 한국교수불자연합회, 2012, pp.7~39.

이덕진, 「일제시대 불교계 인물들에 대한 연구 성과와 동향 그리고 앞으로의 과제: 불교 사상에 대한 연구를 중심으로」, 『선문화연구』 창간호, 한국불교선리연구원, 2006, pp.45~124.

이법산, 「看話禪 수용과 한국 看話禪의 특징」, 『보조사상』 제23집, 보조사상연구원, 2005, pp.12~29.

이상호, 「의도적 의정과 주체적 의정의 구분으로 살펴본 지눌의 깨달음 과정 검토」, 『불교학 연구』 제25호, 불교학 연구회, 2010, pp.81~133.

이원숙, 「圓佛敎 禪淨雙修論의 硏究」, 원광대학교 대학원 불교학과 박사학위논문, 2012.

이창숙, 「불교에서 여성은 열등한가」, 『불교평론』 제52호, 만해사상실천선양회, 2012.

인경, 「夢山德異의 禪思想 硏究」, 동국대학교 대학원 선학과 박사학위논문, 1999.

_____, 「간화선과 頓漸문제」, 『보조사상』 제23집, 보조사상연구원, 2005, pp.32~69.

장은화, 「미국의 선수행, 그 전개와 변용의 연구」, 동국대학교 대학원 선학과 박사학위논문, 2013.

_____, 「'숭산행원의 업적에 대한 포교적 관점의 연구'를 읽고」, 『삼각산 화계사 역사의 안뜎과 인물의 앞뒤』, 삼각산 화계사 제2차 학술세미나 및 한국불교사연구

소 제6차 집중세미나 자료집, 2013년 12월 7일, pp.105~107.

정성본, 「眞覺국사 慧諶의 간화선 연구」, 『보조사상』 제23집, 보조사상연구원, 2005, pp.72~136.

조명제, 「高麗後期 『蒙山法語』의 受用과 看話禪의 展開」, 『보조사상』 제12집, 보조사상연구원, 1999, pp.233~261.

_____, 「고려말 원대 간화선 수용과 그 사상적 영향」, 『보조사상』 제23집, 보조사상연구원, 2005, pp.138~178.

종호, 「미국의 간화선 수행」, 『보조사상』 제25집, 보조사상연구원, 2006, pp.245~281.

진우기, 「불교, 서양에서 꽃피다」, 『불교평론』 제6호, 만해사상실천선양회, 2001, pp.106~155.

최용운, 「숭산행원의 업적에 대한 포교적 관점의 연구」, 『한국불교사연구』 제4호, 한국불교사연구소, 2014, pp.334~359.

_____, 「숭산행원과 한국 간화선의 대중화·세계화」, 서강대학교 대학원 종교학과 박사학위논문, 2013.

_____, 「숭산행원의 선사상과 수행론」, 『불교학보』 제62집, 동국대학교 불교문화연구소, 2012, pp.279~306.

_____, 「한국 간화선의 세계화를 위한 제안: 유럽의 불교수용 맥락에서」, 『불교학연구』 제32호, 불교학연구회, 2012, pp.565~611.

_____, 「보조지눌의 간화선관에 내재된 문제점 연구」, 『한국선학』 제26호, 한국선학회, 2010, pp.11~44.

최연식·강호선, 「『蒙山和尙普說』에 나타난 蒙山의 행적과 高麗後期 佛敎界와의 관계」, 『보조사상』 제19집, 보조사상연구원, 2003, pp.163~206.

최진석, 「풍우란(馮友蘭)이 시도한 유학의 현대화: 전통과 현대 사이에서의 모색」, 『中國學論叢』 第10輯, 고려대학교 중국학연구소, 1997, pp.181~211.

_____, 「社會的 脈絡에서 본 老子의 哲學」, 『철학연구』, Vol.44, No.1, 철학연구회, 1999, pp.113~134.

하정남, 「불교와 페미니즘, 공존 가능한가」, 『불교학연구』 第2號, 불교학연구회, 2001, pp.105~149.

허흥식, 「高麗에 남긴 鐵山瓊의 行蹟」, 『韓國學報』 Vol.11, No.2, 일지사, 1985,

pp.118~130.

혜민, 「돈오의 점진적 체험: 간화선에 대한 현대 한국 선사들의 다양한 가르침」, 『간화선, 세계를 비추다』, 제1회 간화선 국제학술대회 자료집, 제1권, 2010, pp.219~256.

해주스님, 「釋林 40년의 회고와 기대」, 『釋林』第40輯, 동국대학교 석림회, 2006, pp.59~84.

홍사성, 「깨달음에 대한 몇 가지 오해, 그리고 진실」, 『대각사상』 제11집, 대각사상연구원, 2008, pp.

황금연, 「夢山德異선사의 간화선 수행에 관한 고찰」, 『보조사상』 제36집, 보조사상연구원, 2011, pp.13~54.

황인규, 「고려후기 禪宗山門과 元나라 禪風」, 『중앙사론』 제23집, 한국중앙사학회, 2006, pp.77~110.

Baker, Don, 「The Paradox of Korean Secularity」, *Journal of Korean Religions* 창간기념 학술발표회 기조발표문, 서강대학교 종교연구소, 2010.

Baumann, Martin "Buddhism in Europe," in Charles S. Prebish & Martin Baumann, ed. *Westward Dharma*, Berkeley and Los Angeles: University of California Press, 2002.

Buswell, Robert E., 「동아시아의 맥락에서 본 한국의 불교사상」, 『불교학보』 제60집, 동국대학교 불교문화연구원, 2011.

_____, "Kanhwa Sŏn, Illuminating the World: An International Conference on Kanhwa Sŏn in Comparative Perspective: Origins, Development, Practice," in the proceedings of International Conference on Ganhwa Seon: day 1, Seoul: Dongguk Institute for Buddhist Studies, 2010.

_____, "Patterns of Influence in East Asian Buddhism–The Korean Case" in Robert E. Buswell, Jr. ed. *Currents and Countercurrents*, Honolulu: University of Hawaii, 2005.

_____, "Short-cut Approach of K'an-hua Meditation," in Peter N. Gregory, edited, *Sudden and Gradual*, Honolulu: University of Hawaii, 1987.

Casanova, José, "Rethinking Secularization: A Global Comparative Perspective" in Peter Beyer and Lori Beaman, ed. *Religions, Globalization and Culture*,

Leiden: Koninklijke Brill NV, 2007.

Gimello, Robert M., "Imperial Patronage of Buddhism during the Northern Sung," in Proceedings of the First International Symposium on Church and State in China: Past and Present, Taipei: Tamkang University, 1987.

Joo, Ryan Bongseok. "Countercurrents from the West: 'Blue-Eyed' Zen Masters, Vipassanā Meditation, and Buddhist Psychotherapy in Contemporary Korea" *Journal of the American Academy of Religion,* September 2011, Vol. 79, No. 3, pp. 614~638.

Matthews, Bruce, "Buddhism in Atlantic Canada" in Bruce Matthews ed. *Buddhism in Canada*, Oxon: Routledge, 2006.

Obeyesekere, Gananath, "Buddhism," in Mark Juergensmeyer, edited, *Global Religions*, New York: Oxford University Press, Inc. 2003.

Placzek, James. and DeVries, Larry, "Buddhism in British Columbia" in Bruce Matthews, ed. *Buddhism in Canada*, Oxon: Routledge, 2006.

Schlütter, Morten., "Silent Illumination, Kung‐an Introspection, and the Competition for Lay Patronage in Sung‐Dynasty Ch'an." In Peter N. Gregory and Daniel A. Getz, Jr. ed. *Buddhism in the Sung*, Honolulu: University of Hawaii Press, 1999.

Sharf, Robert H. "How to Think with Chan Gong'an" In Charlotte Furth, Judith T. Zeitlin and Ping‐chen Hsiung, ed. *Thinking with Cases: Specialist Knowledge in Chinese Cultural History*, Honolulu: University of Hawaii Press, 2007.

Thomas, George M., "The Cultural and Religious Character of World Society" in Peter Beyer and Lori Beaman, ed. *Religions, Globalization and Culture*, Leiden: Koninklijke Brill NV, 2007.

Wuthnow, Robert and Cadge. Wendy "Buddhists and Buddhism in the US: The Scope of Influence" *Journal for the Scientific Study of Religion* 43(2), Sep. 2004.

사전류

『국어대사전』, 국어국문학회 감수, 민중서관, 2007.

吉祥 編著, 『佛敎大辭典』, 弘法院, 2011.

이능화 원편, 동국대학교 불교문화연구원 조선불교통사역주편찬위원회 역편, 『조선
　　불교통사』(1권~7권), 동국대학교출판부, 2010.

이철교, 일지, 신규탁 편찬, 『선학사전』, 월운 감수, 불지사, 1995.

정기간행물

김상연, 美 "위안부-성노예 모두 사용" 〈서울신문〉 (2012. 8. 18) 6면.

박부영, "기획연재: 종비생 제도(下)-전개 과정" 〈불교신문〉 제2624호(2010. 5.
　　19)

법현스님, "수행의 확신과 회통을 위하여" 〈현대불교〉 제867호(2011년 12월 21일자)
　　31면.

유민환, "조계종, 내달 인재양성 포교 프로그램 논의" 〈문화일보〉 (2015년 1월 29일자)
　　23면.

이재형, "일본불교계, 전쟁 참회비 세운다: 조동종 9월 16일 동국사에 비 제막"
　　〈법보신문〉 제1161호(2012년 9월 12일자) 3면.

조동섭, "조계종 제13대 종정 진제 대종사 추대" 〈현대불교〉 (2011년 12월 21일자)
　　1면.

_____, "조계종 통합 종단 50년, 내일을 위한 핵심과제 7: (1)포교" 〈현대불교〉 (2012
　　년 4월 18일자) 9면.

허문명, "큰스님 가르침 온 누리에: 숭산스님 다비식 … 500여 외국인 수행자등
　　1만 명 참석" 〈동아일보〉 (2004년 12월 6일자) A26면.

허연·이향휘, "매경이 만난 사람: 내달 '세계 간화선무차법회' 여는 조계종 종정
　　진제스님" 〈매일경제〉 (2015년 4월 10일자) A24면.

Finn Vigeland and Quinton Robbins, "South Korean Buddha visits Riverside Church"
　　Columbia Daily Spectator, Sep. 16, 2011.

인터넷 웹사이트

관음선종(Kwan Um School of Zen) http://www.kwanumzen.org

삼각산 화계사 http://www.hwagyesa.org

찾아보기

최용운

연세대학교와 보스턴대학교에서 수학하였으며, 서강대학교에서
박사(종교학)학위를 취득하였다. 현재 연세대학교에 출강하고 있
으며, 주요 논문으로는 「숭산행원의 선사상과 수행론」, 「한국간
화선의 대중화·세계화를 위한 제안」 등이 있다.

숭산행원의 생애와 사상

초판 1쇄 인쇄 2015년 5월 29일 | 초판 1쇄 발행 2015년 6월 5일
지은이 최용운 | 펴낸이 김시열
펴낸곳 도서출판 운주사

(136-034) 서울시 성북구 동소문로 67-1 성심빌딩 3층

전화 (02) 926-8361 | 팩스 0505-115-8361

ISBN 978-89-5746-416-8 93220   값 17,000원

http://cafe.daum.net/unjubooks 〈다음카페: 도서출판 운주사〉